感谢中共陕西省委党校对本书出版提供资助

STUDY ON THE STABILITY
CLAUSE OF INTERNATIONAL ENERGY
INVESTMENT CONTRACT

刘素霞 著

国际能源投资合同
稳定性条款研究

中国社会科学出版社

图书在版编目（CIP）数据

国际能源投资合同稳定性条款研究／刘素霞著 . —
北京：中国社会科学出版社，2018.2
ISBN 978 - 7 - 5203 - 2364 - 2

Ⅰ.①国… Ⅱ.①刘… Ⅲ.①能源—国际投资—经济
合同—稳定性—研究 Ⅳ.①F416.2

中国版本图书馆 CIP 数据核字（2018）第 073723 号

出 版 人	赵剑英
责任编辑	朱华彬
责任校对	张爱华
责任印制	郝美娜

出　　　版	中国社会科学出版社
社　　　址	北京鼓楼西大街甲 158 号
邮　　　编	100720
网　　　址	http://www.csspw.cn
发 行 部	010 - 84083685
门 市 部	010 - 84029450
经　　　销	新华书店及其他书店

印　　　刷	北京君升印刷有限公司
装　　　订	廊坊市广阳区广增装订厂
版　　　次	2018 年 2 月第 1 版
印　　　次	2018 年 2 月第 1 次印刷

开　　　本	710×1000　1/16
印　　　张	15.5
字　　　数	203 千字
定　　　价	68.00 元

凡购买中国社会科学出版社图书，如有质量问题请与本社营销中心联系调换
电话:010 - 84083683

前　言

从仲裁实践看，国际能源投资合同中的稳定性条款作为一种亲投资者的风险管理工具，在冻结东道国继后立法权、应对政治风险方面，曾发挥过非常重要的作用。然而，理论界将东道国对外国投资者做出的稳定性承诺与行使其国内规制权二者完全对立起来，出现了有效说与无效说两种判然有别的观点。在现代稳定性条款背景下，国家运用规制措施干涉能源投资活动的形态已经发生重大变化，对稳定性条款的适用也转化为一种经济利益的平衡与受损后的赔偿。随着国际投资实践的发展，东道国在环境保护、劳工权利保护等问题上的规制权日益得到重视。稳定性条款正从一种"绝对稳定"的状态走向附有例外情形的"相对稳定"形态。有鉴于此，中国标准合同中的稳定性条款也亟待大加改造。

本书以国际能源投资合同中稳定性条款为研究对象，针对理论界对其效力的争议，分析国际能源投资合同模式演进对稳定性条款效力提出的挑战，指出稳定性条款理论体系不够完善。故本书尝试构建其理论基础，并结合仲裁实践进行实证分析，提出"限制有效论"的"新型效力观"。同时也借以对中国标准合同中的稳定性条款进行改造提出三种新范本。本书共分十一部分，第一部分介绍本书的研究背景和意义、文献研究综述及研究的主要内容和方法。第二部分对国际能源投资合同做概括介绍，其基本条款一般分为经济条款、管理条款和法律条款。第三部分梗概介绍稳定性条款，主要介绍其产生背景、基本功能等。第四部分对稳定性条款的各种形态和分类进行论述。第五部分提出本书的研究问题，即主要分析理论界对国际能源投资合同稳定性条款的效力存在的相互对立的"有效说"与"无效说"两种观点，列举其论据。并进而指出近年来"无效说"的论调曾一度占了上锋，提出本研究所关注的问题，稳定性条款在国际能源投资合同中是否应予抛弃？还能否起到应对东道国政治风险的作用？第六部分结合国际能源投资合同模式演进对稳定性条款提出的挑战，将分析为什么会产生对稳定性条款效力的争议？这一部分着重分析主要的三种合同模式如租让制合同、产品分成合同、服务合同的特点，比较分析稳定性条款在几种能源投资合同模式中同异，并结合中国"贷款换石油"模式及跨境管道建设为稳定性条款提供的新维度。第七部分针对前述争议及挑战，指出关于稳定性条款的理论体系不够完善。故在批驳学者观点中"无效说"的论据和论证方法的基础上，构建稳定性条款的理论基础。其中合同的神圣性是其逻辑起点、公平与公正待遇是其必要的基础，而保护投资者的合理期待是稳定性条款的合理性依据。第八部分基于前述对稳定性条款理论基础的构建，进而对国际投资仲裁实践中的典型案例进行实证分析，探究仲裁庭对稳定性条款效力的认定态度。第九部分尝试对国际能源投资合同稳定性条款的效力提出一种新型的效力观即"限制有效论"。基于前述分析，我们必须原则上承认稳定性条款的效力即它可以在一定程度上起到应对东道国政治风险的作用。但是，随着近年来国际投资领域对环境保护、劳工保护等问题的关切，东道国的稳定性承诺应排除这些例外情形。第十部分是对中国标准合同中稳定性条款进行评析并加以改造，提出"防御型"、"进攻型"和"和谐型"范本。第十一部分，结论部分指出，应当客观地看待能源投资合同中稳定性条款的功能，从传统的"绝对稳定"观转向"相对稳定"观，作为一种亲投资者的政治风险管理工具，稳定性条款须配合其他制度或投资条约才能更好地发挥对投资者的保护作用。

本书力争在以下几点有所突破：第一，本书初步架构了稳定性条款的理论基础体系，填补了这一领域理论研究的空白。第二，本书希望突破目前理论学界的研究局限，将稳定性条款的历史背景、实践演进、仲裁案例等结合起来进行全面解读。第三，本书提出了国际能源投资合同稳定性条款"限制有效论"的新型效力观，提出了稳定性条款效力的几种"例外情形"，并在此基础上尝试提出一种动态的"相对稳定"观。第四，本书根据合同主体地位的区别提出了稳定性条款的"防御型"和"进攻型"建议文本，进而结合中国不断提升的国际地位提出了"和谐型"稳定性条款建议范本。

目　　录

第 一 章

绪　　论

第一节　选题背景

素称"工业之血液"的石油，已经成为各国重要的战略资源。石油对于现代国家的重要性，已经超乎经济意义而至政治层面，无论这个国家发展水平如何。随着国际经济一体化进程的不断加深，每个国家的石油开发和石油行业发展都不再是一个可以脱离国际合作大背景的话题。石油资源的特殊性使得石油产品从其出现早期就具有了世界性产品的特点，也使得诸多跨国石油公司较早地开始了国际化经营活动。石油资源的国际合作正如火如荼地开展，已经布局到石油行业的上游、中游和下游。现代石油工业出现于 20 世纪之交，石油资源富饶而资本和技术稀缺的发展中国家长期被跨国石油公司操控了境内石油资源的勘探与开发。尽管发展中国家当地的资本和石油勘探开发技术发展了逾一个世纪，与外国石油公司之间的合作也形成了一些新的合作模式，然而传统的合作形式并没有完全消亡。很多资源国仍渴求外国风险资本和技术投资，外国石油公司对东道国石油区块的授权开发依旧热情不减。石油作业项目的投资高、期限长、回收慢、风险高等特点并没有阻止传统石油合作方式的延续和新合作方式的发展。外国石油公司对能源投资合同中的稳定性要求一天都没有放松。

受行业特点所限，国际石油合作项目多呈现出"投资长期化、资本密集型、对政府的政策调整有过多依赖"的特点。[①] 国际能源投资合同的履行可能涉及多方关系，政府、公司、个人，石油资源的所有者、石油项目的作业者、项目资本投资者、作业技术拥有者，石油开发所必需的资本、资源、技术、设备，等等。这多方关系息息相关且又脆弱多变。随着国际油价飞涨，资源国政府通常倾向于出台一些措施确保它们的地租优势，获得比在合同签订时更大的份额。[②] 假定东道国是守法主义国家且司法体制健全，当面对国内资源生命线影响其国际经济实力和国际政治地位从而决定实行国有化或修改法律，与违反合同中对投资者做出的稳定性承诺而承担违约责任时，"两弊相衡取其轻，两利相权取其重"，估计东道国会暂时抛却遵守稳定性承诺而维护其国家利益，也许这正是越来越多的投资者提起仲裁寻求赔偿的关键所在，也许这也是能源投资合同的模式以及其中的条款不断向前发展的影响因素之一。

石油勘探开发过程中会面临诸多风险，这些风险中有一部分是可以通过国际能源投资合同的经济条款和管理条款进行规避的，但是国际能源投资合同的履行所面临的来自东道国的政治风险却不太可能通过上述条款实现化解。根据这一背景，国际石油公司期望东道国共同信仰合同的神圣性以寻求安全性保障，迫于吸引外资的需要，东道国往往应外国投资者的要求在租让制合同中纳入"稳定性条款"。早期的稳定性条款产生于"一战""二战"期间。最初的考虑是要防范东道国单方修改合同或对投资者开发石油项目的合同收益进行国有化而设计的。这类条款表现为限制或约束东道国行使主权最主要是征收权。到了20世纪六七十年代，联合国倡导的

---

① Thomas wälde and Abba Kolo, *Environmental Regulation*, *Investment Protection and "Regulatory Taking" in International Law*, 50 Intl comp L. Q. 811, 819.

② Peter D. Cameron, *Stabilisation in Investment Contracts and Changes of Rules in Host Coutries: Tools for Oil & Gas Investors*, AIPN, 5 July 2006, p. 22.

"自然资源的永久主权"原则，唤醒了发展中国家行使主权收回对石油资源的所有权和经营权的意识，从而掀起一波国有化浪潮，但同时也对传统的稳定性条款提出了挑战，东道国不再能接受对其征收权力的限制。在投资自由化的趋势下，其开始考虑承诺不去改变一个既定的立法体系作为外资促进政策的一个重要工具。① 目前出现的涉及稳定性条款的著名的仲裁裁决大多是对那个阶段的稳定性条款的反映。能源投资合同模式中逐渐产生的产品分成合同和服务合同着眼于东道国与投资者之间就石油收益进行分配，而且合同的签订主体不再是东道国而是东道国的国有石油公司，相应地引起了稳定性条款理论的革新。当国有石油公司作为合同的主体，原来的"冻结"条款便不能约束非作为合同主体的东道国，于是出现了旨在维持两者之间利益平衡的经济平衡性条款。

从2003年以来，国际原油价格大幅上涨，外国石油公司据此取得大额"意外之财"，而东道国的收益却没有明显增长。东道国要求从外国石油公司的收益中取得"公平份额"，这种意愿引起东道国石油政策的转向。一些拉美国家出台新的法律宣称原先的能源投资合同条款无效，"鼓励"外国投资者同东道国再协商订立新的财税体系的能源投资合同，并设定期限要求重新签订合同，否则将可能被要求退出项目或进行惩罚。这种"协商"模式在很多国家之间传染，引发了新一轮的"千年风波"（Millennium Wave）。② 东道国的"政治"风险从来都没有走远。防范东道国"政治"风险的稳定性条款也从来不应放弃，只是随着实践的发展，稳定性条款的理论研究也应该不断进化，并设计更完善合理的稳定机制。

---

① Thomas Wälde, "Stabilising International Investment Commitments: International Law versus Contract Interpretation", *Centre for Petroleum and Mineral Law and Policy (CPMLP) Professial Paper* NO. PP13, 1994.

② Peter D. Cameron, *International Energy Investment Law: The Pursuit of Stability*, Oxford University Press, 2010, p. 429.

第二节 选题意义

国际能源投资合同有其独特的特点，外国投资者投入"真金白银"勘探开发位于东道国境内的石油资源，不得不面临着诸多难以预料的风险。合同的长期性也使得它极易受到政治或经济不可预见的影响和对合同经济效益可能产生的负面影响。历史上已经经历了两波石油资源国有化浪潮，20世纪三四十年代，民族独立解放运动席卷全球，拉美地区石油国家纷纷开展石油资源国有化运动。1922年，阿根廷创办全球首家"国家石油公司"，拉开了全球石油资源国有化的序幕；接着，玻利维亚和墨西哥强行将在本国经营的国际石油公司收归国有；其余南美国家纷纷效仿。50年代开始，这一潮流席卷中东，伊朗、伊拉克、利比亚、沙特等国为摆脱国际石油公司对本国石油资源的控制，纷纷开展取消或修改石油租让制，或争取石油开发参与权，或直接国有化石油资源。到80年代，先期国有化的国家普遍遭遇"失去的十年"。[1] 在债务危机困扰下，拉美等国家又进行了自由化市场改革，对原来国有化的石油公司又转而进行私有化。能源投资合同中的稳定性条款在特定历史条件下也确实起到了一定的作用。比如发生这一阶段的仅有的几起涉及稳定性条款的国际仲裁案件，基本都得到了仲裁庭的支持。如利比亚系列案件中的 BP 案[2]、Texaco 案[3]和 LIAMCO 案[4]，仲裁庭将能源

---

① Peter D. Cameron, *International Energy Investment Law*: *The Pursuit of Stability*, Oxford University Press, 2010.

② BP Exploration Co (Libya) Ltd v. The Government of the Libyan Arab Republic, 53 ILR 297 (1979).

③ Texaco Overseas Petroleum Co/California Asiatic Oil Co. v. The Government of the Libyan Arab Republic, 53 ILR 389 (1979).

④ Libya American Oil Co. v. The Government of the Libyan Arab Republic, 20 ILM (1981) 1 and 62 ILR 140.

投资合同"国际化"从而取得优于东道国继后立法的地位。Amino-il案①中，仲裁庭认为，如果能源投资合同通过明确规定的方式做出庄严保证且在一个相对有限的期间内，可以对国家国有化的权力进行限制。Amoco案②中仲裁庭也有类似观点。AGIP案③中，仲裁庭则认为国家进行国有化的权力与合同中稳定性条款的承诺是相排斥的，必须尊重稳定性承诺。这些案件大都发生在七八十年代，主要针对传统的稳定性条款进行仲裁。

晚近以来，随着国际石油市场行情的变动，石油资源国的能源政策也或松或紧，从而出现了一定的周期性特征。个别国家政策的变动，还会引起地区的效仿甚至国际格局的相应变动，这种变动反映在对石油地域投资的"开放与关闭"现象中十分明显。④ 随着国际能源投资合同模式的演进，产品分成合同和服务合同强调在东道国和外国投资者之间分配石油利益。而同时期发展的现代稳定性条款也将视线从东道国的规制权转移到合同经济利益的平衡方面。目前几乎没有涉及现代稳定性条款的仲裁案例。然而，东道国的政治风险却并没有消亡，实行大规模国有化的可能性仍然存在。2006年3月和5月，委内瑞拉和玻利维亚分别宣布再次实行石油国有化；8月，俄罗斯官方也宣布尤科斯石油公司破产，其资产在2007年被出售；这个事件被西方诸多学者批为"赤裸裸的政府抢劫"，拉开了俄罗斯石油工业"重返国有化"的序幕。这一波国有化浪潮，东道国或采用提高税收和矿区使用费、增收暴利税，⑤ 或提高国有参

① Government of Kuwait v. American Independent Oil Co (Aminoil)，Award of 24 March 1982，21 I. L. M. 976（1982）．

② Amoco International Finance Corporation and The Government of the Islamic Republic of Iran，Partial Award No. 310 − 56 − 3（14 July 1987）．

③ AGIP SpA v. People's Republic of the Congo，ICSID Case No. ARB/77/1.

④ 隋平：《海外能源投资法律与实践》，法律出版社2011年版，第163页。

⑤ 2011年委内瑞拉征收新暴利税，最高比率为95%。

股比例,① 逼迫外国投资者"自愿"协商合同并进行修改。在这些政治风险风起云涌的情况下,作为一种亲投资者风险管理工具的"稳定性条款"应当发挥其应有的保障作用,最起码是威慑作用。

一些学者还从传统稳定性条款的"冻结"作用出发,认为稳定性条款在东道国的规制权下,并不能绝对保护外国石油公司的利益,相反只成了一条"鸡肋"条款。② 在一些已经探明储量的国家,它们也感觉不再需要为投资者提供稳定性条款。然而,从现代经济平衡性条款角度看,核心关注东道国与投资者之间的合同利益平衡,是稳定性条款的发展,也是形势所迫。经济平衡性条款为投资者设定了再协商的权利,这是投资者利益的又一项保障,也是投资者转变议价地位的重要制度。

随着近15年来能源投资合同对环境保护问题的逐渐关注,对稳定性条款的适用范围提出了挑战。如果尊重合同中的稳定性承诺,则可能限制了东道国为公共利益考虑在环境保护方面不断提高环境标准进行立法的权力。这样的问题也存在于卫生、健康、安全甚至人权等领域。作为投资保护的一项重要工具的投资条约(尤其是双边投资条约),正逐渐吸引学者和国家政府的注意。投资条约中规范的一些问题也为稳定性条款的研究带来了新鲜的话题,如间接征收、公正与公正待遇、保护伞条款等。

中国标准合同中的稳定性条款主要是一种经济平衡性条款,但是却因为有很多软化处理的合同语言,使得这一条款并不能真正地发挥稳定性条款的效能,成为一条可有可无的合同条款。目前虽然没有针对中国的石油争端案例,但作为一个发展中大国,中国有义务也有能力承担能源投资合同领域制定示范条款的责任,通过我们

---

① 2007年厄瓜多尔通过一项法令,将参股比例提至99%。
② 王年平:《国际能源投资合同模式比较研究——兼论对我国石油与能源法制的借鉴》,法律出版社2009年版,第91页。

的跨国石油公司在国际石油合作领域充当规定的制定者、修改者和践行者。

第三节　国内外研究现状

国内外学者对"石油"问题的研究，多侧重于从政治学、外交学、经济学等角度着手，从宏观层面大多涉及国家石油战略、石油安全等问题，而微观层面则多关注油价浮动、与石油开发有关的环境保护等问题。从法学角度尤其是国际法角度对石油等能源投资领域的研究，主要也多侧重于对与投资相关的法律或投资条约保护的研究。能源投资合同领域的研究，不太可能获得研究合同法学者的注意，因为这种合同带有"国家契约"性质，与一般的私法合同存在较大差异。目前对能源投资合同研究较多的是其合同模式。这其中的缘由是国际能源投资合同对任何一个主权国家或跨国石油公司来说，都是一种商业秘密，不太愿意向世人公开，而合同模式作为纯理论意义的问题与国家石油政策和外资政策有很大关系，故而吸引了学者的较多关注。

一　国内研究现状

目前国内尚没有对能源投资合同稳定性条款的专门系统的研究。现有的研究大多将其作为能源投资合同必不可少的一部分，只限于概要介绍。如王年平的《国际能源投资合同模式比较研究——兼论对我国石油与能源法制的借鉴》和隋平《海外能源投资法律与实践》。前书的写作目的是要对能源投资合同模式进行比较分析，其中对合同法律内容分析部分有一章设置为"稳定性条款"，其以哈萨克斯坦国家为例得出一个结论：稳定性条款已经是一条"鸡肋"条款，并未对该条款进行深入分析。后书的论述基本与前书一致。

　　国内针对稳定性条款进行研究的期刊论文最早的是于 1988 年周林发表在《中国国际法年刊》的一篇《论国家与外国投资者之间能源投资合同中的稳定条款及调整条款》，其中对稳定性条款的目的、效力及与再协商条款之间的关系进行了研究。很显然，从发表的年代看当时稳定性条款的发展深化尚不充分。最近的研究有杨卫东、郭堃的《国家契约中稳定条款的法律效力认定及强制性法律规范建构》，王斌的《论投资协议中的稳定条款——兼谈中国投资者的应对策略》，陈宏兵的《论"稳定条款"对投资者的保护作用》三篇，基本上只对理论界存在的稳定性条款的效力争议进行阐述，碍于篇幅并未开展深入的研究。

　　二　国外研究现状

　　国外对能源投资合同稳定性条款的研究贡献最大、相对研究较为深入的是英国邓迪大学（University of Dundee）的 Perter Cameron 教授，他于 2006 年 8 月 5 日提交国际石油谈判者联合会（Association of International Petroleum Negotiators/AIPN）的一份报告《国际投资合同的稳定性和东道国法律变化：油气投资者的工具》（*Stabilisation in Investment Contracts and Changes of Rules in Host Coutries：Tools for oil & gas investors*）中，依照提出问题—分析问题—解决问题的三部曲开展研究。首先提出油气行业为什么要尽力稳定投资合同？东道国为什么要改变法律？进而分析了财务稳定的实践、稳定性条款的执行、非财务领域能源投资合同的稳定，最后得出结论：稳定性条款是油气投资者有用但作用有限的工具。这篇论文对于研究能源投资合同的稳定性条款参考性较高，但 Cameron 教授对稳定性条款面临的新挑战、新实践着墨不多，对稳定性条款将来的发展也未提出相应的建议。Cameron 教授于 2010 年出版了一本专著《国际能源投资法：追求稳定》（*International Energy Investment Law*：*The Pursuit of Stability*），在这本书中 Cameron 教授更加侧重于对能源投资领域的法律、条约为外国投资者提供稳定性保护的研究，而能源投资合同只是其中一种辅助的方式。这本著作对稳定性条款的研究面面俱到，但体系相对较为分散，介绍也相对简要，更像是一本不可多得的有关石油投资法律的资料书。

　　Thomas Wälde 于 1994 年提交给"能源矿产法律政策中心"（Center for Petroleum and Mineral Law and Policy）的一篇《稳定国际投资承诺：国际法与合同解释》（Stabilising international investment commitments：international law versus contract interpretation）论文也对能源投资合同的稳定性条款进行了研究，这篇论文后来与 Ndi. G 合作发表在德克萨斯国际法杂志上。在这篇论文中，Wälde 主要运用法经济学的分析方法对合同条款进行解释，提出其在国内法和国际法下并不当然有效，更应该将其作为一种解释方法。本书的结论限于现有的仲裁实践。应该采用发展的观点看待稳定性条款，不应该否定其作为政治风险管理的重要组成部分对投资者权益的保障效力。A. F. Maniruzzaman 的《追求国际能源投资合同的稳定：新趋势的评价》（*The pursuit of stability in international energy investment contracts：A critical appraisal of the emerging trends*）一文对稳定性条款的类型、效力、执行等问题进行了分析，也关注到了环境保护和人权问题与稳定性条款之间的关系。但其分析还是围绕传统的效力之争进行的。

　　之外，还有一些研究对稳定性条款与某些问题之间的关系做了细致的分析，如高之国（Zhiguo Gao）在其《国际能源投资合同：当前的趋势和未来走向》（*International Petroleum Contracts*：*Current Trends and New Directions*）中结合泰国的租让制合同、印尼的产品分成合同、巴西的服务合同和中国的混合性能源投资合同，比较分析了这些合同模式对环境和可持续发展问题关注的缺失，其对中国标准合同中有关环境问题的关注给予了认可。该书对于我们详细了解相关国家具体的能源投资合同模式及条款有所裨益。但该书出版于 1995 年，资料和分析都显得有点过时。另如 Andrea Shember 的《稳定性条款与人权》（*Stabilization Clauses and Human Rights*）一文对人权应当作为稳定性条款的例外情形进行了研究。Lorenzo Cotular 的《融合投资合同中规制稳定性与环境标准的演化：对稳定性条款的再思考》（*Reconciling regulatory stability and evolution of environmental standards in investment contracts：Towards a rethink of stabilization clauses*）研究了稳定性条款与环境保护问题之间的关系。

对现有文献进行梳理后发现，其研究大多只关注稳定性条款的效力，坚守传统的观点将东道国的规制权与稳定性承诺对立起来，或只限于仅有的仲裁实践得出结论。还有的研究侧重于不同的领域，对稳定性条款与热门的人权话题相结合，与环境保护问题相结合，但都没有参照投资条约的设计提出"例外情形"的观点。总的来说，还缺乏对稳定性条款系统的与时俱进的研究，更鲜见针对中国对外能源投资合同稳定性条款的专论。

第四节　研究内容和方法

一　研究内容

本书以国际能源投资合同的稳定性条款为研究对象，从学界对国际能源投资合同稳定性条款形成的相互对立的"有效说"与"无效说"两种观点着手，探讨稳定性条款在国际能源投资合同中是否应予抛弃？是否还能起到应对东道国政治风险的作用？之后，结合国际能源投资合同的主要模式演进对稳定性条款提出的挑战，指出合同主体从东道国逐渐变为由其国有石油公司与外国投资者签订能源投资合同,对稳定性条款功能的特殊关注及要求,同时还着重探讨了跨境管道建设为稳定性条款提供的新维度。基于前述分析,本书尝试构建稳定性条款的理论基础,提出:合同的神圣性是其逻辑起点、公平与公正待遇是其必要的基础,而保护投资者的合理期待是稳定性条款的合理性依据。理论基础的构建离不开实践的验证,通过对国际投资仲裁实践中典型案例的实证分析,本书力图探究仲裁庭对稳定性条款效力的认定态度。本书也指出,稳定性条款因缺乏完善的理论体系,导致仲裁庭对具体案件的裁决推理也五花八门。本书提出了国际能源投资合同稳定性条款的一种新型效力观即"限制有效论",希望在原则上承认稳定性条款效力的前提下,还应排除环境保护、劳工保护等例外情形。本书提出中国标准合同中稳定性条款的"防御型""进攻型"和"和谐型"三种范本。最后结论部分指出,应当客观地看待能源投资合同中稳定性条款的功能,从传统的"绝对稳定"观转向"相对稳定"观,作为一种亲投资者的政治风险管理工具,稳定性条款须配合其他制度或投资条约才能更好地发挥对投资者的保护作用。

二　研究方法

(一)案例分析法

国际投资法的研究大多基于一定仲裁案例,因为能源投资合同争端最后的解决方式应当是在仲裁程序上,故而提炼仲裁庭的有关观点和态度可以作为设计和完善合同条款时的重要考虑因素。本书在第六部分对现有较为典型的涉及稳定性条款的仲裁案例进行了分析,总结出仲裁庭对稳定性条款效力的认定,再去验证学者理论中的有效说和无效说。

(二)比较分析法

比较分析的方法可以让我们更为清晰地看到一个问题与另一个

问题之间的异同。本书中对稳定性条款类别之间的区分、对不同能源投资合同模式的异同、对稳定性条款效力之争的观点、对本书提出的三种中国新范本等问题都做了比较分析。

（三）历史分析法

本书中采用历史的观点分析稳定性条款，将每一种类别产生的历史背景、每一种合同模式演进的历史原因等问题都放在了特定的历史条件下进行分析。抛开特定的历史背景"独取一瓢"的"历史虚无主义"方法是不可取的，但是如果把现代的观点强加到特定历史阶段，同样也是不可取的。

第 二 章

国际能源投资合同及其基本条款

第一节　国际能源投资合同的概念

石油[①]是一种商品，除了具备一般的商品属性，它还和其他能源类产品一样，关乎资源国的国家核心利益，因而带有一定的经济和政治双重属性。因各国关于石油资源的禀赋存在差异，故而加强国际石油合作成为必要。随着国际石油市场的日益专业化和市场化，国际石油合作基本是通过资源国（或其国有石油公司）与外国投资者之间签订的国际能源投资合同来实施和完成的，国际石油合作的实践逐渐形成和发展了一系列相对成熟和固定的能源投资合同模式。国际能源投资合同是合同双方当事人关于权利和义务的意义明确的规范，同时也是双方分配石油生产收益及相关权益的保障。[②]

[①]　本书中所指"石油"，根据 2011 年修改的《中华人民共和国对外合作开采陆上石油资源条例》和《中华人民共和国对外合作开采海洋石油资源条例》附则中规定，应指蕴藏在地下的、正在采出的和已经采出的原油和天然气。为行文方便，只表述为"石油"这一提法。

[②]　王年平：《国际能源投资合同模式比较研究——兼论对我国石油与能源法制的借鉴》，法律出版社 2009 年版。

目前并没有一个广为接受的关于国际能源投资合同①的定义。很多与国际能源投资合同相关的论文或著作中，对国际能源投资合同的定义避而不谈。有学者认为，国际能源投资合同是国家与国家之间，或国家与外国公司之间或东道国公司与外国公司之间在石油勘探、开发、生产、供给、贸易和利用等方面设定各自权利义务关系的协议。②该定义采用了比较宽泛的表述方式，但仍存在两方面的问题，其一是将签订国际能源投资合同的主体限定为"国家与国家之间、或国家与外国公司之间、或东道国公司与外国公司之间"，而实际上，在考察了国际能源投资合同模式演进的详细过程后，我们会发现，国家与国家之间直接签订国际能源投资合同（能源合同）的现实可能性很小，只可能出现在后面提及的跨境管道运输协议中。如果为求其全，还应当再加上"私人之间"的字眼，因为以美国为代表的少数西方发达国家实行石油资源私有制，其个人或公司均可以享有签订能源投资合同的权利。其二是该定义涵盖了石油等能源从上游一直到下游的全面合作关系，即包含了"供给、贸易和利用"等过程。从这一定义可见，要想尽量罗列齐全国际能源投资合同实践的各种情况，反而可能效果不尽如人意。就本书研究范围而言，笔者倾向于采纳以下定义，即国际能源投资合同是指资源

---

①　若无特指，本书中的国际能源投资合同一般包括陆上能源投资合同和海洋能源投资合同。尽管适用于两个领域的能源投资合同发展阶段并不完全一致。海上能源投资合同发展较晚，如达西模式和伊拉克能源投资合同等一些早期的主要租让制合同并没有提及海上水域。最早包括领水的租让制合同是1933年沙特阿拉伯石油公司与沙特之间、1934年科威特石油公司与科威特之间签订的合同。早期，海底区域并未引起石油公司多大的兴趣，因为海底石油开发在当时还不尽知，海上科技也尚欠发达，而与此同时，大量的陆地区域是可用的。随着合同各方将注意力转向特许区域内的海域，能源投资合同中才渐渐涉及海上石油的开采。但实际上，早期的海上能源投资合同条款与陆上能源投资合同并无多大区别，要么以笼统表述"协议包含整个领土内的所有区域……和所有的陆地和领水"，要么是效仿陆上能源投资合同的格式和内容签订海上能源投资合同。

②　郑远民、冷雅宜：《中国能源安全中的国际长期合同问题》，《时代法学》2008年第10期，第12页。

国政府（或国家石油公司为代表）同外国石油公司为合作开采本国油气资源，依法订立的包括油气勘探、开发和生产在内的一种国际合作合同。① 这一定义与国内大多数著作一样，采用了我国有关石油开采法律中的相关表述，即石油作业是指与执行合同而进行的勘探、开发和生产作业及其有关的活动。②

传统意义上的国际能源投资合同指资源国或其指定机构与外国投资者所签订的关于勘探开发资源国石油资源的协议。因为签订合同的一方当事人是资源国，通常由其政府作为代表来签订合同，它常被学者赋以"国家契约"之称谓。"国家契约"通常是指当事一方为主权国家政府，另一方为外国私人企业或公司（大多数情况下为跨国公司）的经济发展合同。③ 这种合同集中在能源、公共基础建设等领域，实际上大多以主权国家向外国投资者签发特许权的形式存在。晚近以来，国际能源投资合同主要指资源国的石油公司与外国投资者之间签订的勘探开发资源国石油资源的协议。此处两类国际能源投资合同的区别仅在于合同主体的差异，与外国投资者具体签订合同的是资源国或其政府还是一个独立法人的石油公司。很多学者将这两类国际能源投资合同对立起来，过多强调其差异。④但是，就本书研究背景下，如果将这两类国际能源投资合同完全割裂开来，则可能无法全面了解国际能源投资合同的起源与发展，更无法从中总结特定合同条款的发展规律。

---

① 王年平：《国际能源投资合同模式比较研究——兼论对我国石油与能源法制的借鉴》，法律出版社 2009 年版，第 10 页；周林森、郑德鹏：《国际石油勘探开发合同模式及其变化趋势》，《国际石油经济》2006 年第 10 期。

② 《中华人民共和国对外合作开采陆上石油资源条例》（2011 年）附则第 28 条和《中华人民共和国对外合作开采海洋石油资源条例》（2011 年）附则第 26 条规定。

③ 王贵国：《国际投资法》，法律出版社 2008 年版，第 77 页。

④ 有人从国家契约角度出发，强调前一类合同不同于合同主体均为私人或公司的纯粹私合同；也有人从合同概念角度出发，刻意强调前一类能源投资合同的主体不符合合同之平等原则。这两种观点均是将两类合同完全对立起来，为了研究合同而研究合同。

第二节 国际能源投资合同的基本条款

因国际石油作业频繁开展且业务领域相对固定，国际能源投资合同大多采用格式合同，即在与外国投资者进行谈判协商之前，事先由资源国提供，但同时也不排斥双方就具体条款进行充分协商。其基本构成一般包括经济条款、管理条款和法律条款三类。其中经济条款和管理条款多是与石油作业特征紧密相关的条款，根据不同时期不同的能源投资合同模式而具体演进变化。而法律条款则是不那么具有鲜明的石油作业特点，而更多涉及对国际投资关系的权利义务分配的规定。

一 经济条款

国际能源投资合同的经济条款主要调整资源国（或其国有石油公司）与外国投资者之间有关石油资源收益分配的问题。一般包括：合同中有关概念的界定、合同的宗旨、合同的矿区面积、合同期限、最低限度义务工作量及最低限度支出费用等基础条款；还有投资资金的筹措、费用回收、原油的质量和数量及价格确定、原油的生产与分配、合同的纳税和保险规定、会计程序等相关财税条款。大致如表2—1所示。

二 管理条款

国际能源投资合同的管理条款中规定了双方合作模式的管理机构、管理事项及资源国的一些特定要求等。如管理组织及功能、作业者、资源国的协助义务、工作计划及预算的审查与批准、油田商业价值的确定事项、资产和资料的所有权等管理事项，还包括合同用工优先雇用资源国的人员、优先使用当地货物和服务、培训资源

国当地人员、技术转让的要求、保密义务、环境保护和安全义务等
资源国的特定要求。

表 2—1　　　　　　　　　国际能源投资合同的经济条款示例

合同的矿区面积 （Contract area）		合同签约者约定的开采面积，但须于勘探期结束后，归还或撤销部分面积
合同期限 （Contract term）	勘探期 （Exploration period）	初始勘探期一般为 2—6 个"合同年"（即公历年）
	开发期 （Development period）	一般始于合同中约定的开始日期，终于依照整体开发计划所设定的开发工作完成日期
	生产期 （Production period）	该期限一般始于商业性生产，终于合同约定的特定生产期限
合同矿区归还或撤销 （Relinquishment of the contract area）		一般约定勘探期结束后，归还合同约定矿区面积的一定百分比（或经协商还可上下浮动），但也可能在勘探期被延长后而免除该义务
最低限度勘探工作义务 （Minimum exploration workcommitment）		合同签约者具体设定勘探期内每个阶段应完成的最低的勘探工作、最低预期勘探支出
成本回收 （Cost recovery）		回收成本后的剩余收入为可分配利润油，一般会限定成本回收的比例
利润油分配 （Crude oil allocation）		从年度原油产量中扣除增值税、矿区使用费后，即按照合同约定的比例进行分配
税收 （Taxation）		根据各国不同税收制度缴付
篱笆圈 （Ring fence）		限定成本回收或减除需与其相应的收入对应，限制用本"篱笆圈"的收入去弥补非此"篱笆圈"的亏损
国内市场义务 （Preference to the domestic market）		一般约定合同者将所得的部分利润油在东道国内市场进行销售
其他 （miscellaneous）		对诸如培训费、通知条款等加以约定

三　法律条款

合同的法律条款大多与合同这一特定法律文件的签订、生效、转让、终止等问题有关。在国际能源投资合同中，同样需规定该合同的生效、转让、终止、不可抗力的情形、稳定性条款、适用法律的约定、发生争议的解决方式、合同工作语言和文本等。法律条款有时并不是截然独立的，而可能要联系经济条款和管理条款才能全面把握其含义。

第 三 章

国际能源投资合同稳定性条款简述

第一节　稳定性条款的概念

稳定性条款（Stabilization Clauses）是一种合同语言，是投资者与东道国之间签订的私人投资合同中的法律条款之一。并非所有的对外投资合同中均规定有稳定性条款，其通常只存在于能源、自然资源开采业、大型公共基础设施和配套服务的投资项目，因为这些项目多为"投资长期化、资本密集型、对政府的政策调整有过多依赖"①。而稳定性条款旨在稳定长期投资项目于签订投资合同之时的情势，管理所产生的政治风险。

至今无法详考世界上第一个规定稳定性条款的能源投资合同，大约在"一战"和"二战"期间，美国石油公司在租让制合同中订入稳定性条款以应对拉丁美洲的国有化措施。② 随着学者对稳定性条款研究的深入，尤其是将"稳定合同权利义务关系"为目的的合同条款均纳入广义的稳定性条款范围，使得这一工作更难以实现。

狭义的稳定性条款是指除却合同对方当事人同意，东道国承诺不对支配投资项目的法律、法规、政策框架进行立法或其他措施的

---

① Thomas wälde and Abba Kolo, *Environmental Regulation*, *Investment Protection and "Regulatory Taking" in International Law*, 50 Intl comp L. Q. 811, 819.

② Thomas wälde, *International Energy Investment*, (1996) 17 Energy L. J. 191.

修改。广义的稳定性条款则是指当支配投资项目的法律、法规、政策框架等出现了不可预见的变化而影响到合同双方当事人的实质经济利益时，要求再谈判合同以恢复经济平衡或给予赔偿。

在国际能源投资合同中，稳定性条款是亲投资者（Pro-investor）性质①的风险管理工具，可以保护投资者免受大量的"主权"风险。从东道国的角度看，稳定性条款成为吸引外资以及为投资者提供良好投资环境的一种保障方式。如果我们回顾稳定性条款的产生背景，将不难理解为什么这一条款在合同缔结实践及理论研究中历经兴衰。

第二节　稳定性条款的产生背景

一　能源投资合同中稳定性条款的产生原因

稳定性条款进入国际能源投资合同，最初来自于发达国家的投资者给予作为资源东道国的发展中国家的压力。西方发达国家的跨国石油公司，利用其资金和技术强势，要求资源国保证其长期能源投资合同权益的稳定性。

其后，在20世纪30年代，以墨西哥、委内瑞拉为代表的拉美国家不满西方发达资本主义国家的跨国石油公司拿走本国资源产生的大部分效益，纷纷对外资石油项目进行国有化。1938年3月18日，墨西哥总统卡德纳斯签署了石油国有化法令，有偿接收了外国公司的资产。紧接着，委内瑞拉政府通过法令，对外国石油公司实行利润对半分成，这就是人们通常所说的世界第一次石油资源国有化浪潮。国有化浪潮的兴起暴露了能源投资合同制定和适用稳定性

---

① Andrea Shemberg, *Stabilization Clauses and Human Rights* [a research project conducted for International Finance Corporation and the United Nations Special Representative to the Secretary General on Business and Human Rights (11 March 2008)], Part 3.

条款的必要性和迫切性。

战后，以委内瑞拉、沙特阿拉伯、科威特、伊拉克为代表的中东石油资源国，单方要求对原有能源投资合同重新谈判，最终实现了与西方石油公司利润对半分成的目的。1951 年 3 月 15 日伊朗议会通过了石油国有化法案，接管了英伊石油公司的全部资产，正式成立伊朗国家石油公司。1960 年 9 月 14 日，伊朗、伊拉克、科威特、沙特和委内瑞拉五国发起成立石油输出国组织。这就是世界第二次石油资源国有化浪潮。除却两波国有化大浪潮，一些资源国也会运用一些稍显"温和"的措施打破合同规定，实现石油利益的再分配。外国投资者深感政治风险为其投资带来了较大的不稳定。

近十年来，俄罗斯重新修订了《矿产资源法》，提高俄资参股比例至 51%。2006 年 5 月 1 日，玻利维亚政府宣布要修改原有能源投资合同的条款，任何外国公司须于 180 日内重签合同，否则必须退出合作项目。厄瓜多尔政府通过了一项石油改革法案，外国公司因石油价格上涨而超出原来能源投资合同价格利润的 50% 必须上缴给厄政府。中东、中亚和非洲的其他一些产油国，也都相继通过修订法律法规，加大政府对石油资源的管控力度。委内瑞拉议会已正式讨论通过了新的合同范本，并将其国家石油公司在新的合资公司中所占比例从 50.1% 提高到 69%，新合资公司要缴纳 33% 的矿区开采费和 50% 的所得税。委政府还大幅度调整石油特许权的使用费率。阿尔及利亚于 2006 年 7 月宣布，对外国石油公司的利润要额外征税，规定国营石油在石油勘探开发合同项目中至少拥有 51% 的股份。这就是新一波的石油资源国有化浪潮。资源国调整能源投资合同的要求越发强烈，给国际能源投资合同实践带来了不稳定因素。

二　影响能源投资合同稳定性的政治因素

在国际长期能源投资合同履行过程中，投资者将可能受到来自于各方面的风险影响，如地质风险（地下储量不明）、技术风险（开采工艺等）、商业风险（原油价格波动）、财务风险（不能回收投资）等。[1] 除此以外，能源投资合同还可能受资源国政府继后采取的法律政策等影响合同的履行和稳定，相比于前面其他风险，这种风险被称为政治风险。而纵观国际能源投资合同的所有条款，稳定性条款无疑可以针对政治风险提供更多的安全和保障。政治风险作为国际能源投资合同不稳定的来源之一，主要体现在以下几个方面：

（一）资源国政权更迭

外国投资者自垫资金、自担风险进入资源国开发石油资源，通常希望签订尽可能长的能源投资合同以保证收回其投资并最大化其回报。然而，随着时间推移，能源投资合同这一长期性特征便成了"双刃剑"。因为，早期的能源投资合同期限往往常达几十年，要比资源国内欢迎首期投资并与外国投资者签订能源投资合同的政府任期还要长。继任政权对前任所签订的能源投资合同的态度如何，使得外国投资者的合同收益悬于一线间。如果继任政府对先前的能源投资合同条款不满意，则可能通过单方要求修改合同、不履行合同或终止合同的方式，破坏合同的稳定性；也可能通过对特定投资项目进行征收的方式没收外国合同者的投资并影响其预期收益。如2006 年毛里塔尼亚新政府不满意其前任政府所协商签订的能源投资合同，将其合同条款做了变更。

（二）宏观经济政策多变

有时，资源国政府迫于国内的压力或因为国际形势或受资源国缔结的国际条约的影响，而实施新的政策，对国内政治、经济、环境等各方面进行变革。这种政策虽非针对具体的投资项目，但可能

---

[1] 王年平：《国际能源投资合同模式比较研究——兼论对我国石油与能源法制的借鉴》，法律出版社 2009 年版，第 96—115 页。

对具体能源投资合同产生实质影响。比如，20 世纪 60 年代和 70 年代，受"自然资源的永久主权"和"国际经济新秩序"的概念影响，在石油和采矿业的外国投资项目中兴起了一波资源国有化风潮。① 各个发展中国家或转型经济体纷纷对其境内正在履行的国际能源投资合同进行国有化，使得外国投资者合同利益的稳定性受到了严重打击。2006 年厄瓜多尔就受"资源国家主义"影响，取消了 Occidental 在其境内的 15 号区块，这是厄瓜多尔石油国有化进程中的第一个措施。而有时或受经济危机影响，资源国的经济内生力量不足，必须借助引进外资启动发展，这个时候表现在石油资源勘探开发领域，就是资源国向外国投资者伸出"橄榄枝"。这种时而开放时而封闭的摇摆立场，表现在国际石油政策方面也或宽松或严格，这也许就不难理解为什么外国石油公司花大量心思研究和设计合同条款来稳定双方之间的投资关系及缓解横亘在石油合作方面的政治风险。

（三）"实力衰减型议价"（obdolescing bargain）

资源国政府为开发本国石油资源急于吸引大量风险资本和先进技术，再加上资源国并不知晓其境内石油资源的储备状况，故而此时，外国投资者可能处于议价强势，在签订合同时会要求资源国加入一些稳定性条款，如不得单方修改合同、不得对其投资进行征收或不得影响其合同收益等。一旦投资到位，外国投资者与资源国之间的风险分配便从资本饥渴的资源国转向外国投资者，尤其当石油勘探有商业性发现时便为资源国提供了资源繁荣的期望和信心。此时的资源国拥有了较为强势的议价能力，便不再愿意接受限制其主权权力的稳定性条款。资源国可能会运用自己的立法主权和规制权采用一些细微的方式减少投资者的实际收益，如操作定价机制、增

---

① World Investment Report, part 2, 37; WIR, part 2, 108, 1960 - 1979.

加关税、加征暴利税等。

（四）石油价格波动

石油作为一种特殊商品，必然遵循商品价值规律的要求，即石油价格以价值为基础，同时还要受其他因素的影响，围绕价值上下波动。如果石油价格下降较快，外国投资者的收益受到负面影响，资源国理所应当地将该影响归于商业风险的正常范围，认为一个谨慎的投资者应有承受相应商业风险的预期。如果石油价格急剧上涨，外国投资者获取的收益将随之巨幅增长（一些产油国称之为意外之财［windfall］），而在一些合同模式下，资源国的收益却不会出现大的增幅。东道国会认为这是不公平的、利益失衡的。此时，资源国为获取"公平份额"，会借机要求投资者重新谈判能源投资合同，也或者通过征收特别税的方式将投资者的部分收益实际转移到资源国手中。如委内瑞拉、中国等曾在石油价格猛涨时，要求外国石油公司额外支付石油特别收益金（Special Petroleum Levy），又称石油暴利税（windfall profits tax）。

第三节 稳定性条款的基本功能

作为外国投资者与资源国双方能源投资合同关系中一种亲外国投资者的风险管理工具，稳定性条款发挥着一定的作用，如应对政治风险的负面影响、稳定投资之时的法律环境和确保投资者的收益基本符合合同签订之初的预期等。

一 应对政治风险对投资的负面影响

"风险"本身是一个中性词，政治风险从基本含义来讲，对石油投资项目不必定产生负面影响。少数国际能源投资合同中规定了中性的自动平衡条款，当合同收益受到资源国相关措施的负面影响或积极影响时，均可能会被自动恢复平衡。一般情况下，如果资源国的后继立法对特定项目产生优于合同预期的收益，投资者会欣然接受，自然不愿要求资源国必须适用能源投资合同中的稳定性条款。作为倾向于保护投资者的一种合同条款，稳定性条款旨在应对资源国单方行为对投资项目的负面影响。规定和适用稳定性条款则可能要求资源国不得单方修改合同或实行征收减少投资者的收益，不得颁布对投资者产生不利影响的法律或政策。

二　"稳定"投资时的资源国法律环境

"稳定性条款"的作用领域可能包括稳定财产条款、稳定财务制度条款、稳定劳工立法条款、稳定有关进出口规定条款、稳定外汇管制条款、稳定其他法律条款等。[①] 这些条款意在为外国投资者提供确切的、可预见的投资环境，使得投资者打消"后顾之忧"。石油投资是资源与资金之间的博弈，渴望吸引资金的资源国坐拥资源，而持有资金的外国石油公司则迫切希望得到石油资源，在实现资源与资金一定方式结合的过程中，稳定的法律和商业环境无疑成为预先投入资金的外国投资者首要考虑的问题。现代国际法中，基本赞成资源国通过签订合同约束或限制行使自己的主权，对外国投资者做出一定的承诺。资源国保证合同在有效期内只适用签订合同之时的资源国法律，保证合同与资源国后来颁布的措施或立法"隔绝"等，以长期稳定投资合同关系。

三　从根本上确保投资收益符合投资者的预期

历次石油资源国有化浪潮，最主要的原因之一就是资源国欲获取本国石油资源的更大化收益。资源国单方面修改合同、颁布法律

---

① Wolfgang Peter, *Arbitration and Renegotiation of International Investment Agreements*, 2nd. Ed. Kluwer Law International, 1995, pp. 217 - 222.

等，其主要的原因还是希望从与外国投资者的能源投资合同中"多分一杯羹"。因此，从这些给能源投资合同带来不稳定性影响的因素看，稳定性条款处于国际能源投资合同中，就是为了保证投资者的投资回收和获取预期收益。它是一种风险防范条款，是外国投资者与资源国协商一致达成的条件，是资源国对前来开发其石油资源的外国投资者所做出的承诺。

第 四 章

国际能源投资合同稳定性条款的分类

实际上，稳定性条款的概念是与其形态演化与种类相关的。根据稳定性条款的功能及其如何实现保护投资者的目标，可以分为三大类：传统的稳定性条款、经济平衡性条款、现代混合稳定性条款，[①] 而每一类中又会有不同的具体分类。

第一节 传统的稳定性条款

从发展形态上来看，传统的稳定性条款应当包括三种，即隐性条款、冻结条款与一致性条款。隐性条款限制东道国的单方修改合同权利和国有化权利，对现代学者而言这一分类常常被忽视，因其限制东道国单方修改合同权利的表现形式更像是一种合同本身的构成部分，似乎为后来合同语言体系的完善而吸收，而其限制东道国的国有化权利则随着经济主权和国有化理论的发展也似有被抛弃之嫌。但从全面研究稳定性条款的角度考虑，在此不得不对稳定性条

---

① 学者分类不尽一致。国内学者大多只提及分为冻结条款和经济平衡性条款两类。参见王年平《国际能源投资合同模式比较研究》，法律出版社2009年版，第90页；隋平《海外能源投资法律与实践》，法律出版社2011年版，第165页。Peter D. Cameron 分为四类，即冻结条款、隐性条款、利益平衡条款、责任分配条款，并指出第四条款常是大家所忽略的。Peter D. Cameron, *International Energy Investment Law：The Pursuit of Stability*, Oxford university press, 2010, pp. 70 – 81. 该文将责任分配条款纳入到经济平衡性条款这一类中。

款的这一雏形也做以分析。冻结条款作为最经典的传统稳定性条款的表现形式，一直以来充分影响着学者对稳定性条款的理论研究及其效力认定的基础。而一致性条款是冻结条款的变形和发展，是传统稳定性条款向现代稳定性条款发展的过渡形式。

一　隐性条款

隐性条款（intangibility clauses），通常由东道国承诺，在能源投资合同有效期内不实行国有化，或在未经合同双方当事人一致同意的情况下，不对合同进行单方修改。① 有人称这种稳定性条款为"神圣条款"（inviolability clause）② 或"严格意义上的稳定性条款"（stabilization clause stricto sensu）③ 或称"间接的稳定性条款"（an indirect stabilization clause）。

一些关于稳定性条款的研究中并没有将这一类别单列出来，而一概地将之纳入传统稳定性条款的冻结条款中，将其作为冻结条款的一个子类。④ 实际上相比较而言，这里的隐性条款通过直接限制东道国国家公权力针对合同权利做出的单方行动，如实行国有化或单方修改合同，从而间接达到稳定合同适用法律及投资者经济权益的目的。泰国 1971—1988 年和 1989 年的两代租让制合同中均规定"国家不对特许权持有人的财产和实施石油作业的权利进行国有化"⑤。如莫桑比克 2001 年的产品分成合同范本中第 30 条第 7 款

---

① Peter D. Cameron, *International Energy Investment Law: The Pursuit of Stability*, Oxford University Press, 2010.

② Bertrand Montembault, *The Stabilisation of State Contracts Using the Example of Oil Contracts: A Return of the Gods of Olympia?* RDAL/IBLJ, No. 6, 615.

③ Christopher T. Curtis, *The Legal Security of Econmic Development Agreements*, 29 Harv. Int'l L. J. 317 (1988).

④ Peter D Cameron, *International Energy Investment Law: The Pursuit of Stability*, Oxford University Press, 2010, p. 74.

⑤ Zhiguo Gao, *International Petroleum Contracts: Current Trends and New Directions*, GrahamTrotman/Martinus Nijhoff, 1994, p. 46.

(d) 项和 (e) 项中就明确规定了：

　　"当东道国政府对合同授权进行废除或修改时，如未采取
有效措施确保其不会影响 ENH 基于授权在合同领域进行开发
和生产石油的权利，则不得为之。""未经合同另一方当事人的
同意，政府不得行使其立法权力对本协议条款进行修改，也不
得命令或允许其任一部门机构采取任何行政行为或其他行为去
阻碍协议当事人基于协议所享有的权利。"①

　　这种条款约束或限制了资源东道国的主权，使其不能运用立法
主权颁行法律对合同条款进行修改，也不能运用行政权力或其他权
利对合同权利造成影响，间接保证了能源投资合同的相对稳定。
　　隐性条款对合同"单方修改权"的限定，可以做以下细致分
析。首先，资源国不得单方改变合同的现有术语。表现为不得单方
修改合同授予另一方当事人的权利，如在 Libya 系列仲裁案②中外
国石油公司与利比亚政府签订的租让制合同，得到法律的授权并作
为表格 Ⅱ 的标准条款范例并入 1955 年石油法，其中规定：

　　利比亚政府将采取一切必要的措施确保公司享有租让制合
同项下的所有权利。除非双方当事人一致同意，本合同明确赋
予的合同权利不能改变。

　　这种隐性条款也可能以一种笼统的语言，禁止资源国对能源投
资合同整体进行修改。如 1992 年也门政府与外国投资者签订的协

　　① Peter D. Cameron, *Stabilisation in Investment Contracts and Changes of Rules in Host Coutries*: *Tools for Oil & Gas Investors*, AIPN, 5 July 2006, p. 29.
　　② Texaco Overseas Petroleum Co/California Asiatic Oil Co. v. The Government of the Libyan Arab Republic, 53 ILR389 (1979).

议中规定:

> 合同当事人只受协议条款的约束,只有经双方当事人一致同意才能对协议进行改变或修改。①

其次,资源国不得单方解除合同。如印度尼西亚的产品分成合同第 17.2 条中规定"除非经过合同双方书面同意,不得对本合同的任何部分进行任何改正、更改或解除本合同"。实际上,征收行为也可以理解为资源国通过运用其立法权力或行政权力解除能源投资合同。故而隐性条款中禁止征收也是对资源国单方解除合同的限制。如在典型的 Kuwait v. Aminoil 案②中,Aminoil 与科威特政府在租让制合同中规定:

> 除非依据第 11 条,酋长不得通过一般或特别立法或行政措施或任何其他行为废除本协议。除酋长与公司共同认为对协议的改变、删减或增加有利于双方,酋长或公司皆不得对协议中的条款进行改变。

仲裁庭原则上认为该稳定性条款有效,同时指出,协议对国家国有化权力的限制是可能的,但必须"通过明确规定的方式作出庄严保证",而"本案租让制合同中的稳定性条款并未明确规定禁止国有化"。这一案例可谓之一反例,证明如果能源投资合同中的稳

---

① Mayfair Production Sharing Agreement between the Minisitry of Oil and Natural Resources and Yemen Mayfair Petroleum Corporation (Al Zaydiah, Block 22, Tihama Area, Article 18.2), dated 29 July 1992; Peter D. Cameron, *International Energy Investment Law: The Pursuit of Stability*, Oxford university press, 2010, p. 74.

② Government of Kuwait v. American Independent Oil Co (Aminoil), Award of 24 March 1982, 21 I. L. M. 976 (1982).

定性条款明确规定不得实施国有化，则可以约束资源国的主权行为。但现代国际法中，在承认主权国家有权实行国有化的基础上，将国有化分为合法的和非法的，非法征收行为即非基于公共利益目的、未满足一定标准进行赔偿、未依合理程序的征收行为。

隐性条款主要意在限定东道国对合同进行单方修改，相对于其他稳定性条款，它更是一种对合同的稳定而非对东道国法律的稳定。

二　冻结条款

随着管理政治风险的手段更加复杂和熟练化，稳定性条款的范围也不断扩展，在征收或合同单方修改等影响合同关系不稳定的单一情形之外，如果东道国的法律、法规、政策框架（如财政制度、税收结构等）发生改变而客观影响到投资者的合同权利时，传统的隐性条款已经不能满足"稳定性"的要求了。

（一）冻结条款的基本含义

所谓的冻结条款（Freezing Clauses），从严格意义上，指东道国承诺在签订能源投资合同以后不再进行任何继后立法。当然在现代国际法上，这种承诺与国家主权的概念是不一致的。因而，狭义的稳定性条款（stabilization clause stricto sensu）[①] 指的是能源投资合同只适用于签订之时生效的东道国国内法律、税制和其他必要的投资政策，而基本排除了继后立法、政策适用于投资合同的可能性。如尼日利亚液化天然气项目的相关配套法规规定：

　　任何参与该项目的外国投资者或公司股东都不受非普遍适

---

① Christopher T. Curtis, *The Legal Security of Econmic Development Agreements*, 29 Harv. Int'l L. J. 317 (1988), pp. 346 – 347; Prosper Weil,' *Les Clauses de Stabilisation ou d' Intangibilité Insérées dans les Accords de Développement Éonomique*' in Mélanges Offerts à Charles Rousseau (1974), pp. 301 – 308.

用于尼日利亚本国公司的新的法律、法规、税收、进出口关税和其他规定的限制。同时，政府应当采取行政、立法和其他必要措施有效给予、落实和补养对企业的承诺。[①]

如新近提高的最低工资、使用旨在减少污染排放的新技术等，另如对不可再生资源加增一定的暴利税等不能适用于在此之前签订的能源投资合同（包含有相关冻结条款）。这类稳定性条款并没有硬性规定东道国不可以修改合同，而是规定法律变化引发对合同的修改不得对合同当事人产生负面影响，其旨在确保投资者的权利不受突然的法律变化（changes in law）的影响。我们可以将冻结条款形象比喻作"安全阀"，只有当东道国的继后立法对合同权利不产生负面影响时，才可能为合同所承认和适用。

一般的冻结条款，均规定对东道国的法律、法规、规章、行政决定、命令等的变化可以"冻结"。然而，稳定性条款缔结实践的不断发展，丰富了我们的研究。如 2005 年利比里亚的一项矿产开发协议中规定：

特许权持有人及其合作者应遵守矿产法、法规和所有据此颁布的规章、决定和命令，任何政府机构或部门对此做出的解释（书面或口头）以及进行解释的所有方法，于协议签订之日

---

① 原文为：Without prejudice to any other provision contained herein, neither the company not its shareholders in their capacity as shareholders in the company shall in any way be subject to new laws, regulations and taxes, duties, imports or charges of whatever nature which are not applicable generally to companies incorporated in Nigeria or to shareholders in companies incorporated in Nigeria respectively. The Government shall take such executive, legislative and other actions as may be necessary so as to effectively grant, fulfill, and perfect the guarantees, assurances and undertakings contained herein. See Evaristus Oshionebo, "Stabilization Clauses in Natural Resources Extraction Contracts: Legal, Economic and Social Implications for Developing Countries", *Asper Review*, Vol. 10, No. 1, 2010, note 6, p. 7.

起在任何情况下均有效。①

这一冻结条款将口头或书面的法律解释和解释方法均纳入冻结
条款的作用范围中。法律解释作为一种立法的辅助手段，如果发生
变化，也可能影响到能源投资合同的稳定性，因而一个谨慎的外国
投资者会考虑将其纳入冻结条款中。

（二）冻结条款的分类

根据适用的事项和领域，冻结条款可以分为两种：全面冻结条
款（full freezing）和有限冻结条款（limited freezing）。全面冻结条
款是指在合同中规定于投资项目的有效期内，对包括财政和非财政
方面的所有立法活动都进行冻结。这里的全面冻结条款也仅指所涉
及的事项较为宽泛，与前述广义的稳定性条款不同，因而 Peter D
Cameron 称此分类为"较严格冻结条款"（the stricter forms of freez-
ing）。② 2000 年的拉丁美洲基础设施协议范本中显示：

> 国家向投资者、受让方公司确保：在涉及投资项目的任何
> 情况下，该投资合同、项目协议和国家机构授权将享有现行生
> 效法律框架下绝对的法律稳定性。③

在 2000 年哈萨克斯坦共和国投资管理局同中亚石油有限责任
合伙公司签订的在阿特劳州台吉斯区 XXIII - 2，3，4，5，6；XX-
IV - 2，3，4，5，6；XXV - 4，5；6；XXVI - 5，6 区块范围内关

---

① The Mineral Development Agreement between the Goverment of the Republic of Liberia and Mit-
tal Steel Holdings Nvdated 17 August 2005, and the Amendment thereto dated 28 December 2006.

② Peter D. Cameron, *International Energy Investment Law*: *The Pursuit of Stability*, Oxford uni-
versity Press, 2010, p. 71.

③ Andrea Shemberg, *Stabilization Clauses and Human Rights* [a Research Project Conducted for
Intenational Finance Corporation and the United Nations Special Representative to the Secretary General on
Business and Human Rights (11 March 2008)], p. 6.

于油气勘探、开采和分成（产品分成）的合同中明确规定：

在合同有效期内本合同条款不变；依据哈萨克斯坦共和国1994 年 12 月 27 日《外国投资法》条款和对其的修改和补充，如本合同中没有相互矛盾的地方，那么合同生效后哈萨克斯坦共和国法律的任何损害承包方地位的改动不适用于本合同。税法的改动将适用于本合同第 21 条的内容。①

全面冻结条款在合同实践中并不多见。

一种更为常见的做法是，只考虑合同的一种或几种因素，如财务制度、司法程序等，提供有限的或部分的稳定，要求对这一种或几种法律修改进行冻结，这就是有限冻结条款。Peter D. Cameron 称此种分类为"不完全冻结条款"（the partial forms of freezing）。② 如玻利维亚 1997 年的产品分成合同范本中仅对矿区使用费等方面设置了冻结条款，该范本第 12 条具体规定为"根据石油法第 52 条，适用本合同的矿区使用费和许可体制在合同有效期内应保持不变"③。1975 年智利的 1089 法令第 12 条中仅对税务提供了稳定："规定在本法令中的税制、收益、权利和豁免如载入特定合同中，则在合同有效期内须保持其稳定不变。"④ 在 Duke v. Peru 案⑤中，杜克能源国际秘鲁第一投资有限责任公司参与了秘鲁 90 年代的私

---

① 王年平：《国际能源投资合同模式比较研究》，博士学位论文，对外经济贸易大学，2007年。

② Peter D. Cameron, *International Energy Investment Law: The Pursuit of Stability*, Oxford University Press, 2010, p. 71.

③ Ibid.

④ Peter D. Cameron, *Stabilisation in Investment Contracts and Changes of Rules in Host Coutries: Tools for Oil & Gas Investors*, AIPN, 5 July 2006, p. 30.

⑤ Duke Energy International Peru Investments No. 1, Ltd. v. Republic of Peru, Award, ICSID Case No. ARB/03/28 (2006).

有化运动，为得到秘鲁政府对外国投资者的保证，杜克公司与秘鲁政府签订了"法律稳定协议"。该协议关于所得税的保证明确规定"根据协议生效时现行税法，对于红利或其他形式的收益不予征税"。而在喀麦隆共和国与喀麦隆石油运输公司（COTCO）于1998年签订的协定第24条第1款中，喀麦隆承诺确保适用于乍得—喀麦隆石油发展和管道项目中"法律、税收、关税和外汇管制的稳定性"。第24条第2款对稳定性条款如此描述：

> 考虑到该协议下所实施的活动，当修改法律、税收、关税、外汇管制对与协议有关的公司、股东、子公司、承包商、分包商、承运人或出借方权利义务产生负面影响时，喀麦隆共和国不得为之。①

还有的冻结条款对司法程序进行了规定，如撒哈拉以南地区2000年的矿产资源协议第9节对稳定性条款的规定为：

> ……当本协议与一方当事人基于本协议的权利、义务和责任之间，其他法律（包括行政规章、程序和与程序相关的问题）与可适用的国际法之间发生冲突时，当事人的权利、义务和责任应依本协议规定。②

哈萨克斯坦的租让制合同范本中除对规定合同稳定性保证外，

---

① Lorenzo Cotula, "Reconciling Regulatory Stability and Evolution of Enviromental Standards in Investment Contracts: Towards a Rethink of Stabilization Clauses", *Journal of World Energy Law & Business*, Vol. 1, No. 2, 2008, p. 160.

② Andrea Shemberg, *Stabilization Clauses and Human Rights* [a research project conducted for International Finance Corporation and the United Nations Special Representative to the Secretary General on Business and Human Rights (11 March 2008)], note 14.

还专门就税收稳定性进行了规定。由此看来，相对于全面冻结条款，有限冻结条款因其限定性和可操作性较受东道国和投资者欢迎，具体的分析在后面的章节中会涉及。

（三）对冻结条款的评价

冻结条款旨在应对东道国突然颁布的法律、法规、政府决定和命令，甚至法律解释等，当其影响到能源投资合同全部或部分条款的稳定性时，将不适用于能源投资合同。这种冻结条款的优势显而易见。

然而，冻结条款也存在着一些弊端：

首先，当东道国单方改变法律的行为违反了冻结条款时，投资者会依据能源投资合同中约定的仲裁条款或依据双边投资条约或国内法诉诸国际仲裁以寻求赔偿，如此一来，则使得原有的能源投资合同关系趋于崩溃，[①] 而无回转余地。缺乏灵活性是这种稳定性条款的最大缺陷。

其次，冻结条款应投资者稳定制度框架的需要而设置，同时这些制度框架也是投资项目赖以生存产生商业效益的基础。当某些制度对投资项目构成了显著负面影响时，稳定性条款同时也束缚了东道国进而求助于更"合乎社会需求"的政策，有学者称此为政策僵局（regulatory chill）。[②] 也就是说，传统的冻结条款一概排除了继后立法适用于合同的可能，当该继后立法"合乎社会需求"并对投资项目有正面影响时，也被冻结条款依约定阻碍了效力发挥。

再次，冻结条款的适用不仅使得继后立法归于无效，在普通法系国家也可能使得法院所签发的指定日期后发生法律效力的判决被

---

① Lorenzo Cotula, "Reconciling Regulatory Stability and Evolution of Enviromental Standards in Investment Contracts: Towards a Rethink of Stabilization Clauses", *Journal of World Energy Law & Business*, Vol. 1, No. 2, 2008, p. 162.

② Ibid. , p. 158.

合同排除在外。[1]

最后，根据最近世界银行对采矿业问题的一项研究结论表明：如果对不同采矿项目所适用的税收政策均加以稳定，则随着时间的推进必然会出现一个管理上的大挑战。由于基础税收法律的不断变化，每一个采矿项目自其稳定性管理生效之日起将会有一个不同的税收政策。这意味着在任何一个时间节点，不同的采矿项目受制于不同的税收政策，则政府税收管理部门在管理和执行每一种税收政策时将不得不面临与日俱增的复杂情形。[2] 这种情况不仅存在于税收政策稳定化的情况下，对其他的法律、法规、政策等稳定化也同样会带来政府有关机关管理投资项目的人为复杂化。所以，从上述分析可知，从国家利益出发，东道国愿意接受将稳定性条款订入能源投资合同中，实际上对合同双方而言均存在风险。投资者试图在较长期限内全方位冻结合同条款，就如同东道国想要全面实施国有化一样，都是不正常的。[3]

作为管理政治风险的工具，冻结条款的使用频率越来越式微，仅出现在撒哈拉以南非洲、东欧、南欧、中亚、中东和北非的投资合同中，[4] Cameron 指出在安哥拉、柬埔寨、圭亚那、伊拉克、哈萨克斯坦、马耳他、波兰、突尼斯[5]等国家或地区尚接受冻结条款，

---

[1]　A. F. Maniruzzaman, "The Pursuit of Stability in International Energy Investment Contracts: A Critical Appraisal of the Emerging Trends", *Journal of World Energy Law & Business*, Vol. 1, No. 2, 2008, p. 123.

[2]　James Otto et al., *Mining Royalties: A Global Study of their Impact on Investors, Government, and Civil Society*, The World Bank, 2006, p. 212.

[3]　Peter D. Cameron, *Stabilisation in Investment Contracts and Changes of Rules in Host Coutries: Tools for oil & gas investors*, AIPN, 5 July 2006, p. 74.

[4]　Andrea Shemberg, *Stabilization Clauses and Human Rights* [a Research Project Conducted for Intenational Finance Corporation and the United Nations Special Representative to the Secretary General on Business and Human Rights (11 March 2008)], Ⅸ.

[5]　Peter D. Cameron, *Stabilisation in Investment Contracts and Changes of Rules in Host Coutries: Tools for oil & gas investors*, AIPN, 5 July 2006, p. 28.

更有人称冻结条款除在较早期的投资协议中存在外，几乎不再受欢迎。①

三 一致性条款

传统的稳定性条款还应该包括一致性条款（consistency clauses），该种条款指只有当与能源投资合同规定一致的东道国国内法律才能适用于该项目。基于协议约定，东道国可以继后立法，但被禁止制定与能源投资合同不一致的国内法。不一致的法律如已经制定出来，则对该合同不适用，由此在一定程度上对东道国的国内法设立了"合同判定标准"。比如 2004 年叙利亚和叙利亚石油公司、都柏林国际石油（大马士革）公司签订的都柏林 Tishrine 区块石油开采合同中的第 18 条第 1 款规定：

> 合同当事人和实际运营公司应当遵守叙利亚现行生效的所有法律和规章，但对于那些虽然自合同生效日起一直都有效的却与合同条款相悖或不一致的任何法律、规章或所进行的修改，则不能约束合同当事人或实际运营公司。②

一致性条款没有要求东道国做出不继后立法的承诺，而是限定东道国所颁行的法律（一般法）与特定的能源投资合同条款（特别法）之间的关系。它认为国际能源投资合同中双方做出的特别约定相当于东道国就特定石油项目的作业向外国石油公司做出了具体而明确的承诺，此即在特定范围内构成对特定石油项目适用的"特

---

① R. Brown, *Choice of law provisions in concession and related contracts*, (1976) 39 MLR 625, 628, part3.

② A. F. Maniruzzaman, "The Pursuit of Stability in International Energy Investment Contracts: A critical appraisal of the emerging trends", *Journal of World Energy Law & Business*, Vol. 1, No. 2, 2008, p. 123.

别法"（lex specialis），① 相对而言，东道国适用于整个能源行业或石油行业的法律称之为"一般法"，东道国继后的立法也包括在内。当二者发生冲突时，根据古老"特别法优于一般法"的法律原则，能源投资合同的条款应优先适用。如 1999 年的阿塞拜疆协议中与此相关的条文规定如下：

> 该协议经阿国议会同意，将成为阿国的一项法律，除协议特别约定外，优先于与该协议不一致或相冲突的阿国任何当前的或将来的法律、法令和行政命令（或其中的一部分）。②

除了上述这种明确规定能源投资合同为一项特别法律的情况，有些一致性条款还默示地赋予能源投资合同以特别法的效力。如蓝宝石（Sapphire）国际石油有限公司与伊朗国家石油公司之间于1958 年签订的联合经营合同中第 45 条规定：

> 1957 年矿业法不适用于本合同，任何其他法律法规整体或部分与本合同相悖的，在不一致的范围内根据本合同规定是无效的。

1966 年 8 月 12 日美国石油公司与伊朗国家石化公司之间签订的所谓 Khemo 协议中也规定了几乎相同的条款。③ 这种条款确定了

---

①　A. F. Maniruzzaman，"The Pursuit of Stability in International Energy Investment Contracts：A Critical Appraisal of the Emerging Trends"，*Journal of World Energy Law & Business*，Vol. 1，No. 2，2008，p. 122.

②　阿塞拜疆国家石油公司（SOCAR）与库那河谷发展有限公司和 SOCAR 石油子公司之间于 1999 年 3 月 19 日签订的阿国境内的 Padar 区域和邻近的潜力结构这一区块的考察、开发和产品分成协议中的第 24 条第 1 款。

③　Thomas Wälde，"Stabilising International Investment Commitments：International Law versus Contract Interpretation"，*Centre for Petroleum and Mineral Law and Policy（CPMLP）Professional Paper* NO. PP13，1994，note 147.

能源投资合同作为一种特别法在其有效期内不可侵犯的原则。这种不可侵犯性表现在突尼斯 1989 年产品分成合同范本中，可能更为夸张，它除了规定能源投资合同优先于东道国的法律、法规及其修改外，对这些法律法规的解释也同样给予了特别法的地位。该范本第 24 条第 1 款中就是关于一致性条款的规定："双方当事人受协议条款和授权机构制定的所有法律规章的约束，这些法律法规不得与协议相悖或抵触。""双方同意任何与协议条款相悖或抵触的新法规、修改或解释不能得以适用。"[1] 通过这种方式，投资者为其合同在东道国境内创造了一个"法律飞地"（an enclave status），[2] 在支配合同的法律之外免受东道国内与协议不一致的法律（包括继后立法）的影响。

实际上，将这样的要求看作是一种关于合同解释的标准，可能更为合适一些，也不致滥用该条款。比如在喀麦隆共和国与喀麦隆石油运输公司（COTCO）于 1998 年签订的协定第 24 条第 3 款中也规定：

> 没有 COTCO 公司的事先书面同意，任何与协议条款相悖的立法、规章或行政政策都不能适用于上述所提到的与该协议有关的公司、股东、子公司、承包商、分包商、承运人或出借方。COTCO 公司有权对喀麦隆共和国现行立法、规章和行政措施进行选择适用，当这些立法、规章和行政措施对上述所列人员产生负面影响时，考虑到该项目所实施的活动，COTCO 公司有权要求其不适用。[3]

---

① Peter D. Cameron, *International Energy Investment Law: The Pursuit of Stability*, Oxford University Press, 2010, p. 71.

② R. Brown, *Choice of Law Provisions in Concession and Related Contracts*, (1976) 39 MLR 625, 628.

③ Lorenzo Cotula, "Reconciling Regulatory Stability and Evolution of Enviromental Standards in Investment Contracts: Towards a Rethink of Stabilization Clauses", *Journal of World Energy Law & Business*, Vol. 1, No. 2, 2008, p. 160.

这一条款中，允许外国投资者对东道国现行的立法、规章和行政措施进行选择适用，使得能源投资合同对东道国的立法权完全"免疫"。这样的稳定性条款当然为外国投资者所喜好，但同时对东道国而言可能会成为争端之源，也可能会造成外国投资者"择法行诉"（law shopping）的状况。因而，即便能源投资合同双方意欲在合同中纳入这样的条款，也应将其限定在合同机制的某些特定支柱如财务体系等具体方面，[①] 而不宜全面覆盖稳定合同的全部法律体系。

第二节　经济平衡性条款

传统的隐性条款下，约束东道国进行征收的权力。然而，国际法上认为各国运用公权力（也称警察权）对其国内财产和自然资源进行管理是国家主权的体现，包括有权实行征收、征用等国有化措施。国际仲裁例中也对此进行了确认，在 Liamco v. Libya 案[②]中，独任仲裁员 Sobhi Mahmassani 在审查了《关于自然资源之永久主权宣言》后，建议"尊重国家自由处置自然财富和自然资源的主权权利"，并认为该宣言"尽管不是法律的渊源，但却是关于自然资源永久主权的居于支配地位的最新趋势"。在 Kuwait v. Aminoil 案[③]中，仲裁庭在裁决中承认，很多国家的宪法都规定所有自然资源都是国家的财产，科威特享有对石油资源充分的所有权并可将其置于国内管辖之下。如果实施了国有化而使得投资者依据合同的"情势根本

---

① Thomas Wälde, "Stabilising International Investment Commitments: International Law Versus Contract interpretation", *Centre for Petroleum and Mineral Law and Policy (CPMLP) Professional Paper* NO. PP13, 1994, p. 59.

② Libyan American Oil Company (LIAMCO) v. The Libyan Arab Reprblic, Award of 12 April 1977, ILC.

③ Government of Kuwait v. American Independent Oil Co (Aminoil), Award of 24 March 1982, 21 I. L. M. 976 (1982).

变更"（fundamental change of cirsumstance）和"利益落空或受挫"（commercial impracticability /frustration）① 时，或产生"实质性影响"（material impact）（包括西非天然管道国际项目协议中"实质性的负面影响"或"对项目收益或公司价值产生实质性的减少"；以及 Kashagan 租让制合同中强调的"对经济利益产生实质性的负面影响"）② 时，则需给予赔偿。西方学者将国有化分为直接国有化与间接国有化，认为国有化不仅包括直接剥夺财产所有权（隐性条款所禁止），还包括对所有权人"使用、占有和处置财产的无理干涉"，从而使所有权人不能有效使用、占有和处置该财产。③ 这种以间接方式影响私人财产权的措施称之为"间接征收"或"变相征收"。规制式征收就属于间接征收的一种，它指因国家对规章制度和管制措施的改变导致对个人财产权的"实质剥夺"（substantial deprivation of property rights），而致使财产权利人的权利在经济上处于不可用的状态。现代稳定性条款应随着国有化具体措施的不同而做出适时调整并呈现多样化，在客观承认国有化的合法性的前提下对因国有化致投资者依据合同的经济利益受损时，改而要求协商或给予赔偿。但最近的仲裁裁决对因规制措施要求东道国向投资者支付赔偿方面持谨慎态度，④ 对规制措施是否构成征收的认定也比较保守。

---

① Thomas Wälde, "Stabilising International Investment Commitments: International Law Versus Contract Interpretation", *Centre for Petroleum and Mineral Law and Policy（CPMLP）Professinal Paper* NO. PP13, 1994, p. 52.

② Lorenzo Cotula, "Reconciling Regulatory Stability and Evolution of Enviromental Standards in Investment Contracts: Towards a Rethink of Stabilization Clauses", *Journal of World Energy Law & Business*, Vol. 1, No. 2, 2008, pp. 161, 166.

③ Sohn & Baxter, *Responsibilities of States for Injuries to the Economic Interest of Aliens*, 55 AJIL (1961).

④ Lorenzo Cotula, "Reconciling Regulatory Stability and Evolution of Enviromental Standards in Investment Contracts: Towards a Rethink of Stabilization Clauses", *Journal of World Energy Law & Business*, Vol. 1, No. 2, 2008, pp. 161, 167.

　　传统的冻结条款和一致性条款意在约束东道国本身，核心是约束其立法主权、限制其立法权限，稳定合同签订之时的法律制度，而排除继后立法对合同关系的影响。在 20 世纪 70 年代后期，各个主权国家受"国家对自然资源的永久主权原则""国际经济新秩序"概念的影响，使得东道国不再能够接受绝对限制主权权力而做出冻结项目适用法律的承诺。[①] 世界上很多国家的国内法也不允许当权者做出将来不立法的承诺。东道国更愿意承诺保持合同经济利益的平衡性，而不愿做出不进行继后立法的允诺。[②] 因而便出现了其他更成熟更合理的稳定性条款作为管理政治风险的工具，经济平衡性条款便是其一。

一　经济平衡性条款的概念

　　经济平衡性条款（Economic equilibrium clauses）就是现代稳定性条款的一种，它在合同条款的改变与合同再协商之间建立了一种联系，以期当合同条款的改变打破了合同签订之初的经济平衡时，通过合同再协商的方式恢复这种平衡，如协商未果，则须支付相应的赔偿。赔偿可以采取多种形式，如调整关税、租让制合同期限的延展、税收减免、货币赔偿及其他。这种策略称之为"用改变去反作用改变"（use change to counteract change）。[③] 上述规制式征收也会对投资产生相当程度的影响，从而引发赔偿。但违反经济平衡性条款支付的赔偿要比规制式征收支付的赔偿低很多，因为除却少数极端案例中将违反稳定性条款归于征收外，经济平衡性条款的目的

---

　　① J. Kuusi, *The Host State and the Transnational Corporation: An Analysis of Legal Relationships*, Saxon House, 1979, pp. 59 – 60.

　　② Peter D. Cameron, *Stabilisation in Investment Contracts and Changes of Rules in Host Coutries: Tools for Oil & Gas Investors*, AIPN, 5 July 2006.

　　③ Zhiguo Gao, *International Petroleum Contracts: Current Trends and New Directions*, GrahamTrotman/Martinus Nijhoff, 1994, p. 191.

不是去赔偿投资者而是为了恢复合同的经济平衡，并且在赔偿之后投资合同仍可继续履行。由此可见，经济平衡性条款稳定的不是法律制度框架本身，而是对合同经济利益的稳定，是"主权与政治风险的契约分配方案"[①]。

越南的做法就是一例：

　　因政府行为导致投资者财政负担增加时，国营公司承诺去赔偿外国投资者，意在恢复被打破的平衡或风险分担规定。[②]

另如埃及 2002 年特许协议中第 XIX 条就规定：

　　适用于石油勘探、开发和生产行为的现行法律或规章的改变，……严重影响协议的经济利益以致损害当事人利益或给协议当事人施加负担……这种情况下，当事人应协商对协议进行尽可能的修改以恢复自协议生效日之始的经济平衡。[③]

再如西非天然气管道有限公司（WAGP Co. Ltd）与贝宁、加纳、尼日利亚、多哥于 2003 年 5 月 22 日签订的国际项目协议（IPA）中第 36 条规定：

　　如果一项变动对该公司产生了实质性的负面影响，或如果导致该公司在本项目中的利益被剥夺……或该公司对股份持有

---

① Thomas Wälde, "Stabilising International Investment Commitments: International Law Versus Contract Interpretation", *Centre for Petroleum and Mineral Law and Policy（CPMLP）Professinal Paper* NO. PP13, 1994, p. 57.

② Gotanda, J., *Renegotiation and Adaptation Clauses in Investment Contracts*, Revised, *Vanderbilt Journal of Transnational law*, 2003, pp. 1461 – 1472.

③ Peter D. Cameron, *Stabilisation in Investment Contracts and Changes of Rules in Host Coutries: Tools for Oil & Gas Investors*, AIPN, 5 July 2006, p. 31.

者的价值实际减少，那么东道国必须"恢复"该公司和（或）股东到与此之前同等的或经济平衡的位置，否则构成违约，须进行"及时、充分、有效的赔偿"。[①]

二　经济平衡性条款的分类

同样根据稳定性条款的调整范围，经济平衡性条款可以分为全面经济平衡条款和有限经济平衡条款。

全面经济平衡条款如载入能源投资合同中，则针对与财政相关的所有法律变化（无例外），均应计入可调整的事由；并因新法的适用而对投资者进行全面的赔偿。这种条款因为无法计算投资者受损害的程度而难以赔偿，在具体实践中范例较少。

有限经济平衡条款则是指对能源投资合同中约定的经济平衡性条款的适用给予了一定的限制。可采用三种方式来规定有限经济平衡条款：

第一种方式是对所有的法律变化均进行稳定而唯独限制投资者遭受损失额的临界值，只有当损失达到一定数额时，才能适用经济平衡条款；

第二种方式是在有限经济平衡条款中列明可以适用哪些方面的法律变化、不可以适用哪些方面的法律变化，即采用正面清单或负面清单的列举方式，如限定税务、卫生、劳工、环境、安全、担保等方面的法律变化才能适用经济平衡条款；

第三种方式是结合有关不可抗力的含义，规定有限经济平衡条款对那些"不可预见"的法律变化均列入可调整的范围。

经济平衡性条款又可根据惯常运作方式（modus operandi），分

---

① Lorenzo Cotula, "Reconciling Regulatory Stability and Evolution of Enviromental Standards in Investment Contracts: Towards a Rethink of Stabilization Clauses", *Journal of World Energy Law & Business*, Vol. 1, No. 2, 2008, p. 161.

为可协商经济平衡条款、约定经济平衡条款和不特定经济平衡条款三类。①

（一）可协商经济平衡条款

可协商经济平衡条款（Negotiated Economic Balancing Clauses）是指由双方当事人协商会谈，讨论怎样才能达成对合同进行补充修改以实现经济平衡。这也是大多数经济平衡性条款的运作方式。当出现法律变化时，首要地尊重双方当事人对合同的"意思自治"，允许其进行平等协商。如埃及 2002 年的租让制合同就采用的这种方式，要求"当事人应尽可能协商对协议进行修改，以恢复合同生效时的经济平衡"②。埃及与杰伊汉石油公司之间签订的产品分成合同规定：

> 如果因为东道国政府的法律在税收、健康、安全与环境方面发生变化，而使得经济平衡被破坏或者受到直接、间接的负面影响，国家当局应当采取一切可用的措施去修复本项目合同建立之初的经济平衡，所指的法律变化包括：（1）东道国法律的修改、废止、撤回、终止或届满失效；（2）东道国法律的颁布、实施；（3）东道国法律的解释或者适用；（4）司法机关、法院和国家机关所作出的认定、政策或其他类似措施；（5）司法变更；（6）司法机构、法院和国家机关不能或拒绝执行对投资者更为有利的东道国法律。国家机关在因上述立法变化而造

---

① F. C. Alexander Jr., *The Three Pillars of Security of Investment Under PSCs and Other Host Government Contracts*, chapter 7 of Institute for Energy Law of the Centre for American and International Law's Fifty-fourth Annual institute on Oil and Gas Law (Publication 640, Release 54), LexisNexis Matthew Bender (2003).

② Peter D. Cameron, *Stabilisation in Investment Contracts and Changes of Rules in Host Coutries: Tools for oil & gas investors*, AIPN, 5 July 2006, pp. 31 – 32.

成合同失衡时，负有采取任何必要措施修正该种失衡。[①]

印度产品分成合同范本中也规定"为维持每一方当事人的经济利益期待与合同生效时一样，合同双方当事人应及时磋商，对合同进行必要的修改和调整"[②]。

（二）约定经济平衡条款

约定经济平衡条款（Stipulated Economic Balancing Clauses）是指能源投资合同中事先约定一定的方式，当经济平衡被打破时，根据已设定的方式自动进行调整，重新建立经济平衡。如在产品分成合同中规定"利益油的分割比例"，当遇到法律变化时依此自动实现双方经济利益平衡。如厄瓜多尔 2002 年 10 月的原油开采产品分成合同范本中就规定了一个"修正系数"（correction factor），用以吸收税负增减或人工参与度对产品分成比例的影响，该修正系数须事先经双方当事人计算出来并报能源矿务局同意。[③]

（三）不特定经济平衡条款

不特定经济平衡条款（Non-specified Economic Balancing Clauses），也有学者称此分类为"无限制"（open-ended）经济平衡性条款，[④] 它是指合同进行自动调整时，并未设定这种调整的类型，也不要求必须经双方当事人协商同意。如阿塞拜疆国家石油公司（SOCAR）于 1999 年签订的产品分成合同第 24 条第 2 款中，仅规定法律变化发生时应调整双方的经济平衡，当对投资者构成负面影

[①]　Mustafa Erkan, *International Energy Investment Law*, Hague: Kluwer Law International Press, 2011, p. 207.

[②]　A. F. Maniruzzaman, "The Pursuit of Stability in International Energy Investment Contracts: A Critical Appraisal of the Emerging Trends", *Journal of World Energy Law & Business*, Vol. 1, No. 2, 2008, p. 128.

[③]　Ibid., pp. 127 - 128.

[④]　Peter D. Cameron, *Stabilisation in Investment Contracts and Changes of Rules in Host Coutries: Tools for Oil & Gas Investors*, AIPN, 5 July 2006, p. 75.

响时，SOCAR 公司应给予赔偿，并要求 SOCAR 公司在其授权范围内尽其合法合理的努力促使相关政府机构采取适当措施以及时解决条约、政府间协议、法律、法令或行政命令与投资协议之间的冲突。①

三　对经济平衡性条款的评析

首先，相比于前述的传统冻结条款，如果能源投资合同中规定了经济平衡性条款，除在谈判未果时可要求支付经济赔偿之外，东道国对适用于合同的法律进行后继修改或立法也是可能的，只要积极采取措施来恢复合同经济利益的平衡便可。

其次，经济平衡性条款下，双方在自行谈判未果时，会要求仲裁员修改合同条款，也就是说，这样便授予仲裁员依据该条款决定调整合同的权力。

再次，冻结条款如诉诸仲裁则会导致合同关系的崩溃，而经济平衡性条款则因仲裁员所起的作用，而使得合同关系及其所规范的石油投资项目仍持续存在。②

最后，宽泛意义上，经济平衡性条款本身可能是中性的，东道国法律发生变化可能对投资者的利益产生负面影响也可能产生正面影响，除却约定经济平衡条款的自动调整作用，其他情况下均视合同双方当事人的要求才能进行调整。

从以上分析可知，经济平衡性条款稳定的不是合同的法律制度框架本身，而是对合同经济利益的稳定。实际上，投资者并不真正

① A. F. Maniruzzaman, "The Pursuit of Stability in International Energy Investment Contracts: A Critical Appraisal of the Emerging Trends", *Journal of World Energy Law & Business*, Vol. 1, No. 2, 2008, p. 127.

② Lorenzo Cotula, "Reconciling Regulatory Stability and Evolution of Enviromental Standards in Investment Contracts: Towards a Rethink of Stabilization Clauses", *Journal of World Energy Law & Business*, Vol. 1, No. 2, 2008, p. 162.

关心东道国的法律变化与否、其法律体系是否完整等问题，而投资者根据合同所享有的经济利益能否保持与能源投资合同签订之时的平衡，才是投资者的根本利益所在。

而经济平衡性条款也会存在一些风险：首先，当适用经济平衡性条款，投资者针对法律变化而期望改变此条款时，东道国也会趁机要求对整个能源投资合同或其中东道国认为不满意的部分进行再协商，[①] 从而实质影响外国投资者的议价能力。

其次，适用经济平衡性条款，因为牵涉到双方协商调整能源投资合同未果时东道国须给予投资者以赔偿，故此会对东道国的后继修改或立法起到阻碍作用。所以从这个意义上来讲，经济平衡性条款可能产生与冻结条款相似的效果。[②]

再次，当与投资者签订协议的是东道国的国有公司时，投资者基于经济平衡性条款向该国有公司要求赔偿时，不得不受限于该国有公司承担有限责任的条件，而不同于协议当事方是东道国时的国家赔偿责任。另外，当能源投资合同中未签订仲裁协议条款或未直接与东道国之间签订仲裁协议时，如遇东道国对该投资加以干涉，该外国投资者欲行使其索赔权，则不得不去请求其母国行使外交保护权或寻求其他国际惯例的救济。[③]

第三节　现代混合稳定性条款

对于投资者而言，他们更愿意接受稳定方法的多样化以便在任

---

① Peter D. Cameron, *Stabilisation in Investment Contracts and Changes of Rules in Host Coutries: Tools for Oil & Gas Investors*, AIPN, 5 July 2006, p. 38.

② Thomas W. Waelde & George Ndi, *Stabilizing International Investment Commitments: International Law Versus Contract Interpretation*, 31 Tex. Int'l L. J. 1996, p. 215, pp. 230 - 231.

③ Thomas Wälde, "Stabilising nternational investment commitments: International Law Versus Contract Interpretation", *Centre for Petroleum and Mineral Law and Policy (CPMLP) Professional Paper* NO. PP13, 1994, p. 61.

何情况下劝服东道国接受对合同关系的稳定，所以最后实际规定在投资合同中的稳定性条款要么是东道国乐于接受的种类，要么为各种稳定性条款具体分类的综合，可以称之为混合稳定性条款（Hybrid clauses）。

现代混合稳定性条款的分类融合了上述传统稳定性条款与经济平衡性条款的某些方面。该条款要求东道国须使得投资者恢复到法律修改之前的经济地位，且该条款明确表明了排除继后立法也是达到如此目标的一种方式。这种现代混合稳定性条款通常将传统冻结条款与经济平衡性条款二者并用，如东道国违反其在冻结条款中对外国投资者的承诺，则经济平衡性条款可以降低东道国的违约成本。从此种意义上看，在这种现代混合稳定性条款中，经济平衡性条款作为其中成分之一为合同的稳定性提供了额外的保护。

一个很好的关于现代混合稳定性条款的例子，是加纳政府与加纳壳牌石油公司之间于 1974 年签订的陆上（Voltaian 盆地）石油开采协议，第 47 节规定：

> 双方同意在协议有效期内，如遇与石油工业相关的财政和经济政策、加纳的运作环境和市场条件总体发生变化以致实际影响到该协议的根本经济和财政基础时，可以对本协议条款进行修改或再协商，以期合理考虑投资者的投入资本和随之产生的风险。但在石油开采区域内自投产以后 5 年内不得对协议进行修改或调整，且无溯及力。①

该条款中，对因法律改变而给投资者带来的权益损害，在坚持

---

① Thomas Wälde，"Stabilising International Investment Commitments: International Law Versus Contract Interpretation"，*Centre for Petroleum and Mineral Law and Policy（CPMLP）Professinal Paper* NO. PP13，1994，p. 89.

适用经济平衡性条款进行调整的基础上，又对东道国一定期限内法律的冻结进行了规定。

现代混合稳定性条款也可以分为全面混合条款和有限混合条款，与前述冻结条款和经济平衡性条款进行分类的依据相同。全面混合条款针对与财政相关的所有法律变化，要求赔偿或对合同进行调整，同时包括免受所有继后立法的影响。而有限混合条款则针对与财政相关的某些方面的法律变化导致特定的损失发生时，应进行赔偿或对合同进行调整，同时也免受所涵盖的法律变化。

现代混合稳定性条款大致包含了以下四个方面的特征：[①]

（1）现代混合稳定性条款采用总体规定或特定经济条款规定的方式，限定了启动再协商的诱发事件（trigger events）的类型。如规定所有的法律变化，或限定在财政、卫生、环境、安全等领域的法律变化将启动谈判。

（2）现代混合稳定性条款描述了法律变化在合同中的效力。如规定法律变化一概对合同不适用，或规定在双方协商后可以适用，或规定当法律变化对投资者的权益构成负面影响时不适用于合同，或规定给予投资者赔偿后可以适用等。

（3）现代混合稳定性条款强调了再谈判的主体和程序。如喀麦隆于2001年5月与RSM开发公司签订的特许协议第30条就规定：协议当事人可以请求能源部长行使管辖权，则能源部长在接到请求之日起2个月内要么接受请求并进行管理，使得争议的立法、规章条款不再适用于合同，要么拒绝接受当事人的请求。如在给定时限内未予答复，则视为请求已接受。如能源部长拒绝了当事人的请求，则双方当事人应尽可能协商对合同进行调整，为了再设定合同于生效之时双方达成的经济财政平衡性，并适当考虑争议的立法、

---

① P. Bernadini, *Stabilization and Adaptation in Oil and Gas Investments*, 2008, 1 JWELB 102 – 3, pp. 102 – 103.

规章条款。[1]

（4）现代混合稳定性条款规定了谈判失败后的解决办法。现代混合稳定性条款不能仅仅是"再协商的协议"（agreements to a-gree），还应该包含如果当事人未进行协商或协商未果时投资者可将纠纷提交仲裁等已设定的解决办法。[2] 如上述的喀麦隆特许协议的第 30 条第 3 款和第 4 款中就指出，各方应尽其最大努力自被能源部长拒绝之日起 90 天内达成对合同的修改意见。……如双方在时限内不能达成一致意见的，由各方当事人将争议提交调解程序或可适用的仲裁程序（第 28 条第 3 款）。[3]

第四节　小结

在国际能源投资合同中，外国投资者所关注的焦点也是合同双方当事人谈判的焦点。国际石油投资项目具有期限长、资本密集型、项目风险大等特点。这些特点一度让外国投资者在开发资源国的石油资源时"痛并快乐着"。痛定思痛，石油行业的高风险催生出了国际能源投资合同多次变迁的诸种合同模式以及不同的稳定性条款。在国际能源投资合同双方当事人所面临的诸多风险中，其他如地质风险、技术风险、商业风险和财务风险等均可以通过石油价格等市场要素进行防控，而政治风险则必须通过资源国对主权的自愿限制向外国投资者做出一定的让步和承诺来实现，或起码尽可能地减弱其负面影响。无论怎么样，研究资源国的这种让步或承诺，我们只能从双方签订的国际能源投资合同中找寻特定的稳定性条

---

① R. Doak Bishop, James Crawford, W. Michael Reisman, *Foreign Investment Disputes*: *Cases*, *Materials and Commentary*, Kluwer Law International, 2005, p. 292.

② Peter D. Cameron, *Stabilisation in Investment Contracts and Changes of Rules in Host Coutries*: *Tools for Oil & Gas Investors*, AIPN, 5 July 2006, p. 75.

③ Ibid.

款，结合历史背景研究其演变规律。稳定性条款形态的发展已经历了从传统稳定性条款到现代经济平衡性条款及现代混合稳定性条款，每一种稳定性条款的作用各有侧重，单纯采用任何一种稳定性条款都不可能保证万无一失。如果东道国想要通过立法命令干涉能源投资合同，它有尽可能多的手段可以使用。因而，我们越有必要加强稳定性条款的相关研究，探寻日益复杂化的能源投资合同实践中与时俱进的稳定性方式。

第 五 章

国际能源投资合同稳定性
条款效力方面存在的争议

关于稳定性条款的效力，在学界一直是个存有极大争议的问题，基本形成无效说与有效说两种相互对立的观点。这些争议同时影响了一些石油公司及跨国律师的观点。而近年来，似乎无效说逐渐占了上风。在此，有必要对这两种争议观点的论据逐一论述。

第一节　无效说

随着稳定性条款的形态发展，一些学者或石油公司逐渐认为在国际能源投资合同中的稳定性条款并不能发挥其应有的功能，应予抛弃。这些坚持稳定性条款无效的观点提出了一些理由来支持其主张，曾一度成为稳定性条款效力的主导理论。

一　"经济主权论"

该论调从 19 世纪 60 年代后兴起的"自然资源永久主权原则"出发，强调主权国家对其境内自然资源和经济活动享有永久主权，而对外资进行征收和继后立法的管理行为都属于资源国主权的当然表现。"自然资源永久主权原则"这一国际法的强行法规则为一国在国际法上创设了处置其自然资源的宪法性局限，一国不得通过国际能源投资合同中存在的稳定性承诺排除其适用，因而稳定性条款是无效的。[①] 这种观点常常为一些发展中国家和学者所认同，恰好成为发展中国家为进一步加强对其境内石油资源的管理而否定特定历史条件下所签订的能源投资合同及其中稳定性条款的最好的理论依据，并借此要求实现石油资源的国有化。

二　"合同主体论"

随着国际能源投资合同模式的演进，东道国不再直接与外国投资者签订能源投资合同，而由其设立并控制的国有石油公司与外国投资者直接签订合同。而能源投资合同中的稳定性条款除了发展演化为现代稳定性条款外，还继续沿用并配合使用传统的稳定性条款。这种观点认为，传统稳定性条款中由东道国国有石油公司所做出的禁止国有化、限制东道国继后立法的有关承诺，并不能约束非作为合同主体的东道国政府行使其权力。因而持无效论的观点从合同主体因素出发，认为稳定性条款在现代国际能源投资合同模式中不再具有效力。

三　"越权论"

东道国政府在签订能源投资合同时承诺在长期合同有效期内将不进行继后立法而影响外国投资者的合同权利。持无效说的观点认为，根据"三权分立"的宪政原则，是否进行继后立法的立法权是专属于国家立法机关的权力，只能由立法机关行使，行政机关或司法机关均无权行使。签订能源投资合同的政府机构或国有石油公司均不能运用合同起草技术修改或扩张宪法或其他法律中政府和立法

---

① M. Somarajan, *The Settlement of Foreign Investment Disputes*, Kluwer Law International, 2000, p. 210.

机关的权力。① 这种超越职权的行为，自始无效。在越权和宪法上无效的情况下协商订立的合同条款（稳定性条款）不可能产生有效的权利，其中的稳定性承诺也当然无效。外国投资者也不能对一个国内法上无效的稳定性条款抱有任何期待，这种期待也是不合理的。

四 "情势变迁论"

根据"情势变迁原则"，任何合同签订当时的情势发生重大变更时，得以引用该原则免除履行的责任或变更履行。这一原则是"合同神圣性原则"在现代意义下的丰富。很多发展中国家或转型经济体，认为长期能源投资合同系殖民主义时代背景下或劣势议价条件下所签订，其中的稳定性条款也应与时俱进加以废除，让这些主权国家平等开发其资源并发展经济。持有这种论调的学者认为，随着能源投资合同的演进，合同签订当时的"情势"——外国投资者持有富足资本和技术优势的议价强势——已发生了重大变更，而当时东道国所做出的稳定性承诺也应相应发生变更或废除。这与很多发展中国家逐渐加强国内石油资源管理的要求相吻合。

五 "准据法论"

国际能源投资合同的准据法即合同所适用的法律，根据"意思自治"这一合同法律适用的首要原则，合同双方通常选择东道国的国内法律或国际条约或国际习惯法。② 持这种观点的人认为，能源投资合同的签订地、履行地、合同标的物所在地等诸种合同要素均

---

① Thomas Wälde, "Stabilising International Investment Commitments: International Law Versus Contract Interpretation", *Centre for Petroleum and Mineral Law and Policy (CPMLP) Professional Paper* NO. PP13, 1994, p. 29.

② R. Doak Bishop, James Crawford, W. Michael Reisman, *Foreign Investment Disputes: Cases, Materials and Commentary*, Kluwer Law International, 2005.

发生在东道国，故一般应受东道国的国内法支配，能源投资合同中稳定性条款的效力应取决于东道国国内法的规定，[①] 然而，当东道国政府对其国内法发生继后改变，而继后法律改变实质上否定了先前的稳定性承诺时，国际能源投资合同中的稳定性条款应相应地适用改变后的东道国法律从而归于无效。

第二节　有效说

与"无效说"相反，很多学者坚持认为稳定性条款作为国际能源投资合同法律条款的一部分，仍然发挥着其应有的作用，一定程度上可以有效规避东道国的"主权"风险。针对无效论的论据，持有效说的观点提出了一些判然有别的理论来支持其主张，具体如下：

一　"主权限制论"

持有此观点的人认为，主权国家享有对其境内经济活动进行管理的主权，征收和立法都是主权的一种表现，但承诺不进行征收或不继后立法同样也是一国行使主权的体现。因而，一国在其对外签订的国际能源投资合同中约定稳定性条款，向外国投资者做出稳定性的承诺，这是该国自觉自愿对其主权进行自我限制的表现，恰是该国行使主权、管理经济活动的一种表现形式。[②] 在 Texaco 案[③]中仲裁庭就采用了这种观点，认为利比亚政府在合同中承诺不实行国

---

① 余劲松：《国际投资法》，法律出版社 2007 年版，第 91 页。

② 杨卫东、郭堃：《国家契约中稳定条款的法律效力认定及强制性法律规范建构》，《清华法学》2010 年第 5 期；王斌：《论投资协议中的稳定条款——兼谈中国投资者的应对策略》，《政法论丛》2010 年第 6 期。

③ Amoco International Finance Corporation and The Government of the Islamic Republic of Iran, Partial Award, No. 310 – 56 – 3 (14 July 1987).

有化就是其行使主权的实践和表现，这并非是对主权的抛弃。

二　"合同神圣论"

国际能源投资合同中的稳定性条款是东道国或其国有石油公司向外国投资者做出的承诺，则双方意思自治协商一致的合同应有效约束合同双方当事人。从"合同的神圣性原则""契约必须遵守原则"以及"禁止反言"原则看，与国际条约义务中的"有约必守"是相通的，根据这些原则，东道国违反合同（稳定性条款）义务在国际法下是无效的。从"善意""诚信"原则出发，外国投资者与东道国签订能源投资合同时，双方均应当意识到签约的东道国行政机构做出的承诺是否"明显违背国内法的根本制度"（clear violation of domestic law rules of fundamental importance）。[①] 如果在明知的情况下，东道国仍然做出承诺而投资者接受该承诺，只能证明双方存在恶意。而因为东道国享有制定国内法根本制度的权利和义务，故应对是否"明显违背国内法根本制度"负有更高的注意义务，据此推理，对于如此恶意的稳定性条款，应做出不利于东道国的解释，即该稳定性条款是合法有效约束双方当事人的。[②] 当东道国的承诺非明显违背国内法的根本制度时，投资者无法尽到善良注意义务时，则相应的稳定性条款的效力自不必言。这种观点分别对稳定性条款在国内法和国际法中的效力进行了论证。

三　"期待利益保护论"

与东道国签订包含稳定性承诺的国际能源投资合同的外国投资

---

① Lorenzo Cotula, "Reconciling Regulatory Stability and Evolution of Enviromental Standards in Investment Contracts: Towards a Rethink of Stabilization Clauses", *Journal of World Energy Law & Business*, Vol. 1, No. 2, 2008, p. 165.

② Cotula教授主张一个勤勉的投资者应意识到这个问题。并指出应将"明显违背国内法根本制度"作为稳定性条款在国际法中合法有效的豁免情形。

者，基于对东道国主权的信任，对该合同所包含的权利及产生的预期利益产生了合理期待。东道国所承担的国际条约义务中也要求其对外国投资者提供充分的保护。在 Revere Copper 案[①]中，仲裁庭开创性地阐明了"期待权"与"控制"的关系。[②] 该案中东道国政府做出的财务稳定性的承诺，后遭到改变。失去了政府的承诺，企业就失去了做决定的稳定性，而决定权是控制权的核心，Revere Copper 公司基于国际能源投资合同所享有的确切的期待权落空。故而，从保护外国投资者合理期待利益的角度出发，能源投资合同中所包含的东道国做出的稳定性承诺应有效约束合同双方当事人。

四　"合同国际化论"

这种观点认为外国投资者与东道国所签订的合同逐渐选择适用国际法（或单独选择或与结合东道国国内法律）作为支配法律从而合同被"国际化"了。[③] 这在一系列典型仲裁案件中，仲裁庭均采纳了这一观点。甚至，有一些国际法学家试图从学说争论和仲裁管辖权两方面，将稳定性条款特殊定位为合同国际化的一个组成部分，在他们看来，无论支配合同整体的法律是什么，稳定性条款都是根植于国际法的一项独立义务。[④] 东道国在能源投资合同中对外国投资者做出的承诺成为东道国所负的国际义务。从国际法原则来看，国家不能以国内法律制度的规定而不遵守国际义务，这一由来

---

①　Revere Copper & Brass Inc. v. Overseas Private Investment Corporation Award ［C/DB］, American Arbitration Association, 1978. Westlaw.

②　陈宏兵：《论"稳定条款"对投资者的保护作用》，《外交学院学报》1998 年第 2 期。

③　何力：《中国海外投资保护与国家契约问题》，《江西社会科学》2010 年第 6 期。

④　A. F. Maniruzzaman, "The Pursuit of Stability in International Energy Investment Contracts: A Critical Appraisal of the Emerging Trends", *Journal of World Energy Law & Business*, Vol. 1, No. 2, 2008, p. 138.

已久的国际法原则更将稳定性条款是否违宪的问题复杂化了。[①]

五　"默示授权论"

这种观点主要针对东道国的国有石油公司作为合同主体时对稳定性条款的认定。它们认为，国有石油公司对外签订包含稳定性承诺的能源投资合同，该合同通常要经东道国同意或审批，或由东道国经立法通过，这样东道国应该对其中的稳定性承诺知情且默示承认其效力。[②] 国有石油公司在东道国所处的特殊地位可能很好地影响能源投资合同所受的政治风险，并与这些风险之源较近，有可能也有能力承担这些风险。[③]

第三节　小结

学界关于稳定性条款效力存在着"有效说"与"无效说"两种判然有别的立场，这两种对立观点区别的最核心之处还在于如何处理东道国对外国投资者做出的稳定性承诺与行使其国内规制权二者的关系。关于稳定性条款效力争议的这种"口水战"会不会"埋葬"稳定性条款，让稳定性条款"停滞不前"呢？两种立场孰对孰错、孰优孰劣？其论据是否站得住脚？在现代国际能源投资合同背景下，能源投资合同模式的演进对稳定性条款的效力提出了新的挑战。这就要求我们重新审视稳定性条款的效力之争，架构起理论基础，并从国际仲裁实践中检视其效力。

---

① Lorenzo Cotula, "Reconciling Regulatory Stability and Evolution of Enviromental Standards in Investment Contracts: Towards a Rethink of Stabilization Clauses", *Journal of World Energy Law & Business*, Vol. 1, No. 2, 2008, p. 164.

② 何力：《中国海外资源投资的法律问题及对策》，《上海财经大学学报》2010 年第 2 期。

③ Thomas Wälde, "Stabilising International Investment Commitments: International Law Versus Contract Interpretation", *Centre for Petroleum and Mineral Law and Policy (CPMLP) Professional Paper* NO. PP13, 1994, p. 60.

第 六 章

国际能源投资合同模式演进
对稳定性条款效力的挑战

第一节 国际能源投资合同的模式演进

尽管各种著作对国际能源投资合同模式的分类不尽一致，但从能源投资合同的发展历史来看，主要经历了租让制合同、产品分成合同、服务合同和混合合同等几种基本模式①的演变。值得强调的是，这些合同模式并不是后者完全取代前者的，而是由各国根据其石油工业发展情况或与外国投资者的议价能力对比情况选择适用的。

一 租让制合同

石油资源国与跨国石油公司之间最古老的石油合作类型就是租让制合同模式，它也是国际上最早的能源投资合同。通说认为，起

---

① 学界有人将外国投资者与资源国之间在其境内共同联合建立一个独立的实体进行合作开采资源国石油资源的模式称为"联合经营合同"，并作为一种独立的模式单列出来，但实际上，每一种能源投资合同模式都包含了资源国与外国投资者联合经营的成分，故而本书中并未单列这种模式。还有的学者将实质上归于风险服务合同的较为典型的伊朗"回购合同"单列为一类，这样就会使得各种合同模式之间划分标准不统一，故本书只将这种回购合同放在服务合同项下作为一种变形形式研究。

源于中东的"达西模式"开启了租让制合同时代。1901 年 5 月 28 日，波斯政府（1935 年改为爱尔兰）授权英国人 W. K. D'Arcy（达西）开采整个波斯帝国的石油并进行相关活动，期限为 60 年，而达西同意向波斯政府支付 4 万英镑的定金及公司每年利润的 16% 作为矿区使用费。"达西模式"第一次开创了外国公司在发展中国家发现和生产石油的实践，开创了特许经营的新纪元，之后不久在其他地区便出现了大量其他的租让制合同安排。20 世纪 50 年代以前，租让制合同成为国际石油公司和资源国政府合作的唯一方式，当时世界上大约有 122 个国家采用。

石油租让制合同的典型特征，是跨国石油公司从石油资源国政府那里取得"特许权"（concession），得以在合同有效期内在特定区域内独占性地开发该国的石油资源。特许（concession）一词原本来源于拉丁文"concessio"，意指"许可"或"允许"，根据布莱克法律词典，"特许"通常指政府对特定权利的授予。在法律意义上，这个词常常用于指称外国参与的情况，涉及从一个权力当局那里取得许可证或执照（尤其指独占性的许可），用以开发特定资源或建造公共设施。这里的"特许权"是跨国石油公司在资源国开采石油资源的前置性条件，跨国石油公司必须为取得该特许权而支付相应的矿区使用费或提成率等费用作为特许资源分配的交换，因而"特许权"成为该合同权利义务关系的标的，英文中石油租让制合同（oil concession agreement）即以该特征命名。①

一般来说，租让制合同经历了早期发展和后期演化两个阶段，但是这两个阶段的期限划分并不十分明确。在此为了对比，我们采

---

① 国际投资法中经常将租让制合同称为"特许协议"，考虑本书研究国际能源投资合同，为统一起见，本书均称为租让制合同。而且，租让制合同这一称谓在国际能源投资合同研究中也较为常见。

取通说的划分方式，即广义的租让制合同包括传统租让制合同和现代租让制合同两个阶段。

（一）传统租让制合同

早期传统租让制合同始于"达西模式"，并以 1925 年伊拉克的石油租让制合同为典范。20 世纪前半期恰好是垄断资本主义对外扩张、疯狂进行资本输出的时期，各国垄断组织对外争夺原料产地、垄断石油市场。到 20 世纪 20 年代末，西方石油工业的"七姐妹"（seven sisters）[①] 形成，之后它们在世界各主要产油国（尤其是中东）结成了共存共荣的利益共同体，即垄断资本主义石油市场的卡特尔。传统租让制合同消亡的时间，大约截至 20 世纪 70 年代末，新的合同安排取代了几乎所有的传统租让制合同。[②] 而之前所签订的传统租让制合同的有效期都比较长，如 1953 年签订的阿布扎比海域（ADMA）租让制合同的有效期为 65 年，即至 2018 年到期，这些租让制合同要么被资源国国有化措施彻底终止，要么被新的合同安排实质上改造。据估测，至 1985 年，传统石油租让制合同下的生产几乎减至零。[③]

一般的，传统租让制合同有以下几个特征：

---

① 1975 年，一位英国记者写了本关于石油历史的书，书中提出了"七姐妹"一词，自此，该词成了西方石油工业的代名词，也就称为国际石油卡特尔。主要指洛克菲勒的标准石油公司解散后在石油方面的三家大公司和另外四家有国际影响力的大公司，包括新泽西标准石油（后来称埃克森 Exxon）、纽约标准石油（后来称美孚 Mobil）、加利福尼亚标准石油（后来成为雪佛龙 Chevron）、德士古（Texaco）、海湾石油（Gulf Oil）、英国波斯石油公司（后来的英国石油公司 BP）、壳牌公司（Shell）。在多次合并重组后，"七姐妹"只剩四家。后来随着新的石油企业兴起，也有人总结了新的"石油七姐妹"：沙特阿拉伯石油公司（Saudi Aramco）、俄罗斯天然气工业股份公司（Gazprom）、中国石油天然气集团公司（CNPC）、伊朗国家石油公司（NIOC）、委内瑞拉石油公司（PDVSA）、巴西石油公司（Petrobras）和马来西亚国家石油公司（Petronas）。此处的"七姐妹"指前一种。

② 陈宏兵：《论"稳定条款"对投资者的保护作用》，《外交学院学报》1998 年第 2 期，第 124 页。

③ Zhiguo Gao, *International Petroleum Contracts：Current Trends and New Directions*, GrahamTrotman/Martinus Nijhoff, 1994, p. 18.

1. 租让区域面积较大，期限偏长且通常无修改可能。

一般情况下，跨国石油公司掌握石油勘探开发的新技术，其看中并签约的多是资源国领土中石油储量较有前景的区域，且通过较长租让期保证投资收益。如，阿美公司取得沙特阿拉伯74.1%的国土面积达60年；1939年阿布扎比石油公司签订的租让制合同（ADMA）涉及整个国家，期限长达75年；而英美两国跨国石油公司取得科威特全国领土的石油开采特许期为92年；等等。

2. 跨国石油公司在租让区域内享有进行石油作业的投资经营权，并自所生产石油流出井口时取得石油资源的所有权。

在租让制合同中，跨国石油公司承担勘探、开发及经营所需的全部资金，自主在被特许区块内进行石油作业。石油资源国通常准许资源的私有制，故自所生产石油流出井口时发生所有权的转移，跨国石油公司取得所生产石油的所有权。这种所有权的转移发生在石油资源国与跨国石油公司之间，石油公司获得特许开发石油的所有权而向资源国支付矿区使用费。

3. 资源国政府作为租让制合同的主体，不承担石油作业经营的风险，只取得固定矿区使用费。

对于跨国石油公司承租的特定区块是否能开采出来石油或生产量大小，资源国政府概不承担风险，其收取的矿区使用费也不会随风险而增高或减少。一般情况下，矿区使用费的数额大约相当于原油产量的1/8。一旦矿区内开始生产石油，有时跨国石油公司需依照合同约定比率向资源国政府按年缴纳提成比例。

（二）现代租让制合同的发展

资源国对强加在其身上的传统租让制合同条款逐渐显露出不满意，在20世纪四五十年代引发了这一模式一些细微变化的产生。然而真正促使传统租让制体系最终走向终结的因素，还在于当时的国际形势。这一点在后面有论述。

为了区别于传统租让制体系，也为了平衡资源国与跨国石油公司的关系，现代租让制合同多被称为许可证协议（license agreement）。这种模式在各个国家的表现形式稍稍有所不同，在中东和其他地区的一些国家多称租让；在标准石油租赁的起源地北美，其石油开发多由立法规范，则称租赁；当所授予权利仅限于勘探时，如法国则称为准许；等等。但这些区别也仅仅是术语形式上的，其协议实质并无多大差异。

相对而言，现代租让制合同在以下几个方面区别于传统租让制合同：

1. 与传统租让制相比，资源国的收益有很大幅度的增加

资源国的收益不仅表现在矿区使用费数额的增加或支付方式的变化，还体现在资源国对石油公司开征收入所得税。传统租让制合同中，矿区使用费是固定不易变的，与跨国石油公司的收入不挂钩，也不会随着石油价格的升降而变化。这一阶段，国际实践中引入了"原油标价"（posted prices）的概念，即矿区使用费和收入税的计征随产量增长或价格上涨而相应采用递增费率或滑动费率，对资源国干涉跨国石油公司价格操控起到了重要作用。在现代租让制体系下，因为资源国政府向跨国石油公司征取矿区使用费和税收作为自己的收益，故现代租让制合同又称作"税收和矿区使用费合同"（tax and royalty contract），又简称"矿税制合同"。

2. 资源国力争"平等分享利润"（equal profit sharing）的努力，一定程度上平衡了资源国与跨国石油公司之间的合同权益

二战后，由委内瑞拉政府发起的"五五分账准则"这一重大变革成为世界能源投资合同历史中的标志性事件，成为租让制合同主要的（但不是唯一的）财政特色，几年间在其他发展中国家的实践中迅速得到了响应。

3. 资源国要求参股石油作业，取得更大的管理和控制权

1968 年，OPEC 宣称其主要目标之一便是"国家参股"。OPEC 在 1971 年通过了一项决议，号召成员国"为有效实施参与现行石油特许协议的原则，而应立即采取措施"。到 20 世纪七八十年代，很多发展中国家在它们的租让制石油协议中的参与度都大大增加了，参股比例从 25% 到 100% 不等，如沙特阿拉伯于 1981 年完成了阿美公司（Aramco）租让制的收支 100%。

如果将旧有传统租让制合同下资源国政府与跨国石油公司之间的关系比喻作单纯的"地主"与"佃户"关系的话，那么在现代租让制合同关系中，资源国逐渐认识到其对国内石油资源的主权，要求参股石油作业对拥有石油资源的所有权和石油作业的管理控制权则意义重大。

目前，采用现代租让制合同的国家有美国、加拿大、英国、挪威、法国、巴基斯坦、秘鲁（还兼采用服务合同）、阿拉伯联合酋长国、巴布亚新几内亚等。其中，美国是实行现代租让制合同模式最具代表性的国家。

（三）对租让制合同的评析

20 世纪 50 年代早期之后，传统的租让制合同模式受到越来越多的批评，这些批评之声大多集中在合同中过分偏袒跨国石油公司的条款上。大多数学者认为，早期租让制中规定跨国石油公司只需交付一笔矿区使用费，而石油公司完全控制了石油生产的全过程，生产的原油也自流出井口时全部归石油公司所有，这是完全不平等的协议；[①] 旧的租让制实际上是殖民统治的产物，这种资源掠夺行为是对资源国矿产权的无情侵犯，因而它是一种不公平的协议；它建立在权力政治和"石油巨头"（big oil）的战略上，而非合伙或

---

① 韩学功、佟纪元主编：《国际石油合作》，石油工业出版社 1995 年版，第 21 页。

合作关系，这种体系下，资源国与跨国石油公司之间也不存在"利益互惠"关系;[1] 等等，不一而足。

客观地讲，早期的租让制存在的年代确是垄断资本主义疯狂对外扩张的时期，伴随着资源国的弃权，这种租让制关系赋予垄断石油公司几乎彻底的自主经营权。有人称，租让制是一种对东道国主权的绑架。[2] 但是我们也要看到，这是石油工业历史上一种"试验和起初的工作系统"[3]，如果我们只是为这种历史性的雏形产物贴上"民族主义"的封条，则这种视角本身似乎不够全面。在此，有必要从一个法律人的理性角度，运用历史的和法律的观点，做出以下几点评论：

（1）可以肯定的是，旧有的租让制合同再怎么完美或符合历史潮流，它也绝对不可能被任何后来的标准接受，这些协议的条款也不能脱离当时的历史背景而被研读。20世纪早期设定的租让制安排不可能简单适用于历史变革之后的任何一段时期。而且，即便在同一个时期内，来自发展中国家和来自发达国家的两个学者之间的观点也不可能达成一致。

（2）毕竟，单纯就传统租让制合同关系来讲，资源国虽只收取少量的矿区使用费，但其并不承担石油作业的投资和风险。石油开发的风险从来不小，而早期的石油开发风险尤其大，单靠资源国自身根本无法独立完成。发展中国家对开发本国地下石油资源抱有极大的期望，而租让制合同为当时在边远区域进行高风险和高成本的石油开发提供了启动资本和现实激励，因而从这个意义上说，如果

---

① Zhiguo Gao, *International Petroleum Contracts: Current Trends and New Directions*, GrahamTrotman/Martinus Nijhoff, 1994, pp. 20 – 21.

② Tengku Nathan Machmud, *The Indonesian Production Sharing Contract*, Kluwer Law International, 2000, p. 38.

③ 韩学功、佟纪元主编：《国际石油合作》，石油工业出版社1995年版，第20页；葛艾继、郭鹏、许红编著：《国际油气合作理论与实务》，石油工业出版社2000年版，第54页。

没有跨国石油公司的进入，资源国的石油发展可能会大大不同。正因为有了前期的积累和学习，资源国才逐渐获得与跨国石油公司讨价议价的能力，也才能在后来有能力修改完善能源投资合同框架。当更合理更恰当的国际石油条款发展起来时，租让制合同完成了历史使命。

（3）传统租让制处在跨越"一战"时期、集中在"二战"前一段时期，当时的西方资本主义连续遭受几次经济危机的洗劫，遂将资本扩张至国外；而资源国积贫积弱，为发展本国经济大力吸引外资，但又苦于无外汇支付能力，不得不任由跨国石油公司拿走实物以换取国内消费品的供应。从这种角度反映租让制的安排，我们可以从列宁该时期的论著中窥见一斑。在 1920 年召开的苏维埃第八次代表大会俄共（布）党团会议上，列宁宣读了一张字条，说是一位非党农民在一次大会上谈租让时说，"我们农民愿意再受三年饥寒，再承担三年义务，只是你们不要用租让的办法出卖我们的俄罗斯母亲"[1]。针对国内这样的情绪，列宁指出，实行租让制也是一场战争，必须给予承租人具有诱惑力的利润及必要的经营自主权，"向外国资本提供最慷慨的租让和保障"[2]，这样，我们才能在家门口学习技术和管理（在租让地段旁边设自己的企业，派员工到内部边工作边学习），才能有效利用国内的资源和原料，解决我们（资源国）国内的危机，也才能真正有效地瓦解帝国主义反对苏维埃的同盟，实现和平。所以列宁说，"租让的存在就是反对战争的经济根据和政治根据"，是对和平"间接的保障"。[3] 但同时列宁强调，资源国在同外国承租人打交道时，要十分注意维护国家的主权和基本利益。后来，也正因为很多帝国主义国家总想利用租让制迫使苏

①　《列宁全集》（中文第二版）第31卷，人民出版社1990年版，第119页。
②　《列宁文稿》第3卷，人民出版社1978年版，第213页。
③　《列宁全集》（中文第二版）第31卷，人民出版社1990年版，第437—438页。

俄屈服，损害了苏俄的主权和独立，列宁所倡导的租让制最终并没有达到他预想的效果。但是，从一个资源国的角度出发，列宁对租让制所持有的这种积极的观点值得我们研读传统租让制时借鉴。

现代租让制合同保留了传统的名称，但在具体的做法上可能已经与时俱进地做了一些变动。如有的现代租让制合同为避嫌，直接称之为"许可证合同"，还有的现代租让制合同项下将资源所有权收归资源国所有，只保留租让制特征中典型的矿区使用费这一特征，或与其他能源投资合同模式混合使用（如中国）。据统计，占到全球石油总产量约 50% 的发展中国家和发达国家仍有效适用现代租让制合同模式。[①]

二　产品分成合同

如上所述，二战后的较长一段时期，租让制仍为很多国家所采用，但总体上租让制不再完全适用于二战期间在资源开发方面东道国与跨国石油公司之间的关系。表现在以下几个方面：

首先，联合国 1962 年 12 月通过的《关于自然资源永久主权的决议》，正式确立了各国对本国境内的自然资源享有永久主权的基本原则。之后联合国于 1974 年 4 月通过的《建立国际经济新秩序宣言》及《行动纲领》、1974 年 12 月通过的《各国经济权利和义务宪章》等一系列具有历史意义的重要决议都重申了主权国家对其自然资源及经济活动享有永久主权的原则。尽管联合国决议的法律约束力仍是个有争议的话题，但这些决议所包含的政治法律基础，唤醒了发展中国家破除传统租让制合同下让渡石油作业经营权和石油资源所有权这一惯例并改善能源投资合同条款的意识，为各发展

---

① A. J. Boulos, "Mutuality of Interests between Company and Government, in Section on Energy and Natural Resourses Law (SERL) of International Bar Association (IBA)", *Energy Law' 90*: *Changing Energy Markets-The Legal Consequences*, London: Graham and Trotman, 1990, p. 18.

中国家实现对自然资源的国有化提供了广泛的理论支持。

其次，二战后，殖民地和半殖民地国家陆续取得了民族解放和政治独立。但是各民族解放国家也清楚，政治主权是经济主权的前提，经济主权是政治主权的保障，如果不紧接着争得经济独立和经济主权，则政治独立和政治主权将有名无实。资源国内对旧体制下的租让制合同条款早就存在诸多不满，能源投资合同安排的改革势在必行。但是碍于当时资源国内进行石油作业的国际石油巨头们垄断了几乎全部生产，革新能源投资合同却又困难重重。二战后，发展中国家纷纷设立国有石油公司进入石油工业，到 20 世纪 70 年代早期之前，几乎所有致力于石油生产的发展中国家都设立了它们的国有石油公司。[①] 这些"后来者"们在能源投资合同条款上提出了更优惠的条件，为资源国提供了竞争力量和选择空间，因而一定程度上也增强了资源国对国际石油巨头们的讨价议价能力。

再次，为应对国际石油巨头联合控价拉低原油标价的实践，伊朗、伊拉克、科威特、沙特阿拉伯和委内瑞拉五大石油输出国于 1960 年 9 月 5 日召开会议成立了石油输出国组织（OPEC）。该组织旨在协调和统一各成员国的石油政策，确定以最适宜的手段消除有害的、不必要的石油价格波动，确保国际石油市场上石油价格的稳定，保证各成员国在任何情况下都能获得稳定的石油收入，并为石油消费国提供足够、经济、长期的石油供应。OPEC 的成立对资源国与石油公司之间法律关系的重新设计产生了重要影响。主要的产油国联合起来，逐步掌握了对原油价格的决定权，动摇了国际石油巨头在各产油国的控制地位，改变了资源国与跨国石油公司在能源投资合同中的利益对比关系。基于以上几个原因，国际石油巨头们不得不慢慢接受了发展中国家提出的新的能源投资合同安排，开始

---

① Zhiguo Gao, *International Petroleum Contracts: Current Trends and New Directions*, GrahamTrotman/Martinus Nijhoff, 1994, p. 18.

在相对平等互利的基础上开展与发展中国家在石油生产上的合作。在这个时期，创造出至今仍广泛使用的产品分成合同，弥补了租让制合同的缺陷。一些继续使用租让制合同的国家，也修改条款、改变商务模型向产品分成合同靠近，促使国际石油合作规范化，逐步纳入相对有序的轨道，推动世界石油工业进入一个新阶段。

（一）产品分成合同的定义

相比于租让制合同来讲，产品分成合同是资源国保留石油等矿产资源的所有权，跨国石油公司作为承包商同东道国或作为其代表的国有石油公司签订能源投资合同，由承包商承担石油勘探开发的全部资金和风险，当有商业性发现后，根据所生产石油的一定比例在合同双方之间进行分成的协议形式。

将产品分成合同引入国际能源投资合同体系中的最早实践者是印度尼西亚。产品分成合同作为石油工业中印尼国有石油公司与外国投资者之间的能源投资合同安排，在当时绝对是一项新发明，然而"产品分成"（production-sharing）这一概念和做法在当时的印尼并不陌生。因为，几百年前的印尼农场主和农民之间早就有了对农作物进行产品分成的实践。① 印尼国家石油公司的创始人和第一任总裁 Dr. Ibnu Sutowo 借用了农作物中的"产品分成"这一术语并最早将之应用于石油工业，成为东道国与外国投资者之间的一种全新的国际能源投资合同模式。1966 年 8 月，由 IIAPCO 公司②与印尼国家石油公司（Pertamina）之间签订的能源投资合同，是目前通说所称的世界上第一份产品分成合同。③ Dr. Ibnu Sutowo 强调"努

---

① Tengku Nathan Machmud, *The Indonesian Production Sharing Contract*, Kluwer Law International, 2000, p.43.

② 全称为：独立印尼美国石油公司（Independent Indonesian American Petroleum Company, 简称 IIAPCO）。

③ 实际上，该合同在 1966 年 8 月签订后，并未生效，因为合同中规定须经印度尼西亚共和国政府同意才生效。直到 1967 年 1 月，Dr. IbnuSutowo 除了担任印尼国家石油公司 Pertamina 的总裁之外，还成为印尼矿产部长，矿业部作为政府的代表对该合同表示同意。

力找到一种对我们而言较为合理并且也值得跨国石油公司将其资本孤注一掷的机制"①，因此，产品分成合同产生的初衷是要实现东道国与跨国石油公司利益之间的平衡。Dr. Ibnu Sutowo 控制了印尼的石油工业后，全力推行产品分成原则，并为日后与跨国石油公司签订产品分成合同设定了几项基本原则。② 有意思的是，早期同意与印尼签订产品分成合同并愿意接受上述原则的跨国石油公司，多是二战后成立的"独立石油公司"，而早前一直在印尼进行石油开发的主要石油巨头却拒绝接受，他们死守着之前的租让区块。慢慢地，大势已去的石油巨头们不得不逐渐改变了过去的政策，开始同意与发展中国家签订新的产品分成合同。

　　产品分成合同，英语名称为 production-sharing contract，国内对此有不同的译法，称"产量分成合同"。③ "产量分成合同"这种译法其实也抓住了这类合同的一个特征，即东道国（或国家石油公司）与跨国石油公司之间以最后的"利润油"产量（the volume of production）为基础来确定双方的分成，即分配物为油气等实物产品。从实质上讲，两种译法并无多大区别，但考虑到通说，④ 本书还是采"产品分成合同"这种译法。

① L. Kraar, *Oil and Nationalism Mix Beautifully in Indonesia*, Fortune, July 1973, p. 99.

② 五项基本原则如下：(1) 印尼国有石油公司拥有管理控制权；(2) 能源投资合同以产量分成为基础，而非利润分享；(3) 跨国石油公司作为合同者承担生产前风险和成本，回收成本限制为每年产量的 40%；(4) 成本回收后的剩余产量将以 65：35 来分配，印尼政府占 65%；(5) 跨国石油公司所购买的生产设备的所有权在进入印尼后转移至印尼国有公司所有。

③ 隋平：《海外能源投资法律与实践》，法律出版社 2011 年版；王年平：《国际能源投资合同模式比较研究——兼论对我国石油与能源法制的借鉴》，法律出版社 2009 年版；吴绍曾：《国际石油勘探开发合作模式比较与分析》，硕士学位论文，中国石油大学，2007 年；武钧琦：《国际油气合作合同制度研究》，硕士学位论文，中国地质大学，2011 年。

④ 国际石油合作领域中，国内研究较早、较为系统且学术引用较多的几本书多采用"产品分成合同"。韩学功、佟纪元主编：《国际石油合作》，石油工业出版社 1995 年版；葛艾继、郭鹏、许红编著：《国际油气合作理论与实务》，石油工业出版社 2000 年版；何沙、秦扬主编：《国际石油合作法律基础》，石油工业出版社 2008 年版。

（二）产品分成合同的特征

相对于租让制合同，产品分成合同作为新一代的国际能源投资合同安排，有以下几个较为突出的特征：

（1）东道国保留石油资源的永久所有权，该所有权不可能让渡出去，而跨国石油公司作为承包商与东道国或经其授权的国有石油公司签订产品分成合同，不再取得石油资源的所有权，只能享有获得其份额油的经济性权利。而且，承包商对份额油的所有权也自出口地点①才由东道国转移至承包商，这意味着，外国人或外国公司不得对东道国境内的石油资源拥有所有权，东道国对其境内石油资源的所有权神圣不可侵犯。理解这个问题时，需要厘清三个概念："矿产权"（mineral rights）、"采矿权"（mining rights）、"经济权"（economic rights）。② 这三个术语经常交替使用，但其实质意义还是有所不同。"矿产权"指的是地下埋藏的矿藏所有权的权利，与附随土地的所有权不必完全一致。"采矿权"是将矿藏资源自地壳内和地表开采出来带到地面的权利。"经济权"则是当矿藏一旦开采出来后，获取这些矿藏的经济价值的权利。在租让制合同中，矿产权、采矿权和经济权统统归跨国石油公司所有；而在产品分成合同下，矿产权、采矿权和经济权则归于东道国，承包商只能在商业性生产开始后对其份额油部分实现经济权。

（2）承包商需垫付石油勘探、开发的全部资金，并承担所有的

---

① B. O. N. Nwete 认为投资者获得其产品份额应在下游的某处，或估值点或出口处（valuation or export point）。国内有的著作中称所有权转移地点为"交货点"，但根据其他条款如价格以离岸价计算等，该地点应为"出口处"（the point of export）。B. O. N. Nwete, *To What Extent can Stabilisation Clauses Mitigate the Investor's Risks in a Production Sharing Contract?*, www. gasandoil. com/ogel，Vol. 3 - issue 1，March 2005。

② 这是 Pertamina 的 BPPKA 分部财政与经济局的负责人 Sutadi Pudjo Utomo 在其"审议油气法草案的几点讨论"（"Butir-butirdalampenyusunanrencanaundang-undangtentangpertambangandanusahaminyakdan gas bumi"即"Central points for discussion in the context of deliberations on the draft law on oil and gas"）一文中的观点。Tengku Nathan Machmud, *The Indonesian Production Sharing Contract*, Kluwer Law International, 2000, pp. 37 - 38。

商业风险。如果经勘探后，没有商业性发现，则承包商必须自己承担这些风险损失及前期投入的勘探费用。如果有商业性发现，则全部的石油产品将分为两部分，一部分为"成本油"（cost oil），一部分为"利润油"（profit oil）。即在有商业性发现后，承包商前期生产的产品在扣除矿区使用费后，依约定限额用于回收其前期投资和生产作业费用，此时原油价格与承包商的成本回收之间有密切关系；而剩余部分产量即为利润油，在承包商和东道国之间按约定比例进行分配。因为利润油的分配是实物分配，故其与原油产量紧密相关。除了这种基本模式外，还有一种产品直接分成模式，即不再区分成本油和利润油，承包商生产出来的原油直接按照约定比例在承包商和东道国之间进行分成，各自按照分成份额缴纳税收和回收成本。举例说来，以原油价值每桶为 50 美元计，产品分成合同中双方当事人对一桶原油的分成实例，如表4—1所示。

表4—1 **产品分成合同模式收入分配实例**

项目	东道国分成	承包商分成
矿区使用费（10%）①	$50 \times 10\% = 5$ 美元	——
成本回收（40% 限制）	——	$(50-5) \times 40\% = 18$ 美元
利润油分成（60：40）	$(45-18) \times 60\% = 16.2$ 美元	$(45-18) \times 40\% = 10.8$ 美元
应纳税收（40%）	$10.8 \times 40\% = 4.32$ 美元	-4.32 美元
小计	$5+16.2+4.32 = 25.52$ 美元	$18+10.8-4.32 = 24.48$ 美元
所占比例	$25.52 \div 50 \times 100\% \approx 51\%$	$24.48 \div 50 \times 100\% \approx 49\%$

（3）在开始商业性生产后，东道国或经其授权的国有石油公司参股并对石油作业享有生产经营管理权。所有的工作计划和方案须经东道国或国有石油公司审批同意后，承包商具体负责执行，并向

---

① 产品分成合同中是否包括矿区使用费，各国的做法并不一致，有的国家认为矿区使用费是租让制合同的特色，如印尼。这一问题在后面的风险服务合同中也有论述。

东道国或国有石油公司负责。

（4）承包商提供与石油勘探、开发相关的设备和设施，这部分费用作为成本最终在成本油中进行回收，因而生产设备的所有权及其增值部分最终归东道国所有。但是这些设备等资产所有权的转移点则在各个适用产品分成合同的国家依其法律或合同规定而有所区别。在印尼标准合同中规定，自设备登岸进入印尼后，这些设备的所有权就转移至印尼国家石油公司。而中国产品分成合同的标准合同范本中规定，油气田内所购置、安装和建造的全部资产，自合同者在该油气田发生的开发费用全部回收完后或生产期满后，其所有权属于中国国有公司，而合同者只享有使用权。这两项规定的区别在于时间差，即如果没有商业性发现时，这些设备的购置费用需要合同者自行承担，不可能进行成本回收的，则此时设备的所有权归属往往需合同双方明确约定或另行协商。苏丹的产品分成合同可以说是印尼和中国合同的综合，它规定：合同者因石油作业而购买的土地（包括房屋和固定建筑）自购买之日起其所有权属于苏丹政府；合同者因石油作业而购买的其他动产和不动产，自合同者回收完全部成本之日起，其所有权属于苏丹政府，但合同者可以继续免费使用。

产品分成合同自创立到现在，成为世界上资源国政府采用最多的一种合同模式。目前实施产品分成合同的有安哥拉、阿尔巴尼亚、孟加拉国、贝宁、缅甸、中国、智利、古巴、埃及、萨尔瓦多、赤道几内亚、埃塞俄比亚、加蓬、加纳、危地马拉、圭亚那、洪都拉斯、印度、印尼、科特迪瓦、以色列、肯尼亚、利比里亚、利比亚、马来西亚、摩洛哥、莫桑比克、尼泊尔、尼日利亚、阿曼、秘鲁、菲律宾、卡塔尔、罗马尼亚、俄罗斯、斯里兰卡、苏丹、苏里南、叙利亚、坦桑尼亚、多哥、特立尼达岛、多巴哥岛、突尼斯、越南、委内瑞拉、也门等国家。[①]

（三）对产品分成合同的评析

从产品分成合同产生的历史背景看，它是反对租让制合同下资源国与跨国石油公司之间权利不平衡的产物，是作为资源国的发展中国家首次创立的独特的国际能源投资合同模式。一定程度上讲，这种合同安排实现了资源国与跨国石油公司之间利益的"双赢"。如前所述，租让制合同是国际石油工业发展的试验和起初的工作系统，石油等资源的矿产权、采矿权和经济权统统让渡给了跨国石油公司，而资源国鉴于合同议价劣势只取得矿区使用费和一定的税收。在产品分成合同中，资源国牢牢掌握了矿产权、采矿权和经济权，对其自然资源和与资源开发相关的经济活动拥有神圣不可侵犯的主权。作为承包商的跨国石油公司在产品分成合同关系中，承担资源勘探、开发的全部资本和风险（有时在商业性生产开始后，资源国或经其授权的国有石油公司参股分担部分资本和风险），获得商业性生产开始后的部分原油作为固定分成。从资源国角度而言，这种合同打破了租让制合同下由跨国石油公司完全控制资源国石油开发的局面，实现了资源国与跨国石油公司之间合同关系的相对平衡。从跨国石油公司角度而言，虽然资源国提出的合同条件相对租让制较为严苛，但从实践来看，由于原油价格大大提高，国际石油巨头"七姐妹"的营业额和利润大大增加，1980 年是"七姐妹"销售收入的高峰年。另外，由于中东、拉美等探明石油储量的区块和面积增加，相应地，跨国石油公司获得"利润油"的分配随着产量的增长也在不断增长。

产品分成合同的优势之处还体现在，它规定的利润油分成采用实物分配形式，而不是利润分成，这样既可以保证合同双方都获得

①　Zhiguo Gao, *International Petroleum Contracts*: *Current Trends and New Directions*, GrahamTrotman/Martinus Nijhoff, 1994, p. 103.

一定的原油供应，同时也避免了资源国与跨国石油公司之间关于利润核定、税收核算、汇率浮动等问题带来的分配争端。

　　然而，产品分成合同也并非尽善尽美的国际石油安排。目前产品分成合同多在一些发展中国家采用，它的具体条款和模式也因国而异，并没有普遍依循和接受的范本。对其批评之声大多集中于跨国石油公司的商业风险较大以及管理条款有名无实等问题上。产品分成合同下，跨国石油公司的成本回收和产品分成同样需受制于石油产量和油价两个因素。合同生效后，跨国石油公司垫资进入并承担全部勘探风险，如果勘探结束后并没有商业性发现，则跨国石油公司必须自己承担投资损失。如果有商业发现但石油产量却低于预期产量，则跨国石油公司将面临收益减少甚至无法回收全部成本的风险。成本回收核算时同时还受油价制约，国际油价的持续低迷也会影响跨国石油公司的收益。除上述因素外，产品分成合同的一大特色之处便是规定了成本回收限制条款，这一条款同样影响到跨国石油公司的成本回收速度和收益。

　　产品分成合同常常规定由资源国或经其授权的国有石油公司拥有"全部"（overall）石油作业的管理权和控制权，而跨国石油公司负责执行石油作业，并向东道国或其授权的国有石油公司负责。这种管理控制条款是产品分成合同的一大特色。但是实际上，这种规定太过笼统和模糊，资源国或其授权的国有石油公司并不具备足够的能力对所有经营事项实行全面控制，它对跨国石油公司的工作计划和预算等主要事项的审批和监管也仅限于产生象征意义上的国家控制管理权的表象，石油作业的日常经营却由跨国石油公司实际控制。这就造成了在产品分成合同管理条款上书面约定与实际执行的不一致。

　　针对备受诟病的产品分成合同的"管理条款"问题，我们或许从创始人 Dr. IbnuSutowo 那里可以看到当初如此设计的初衷，他希望印尼国内通过产品分成合同可以"在工作中学习，在学习时工作"①。因为早前的国际石油巨头们在印尼所进行的石油作业与经营使得印尼完全处于"黑暗中"（in the dark），印尼籍的高层员工也只能做最基础的管理工作，不可能参与项目有关的经济性技能、地理数据的译制、财务分析或国际市场营销等工作。② 根据产品分成合同中设置的管理条款，合同者将其工作计划和预算等经营决定提交东道国进行审批，如果未予审批通过，则合同者不得不修正后重复提交。如果大量的产品分成合同需要审批，则这个程序无疑就成为东道国学习的过程。因而，这一条款的创始人并无意要对产品分成合同的经营活动进行"微管理"，仅需通过与合同者之间的紧密接触达到学习的目标。如果从这个角度来看，在管理控制上的理论与现实的不一致，恰恰为合同双方提供了执行合同的必要的灵活性，反倒成为该合同的优势之处。

三　服务合同

服务合同的雏形即"提供服务，给付报酬"（payment given for services completed），这种用以规范所有者与提供服务的合同者之间古老的合同关系已经应用了几个世纪之久。在石油工业领域，如修路、清理建筑物等非实质性钻井作业之外的其他必要的各种日常作业中也常常使用这种服务合同。然而，真正将服务合同作为一种吸引外国石油公司在资源国进行石油勘探开发作业投资的国际能源投资合同模式，是直到 20 世纪 60 年代才出现的。

如前所述，联合国 1962 年 12 月通过的《关于自然资源永久主

---

① 原文为：Learn while you work and work while you learn. Dr. IbnuSutowo，"Oil for national development"，acceptance address on the occasion of conerral of the degree of Doctor HonorisCausa in Economics from the Airlangga University in Surabaya on November11，1972.

② Tengku Nathan Machmud，*The Indonesian Production Sharing Contract*，Kluwer Law International，2000，p. 60.

权的决议》、1974 年 4 月通过的《建立国际经济新秩序宣言》及
《行动纲领》、1974 年 12 月通过的《各国经济权利和义务宪章》等
一系列具有历史意义的重要决议正式确立了各国对本国境内的自然
资源及经济活动享有永久主权的基本原则。多数发展中国家于二战
后开始对国内石油工业实施了国有化，建立国有石油公司对所有与
石油相关的活动设定了国家垄断。然而，鉴于其不掌握与石油勘探
开发相关的先进知识和技能，这些发展中国家在开发国内石油资源
时又不得不依赖外国石油公司提供相应的服务。于是，一些发展中
国家试图在现有的租让制合同和产品分成合同之外寻求一种新的合
同安排，可以在确保资源国对石油开发的最大化控制与外国石油公
司介入石油开发的最小化程度之间实现更好的平衡。为了迎合对这
种平衡的需求，在 20 世纪 60 年代出现了服务合同的模式。这种模
式下，保证了资源国对其所有的石油资源及其作业活动享有主权，
而跨国石油公司只能应资源国的要求，提供服务并承担风险，取得
一定成效后，由资源国支付其一定的服务报酬。

　　作为国际能源投资合同的服务合同，其确切的渊源并不是很确
定。[1] 一种说法称第一个服务合同是 1958 年在阿根廷授权签订的，[2]
另有记载称委内瑞拉于 1962 年同美孚石油公司（Mobil）签订的合
同是一种有限的服务合同。[3] 但为大多数学者接受的通说则认为，
1966 年法国石油研究与经营企业（ERAP）与伊朗国家石油公司之
间签订的所谓代理协议（实质上就是提供技术、财政和其他商业服
务的合同），才是服务合同的最早起源。

---

　　[1]　H. R. William and C. J. Meyers, ed., *Manual of Oil and Gas Terms*, 8th ed., New York:
Matthew Bender, 1991.

　　[2]　E. A. Brown, Jr., *Considerations Attending Investments in oil and Gas Operations in Latin Amer-
ica*, Rocky Mt. Min. L. Fdn. Int'l Minerals Acquistiton and Operations Inst., 1974, p. 14.

　　[3]　UNCTC, *Main Features and Trends in Petroleum and Mining Agreements*, UN Doc. ST/CTC/
29, 1983, p. 9.

（一）服务合同的定义及分类

简单来讲，"提供服务，给付报酬"这一理念就是服务合同最好的写照。具体到石油工业中，那就是指跨国石油公司向资源国提供勘探开发的服务，由资源国向跨国石油公司支付服务费的合同关系。这种合同安排最早出现在拉丁美洲的产油国并在拉美流行较广。

根据跨国石油公司是否承担勘探开发的风险，可以将服务合同分为两种类型，一种是纯服务合同（Pure Service Contract）；一种是风险服务合同（Risk Service Contract，简称 RSC）。

纯服务合同，也称"无风险服务合同"，类似于一种作业服务协议，即跨国石油公司依合同只需为资源国提供作业服务并获得固定的服务费，但不承担石油勘探开发的风险和资本。相应地，该风险以及投资资本均由资源国自身承担。纯服务合同是一种纯粹的商业交易，双方合同交易的标的仅仅是服务行为。基于以上特点，这种纯服务合同在发展中国家较少采用。

风险服务合同，该名称更确切地讲是"承担风险的服务合同"，又称"风险合同"。因为这种风险服务在实践中较为常见，故又经常将风险服务合同简称作"服务合同"。顾名思义，在风险服务合同下，跨国石油公司自担风险为石油勘探开发提供资金和技术服务，这些资本和服务在开始商业生产后以现金或回购原油或二者兼采的方式进行偿付。

服务合同出现后的前 10 年里，还未广泛得到认可。1976 年巴西引入风险服务合同模式，极大地刺激了服务合同的广泛发展。无论从合同签订的数量上，还是所覆盖的区块面积来看，巴西堪称应用服务合同最广泛的国家。[①] 风险服务合同目前在阿根廷、巴西、

---

① Zhiguo Gao, *International Petroleum Contracts*: *Current Trends and New Directions*, GrahamTrotman/Martinus Nijhoff, 1994, p. 115.

智利、厄瓜多尔、秘鲁、委内瑞拉、玻利维亚、哥伦比亚、危地马拉、墨西哥、乌拉圭、巴拿马采用，也用于阿拉伯联合酋长国、沙特阿拉伯、伊朗、伊拉克、越南、菲律宾、尼日利亚、科威特等国。[①]

（二）风险服务合同的特征

与产品分成合同模式相比，风险服务合同有相似之处，即资源国掌握石油资源的所有权，跨国石油公司承担风险和资本进入资源国获准在授权区块进行石油勘探开发作业，跨国石油公司的资产归资源国所有。但同时，风险服务合同也有自己的特色。具体如下：

（1）资源国对其境内的石油资源进行垄断，规定只有国家才能拥有石油资源完全的所有权，在任何情况下，资源国都不会将服务合同下生产石油的所有权授予合同者。[②] 与产品分成合同下的"政府参股"不同，在风险服务合同下，资源国常常通过国有石油公司实现对合同区域范围内石油勘探开发的直接经营权和控制权。

（2）在风险服务合同下，跨国石油公司只能扮演单纯的为资源国石油勘探开发提供服务的合同者角色。合同者需要承担石油勘探开发的所有风险和资本，在有商业发现时，合同者可以通过回收成本收回投资，并获得一笔服务报酬。如果合同者勘探后的结论是该区块无商业发现，则合同者的投资风险只能由其自己承担，即事先投资费用无法回收更无法获得服务报酬。

（3）当有商业发现后，由资源国的国有石油公司接管服务合同

[①] Zhiguo Gao, *International Petroleum Contracts*: *Current Trends and New Directions*, Graham Trotman/Martinus Nijhoff, p. 115; R. Doak Bishop, James Crawford, W. Michael Reisman, *Foreign Investment Disputes*: *Cases*, *Materials and Commentary*, Kluwer Law International, 2005, p. 222; F. C. Alexander, *Production Sharing Contracts and Other Host Government Contract*, www. gasandoil. com/ogel/, Vol. 3 – issue 1, March 2005, §20.01.

[②] J. A. C. Neto, *Risk-bearing Service Contracts in Brazil*: *AnOverview*, Diplomathesis, University of Dundee, May 1983, p. 117.

下的区块，进行石油生产。这种"立即接管生产"（immediate pro-duction takeover）的规定也是风险服务合同区别于其他合同安排的一个特色之处。尽管在生产过程中还需要合同者提供设备的操作和维护等服务，但这些服务不再属于风险服务合同的标的。石油生产过程中不再需要风险服务合同者提供的风险投资和先进技术，因为投产区块已经开始产生确定性的经济收益。

（4）服务合同的财税条款很简单，在进行商业生产后，资源国除了通过出售石油偿付合同者的投资成本（不付利息）外，只需支付合同者一笔服务报酬，服务报酬通常事先经双方协商在服务合同中明确约定，且合同者仍应就其所取得的服务费向资源国缴纳相应的税收。有一点需要强调的是，有的学者主张在风险服务合同中不涉及矿区使用费（royalty）的支付，他认为矿区使用费常常以采矿权和石油所有权的转移为条件，[①] 而风险服务合同中这些权利是专属于资源国所有的。然而，有的奉行服务合同的国家（如伊朗）仍然收取矿区使用费。[②]

（5）与产品分成合同不同，一般情况下，服务合同中合同者取得的服务报酬是以现金形式支付的，而不是等价的实物。有时也可能考虑到合同者想要获取石油产品的渴望，在合同中订入回购条款，授权合同者依国际市场价格购买所发现区块内生产的一定量的原油。有时服务报酬可以兼采用现金形式和回购原油形式两种。

（6）在服务合同有效期内，合同者所建设和购置的与石油作业有关的固定资产的所有权归资源国。

（三）风险服务合同的变形——回购合同

回购合同（Buy-Back）实质是一种风险服务合同，最早由伊朗

---

① Zhiguo Gao, *International Petroleum Contracts*: *Current Trends and New Directions*, GrahamTrotman/Martinus Nijhoff, 1994, p. 131.

② D. F. Behn, Sharing Iraq's Oil: Analyzing Production-sharing Contracts under the Final Draft petroleum law, www. gasandoil. com/ogel, Vol. 5 – issue 4, November 2007.

在 1997 年年底进行 42 个区块公开招标时对外推出，后被伊拉克效仿在油田对外合作项目中采用。[①]　在 2003 年 4 月份，伊朗对其回购合同模板进行了修改；最近在 2006 年年底，伊朗公布新一轮油气勘探开发区块的招标信息时，又提供了新的合同范本，标志着伊朗的回购合同在不断进步和完善之中。

这种合同模式类似于交钥匙工程承包合同，外国石油公司需承担油田勘探开发的全部费用和建设投资，并在完成最低义务工作量和投资要求的基础上，建成并达到规定的产能，然后将该项目移交给伊朗国家石油公司，之后由伊朗国家石油公司根据油田在一段时间内的产能完成情况按照合同约定从产品销售收入中偿还外国石油公司的资本投资和作业费用，并按合同约定支付服务报酬费。简单来讲，这种合同模式中伊朗国家石油公司将通过回收成本、支付一定报酬将外国石油公司垫资建成的油田勘探开发项目购回，这就是伊朗"回购合同"得名的由来。经过这么多年的发展，回购合同下投资者义务与权利框架可归结为"五个一定"，即在一定的时期内，支出一定的投资额，完成一定的工作量，达到一定的产量目标，进而获得一定的报酬。仅当前四个"一定"全部实现的时候，一定的报酬才能实现。[②]

与风险服务合同相似，回购合同下的合同者需带资进入资源国，承担全部油田勘探开发费用和建设投资。当有商业发现时，合同者可以从资源国的石油产品销售收入中回收投资和相应的作业费用，并获取一定的服务报酬。如果没有商业发现，则合同者必须承担所有风险，即其投资和相应作业费用将无法回收，更无法获取服

---

① F. C. Alexander, ProductionSharing Contractsand Other Host Government Contract, www. gasandoil. com/ogel/, Vol. 3 – issue 1, March 2005, §20.01。根据该文章，伊拉克从采用产品分成合同和服务合同转向伊朗修改版的回购合同。F. C. Alexander, Production Sharing Contracts and Other Host Government Contract, www. gasandoil. com/ogel/, Vol. 3 – issue 1, March 2005, §20.01。

② 李程远：《伊朗回购合同成本要点浅析》，《现代商业》2011 年第 24 期，第 79 页。

务报酬。与风险服务合同略有差异的地方，就是在风险服务合同中，一般情况下合同者获得服务报酬的形式是现金；在回购合同下，合同者可以获得同样价值的油气产品抵偿投资成本和服务报酬。合同者得到的实际总报酬为合同约定的报酬指数乘以开发阶段实际建设总投资，但每年得到的实际报酬又受报酬天花板（Capital Costs Ceiling）的限制，即不能超过产量的一定比例。因为合同者回收投资和取得服务报酬是基于一个预期的油价和产量分成比例，故油价涨跌的风险与合同者无关，而由资源国承担油价风险。相对而言，回购合同中合同者可以获得相对稳定的服务报酬，但却不能享有油田投产后更大的产品分成效益。

（四）对风险服务合同的评析

风险服务合同作为一种广泛应用于发展中国家的国际能源投资合同模式，其存在的优势是显而易见的。

首先，在确保东道国对石油开发拥有最大化的政治控制而外国石油公司尽可能少的介入方面，毫无疑问，风险服务合同是历史上第一个做到这一点的合同安排。风险服务合同之所以更为一些发展中国家所欢迎，是因为这些发展中国家更强调对自然资源的所有权和对国家经济的独立主权。因而从意识形态上看，风险服务合同对于保护国家对石油资源的主权方面，是很好的安排和实践，其政治意义非常显著。

其次，从东道国角度看，相比于其他合同安排，风险服务合同下资源国可以获得较高的经济利益。因为，在风险服务合同下，资源国垄断了国内石油资源，外国石油公司承担全部的风险和资本在资源国内进行石油勘探开发，当有商业发现时，资源国才偿付其资本和服务费，如果无商业发现，则外国石油公司将一无所得。外国石油公司只能作为一个风险服务商，除却合同中规定的回购条款外，无法取得所勘探开发区块产出的原油产品。同时，也满足了一些发展中的产油国弥补其财政、技术、管理技能和其他方面的不足。

再次，风险服务合同的财税条款较为简单和直白，方便资源国进行管理。资源国基于风险服务合同只需在有商业发现时，偿付外国石油公司前期投入的资本，并依约支付其服务费。因而，相对于其他合同模式，风险服务合同的财税条款更为简单，一定程度上减少了合同双方之间发生传统财税争端的概率。基于以上原因，资源国在对外国石油公司的作业管理方面也更为简便，适当弱化监管和设置管理机构。

因而，无论从政治意义上、经济意义上，还是技术术语上，风险服务合同都是一个进步。服务合同被大多数的评论家认为是当前实施的最先进的合同模式。[1]

然而，从外国石油公司的角度而言，风险服务合同的劣势也备受诟病。外国石油公司需承担全部的勘探风险，在无商业发现时，其前期投入资本将无法回收，更无法取得服务报酬。从巴西风险服务合同执行的结果来看，截至1994年，巴西对外授权超过35个外国石油公司进行243个区块的勘探，总投资将近20亿美元，但巴西国有石油公司（Petrobrás）并未偿付合同者一美元的补偿，原因是合同者的努力远未达到商业生产的地步。[2] 这种风险与收益不对称的设计，使得许多跨国石油公司不太感兴趣于风险服务合同这种模式。因此，该合同模式目前只在一些油藏储量丰富且勘探风险相对较小的地区适用。

---

[1] Y. Omorogbe, *The Legal Framework for the Production of Petroleum in Migeria*, 5 JENRL282 (1987).

[2] 只有壳牌公司的子公司 Pecten 于1979年在海上发现了天然气田，成为在巴西的唯一成功的服务合同者。该公司为此项目投资超过3.7亿美元。参见：Petroleum Economist, October 1992, p. 17. Zhiguo Gao, *International Petroleum Contracts: Current Trends and New Directions*, GrahamTrotman/Martinus Nijhoffp, 1994, p. 140。

另外，资源国支付给合同者的服务费常常采用现金形式，这样一方面无法满足外国石油公司对原油产品的需求，另一方面也抑制了外国石油公司发现高质量油田和保护资源国生态环境进行可持续生产的积极性。尽管有时在风险服务合同中也规定了回购条款，允许合同者在开始商业生产后以国际市场价格购入一定量的原油，但合同中同时存在的暂停条款使得合同者的回购权无法得到法律的真正保障。在有商业发现后，外国石油公司只取得资本偿付和固定的服务费，其所勘探的油田需立即移交资源国进行生产接管，因而外国石油公司无生产之后顾之忧，则不会有意识地注意保护当地的生态环境，也不必考虑后期的可持续生产。

总体来讲，风险服务合同对资源国比较有利，对外国石油公司则弊大于利。目前，该合同模式的发展还较为有限。

第二节　稳定性条款在国际能源投资合同各模式中的表现及挑战

国际能源投资合同的模式主要经历了租让制合同、产品分成合同和服务合同演进，这些模式演进对合同稳定性的要求及稳定性条款的表现形式提出了挑战。本节主要针对每一种稳定性条款在不同的能源投资合同模式中所提出的这些挑战进行研究。

一　租让制合同中的稳定性条款

租让制合同是资源国政府与外国投资者之间签订的能源投资合同，其中的稳定性条款多是传统的表现形式。随着国际上对自然资源永久主权原则的强调，对租让制合同中的稳定性条款提出了挑战。传统租让制合同大约到20世纪70年代末才逐渐为现代租让制合同或其他新的合同安排所取代，而稳定性条款主要是在一战、二战期间应对拉丁美洲的国有化措施背景下产生。目前有关稳定性条款的一些典型仲裁案例大都是 20 世纪 70 年代到 80 年代仲裁庭所处理的，这些案件中所主张的能源投资合同多半是在 50 年代签订的。

　　最早的稳定性条款基于租让制合同而存在，并主要针对东道国的征收行为以及在征收过程中的单方终止合同行为，亦即"隐性条款"。如英伊石油公司案①中，涉及的稳定性条款就是前述的"隐性条款"，即能源投资合同中明确禁止东道国采用征收的措施或单方修改租让制合同的行为，有效约束双方当事人。另如在 Kuwait v. Aminoil 案②中，争议租让制合同中包含了一条稳定性条款，规定"除依据第 11 条规定，酋长不能通过任何一般法或特别法或行政措施或其他行为取消本协议。除双方一致同意为了双方利益可以对本协议进行一定的修改、删除或补充外，酋长或公司任何一方均不得对本协议条款进行修改"。在利比亚系列案件③中，均基于 1955 年利比亚石油法授权并作为表格 II 的标准条款范例并入石油法，其规定如下：

　　　　利比亚政府将采取一切必要的措施确保公司享有租让制合同项下的所有权利。除却双方当事人一致同意外，不得对本协议所明确授予的合同权利进行修改。……

　　租让制合同下不乏其他稳定性条款的例子，哈萨克斯坦的租让制合同范本中，第 32 条关于"合同稳定性保证"规定：

---

① Anglo-Iranian Oil Company Case, (1952), ICJ Reports 93.

② Government of Kuwait v. American Independent Oil Co (Aminoil), Award of 24 March 1982, 21 I. L. M. 976 (1982).

③ 最典型的包括 BP v. Libya; Texaco v. Libya; LIAMCO v. Libya; etc.

整个合同期内本合同的条款都保持不变。影响承包方地位的哈萨克斯坦法律的任何变化都不适用于本合同。

而其第 19 条的"税收稳定性"的规定又是冻结条款与经济平衡性条款的混合，即"合同期结束前本合同中规定的税收一直有效，以下情况除外。合同签署后法律出现变化，无法保持合同最初条件或导致总的经济状况发生很大的改变，此时，合同双方及税务部门代表可以根据需要对合同进行适当的调整，以保证各方利益和最初签订本合同时接近。如果对合同条款变更或调整，60 天之内税务部门和承包商应相互书面通知"。

基于其产生的背景，传统租让制合同下大多为隐性条款、冻结条款或一致性条款，较少出现经济平衡性条款。而现代租让制合同仍继续存在于能源投资合同缔结实践当中，包括传统稳定性条款、现代经济平衡性条款和混合条款都可能在现代租让制合同中找到具体实例。

我们从租让制合同的基本概述看，无论是传统租让制还是现代租让制合同，均表现为由东道国政府向外国石油公司签发特许权，外国石油公司因而取得在东道国境内进行勘探开发石油资源的权利，石油产品所有权归外国石油公司所有，而东道国只取得矿区使用费和一定的税收。缔结租让制合同的主体为外国石油公司与东道国政府。这一合同常常被学界称为"国家契约"（state contract）。租让制合同中东道国这一主权政府的存在，成为合同不稳定的最大源头。

挑战之一：东道国是否有权通过稳定性条款对其主权行为进行限制或约束？

早期的租让制合同被东道国看作是一种资源掠夺行为。在外国石油公司强势议价的压力下，东道国不得不做出一些让渡主权的承诺，如在能源投资合同有效期内不进行征收、不单方修改合同或不继后立法影响合同权利等。然而征收的权力、立法的权力均是东道国主权的构成部分。一些观点认为，东道国有权行使主权，实行征收或继后立法，而其在私法合同中做出的稳定性承诺不能对主权构成限制或约束。而另有观点认为，在经济全球化背景下，绝对和极端的国家主权观点应当抛弃，东道国通过对其主权进行自我限制，恰恰是一种行使国家主权的方式。

挑战之二：东道国政府机关所签订的稳定性条款能否对其立法机关的立法权进行限制？

稳定性条款的一个重要表现，就是对签订合同之时东道国的法律进行"冻结"，东道国承诺不再进行继后立法或对能源投资合同产生负面影响的立法。根据西方宪政理论，立法权是专属于主权国家立法机关的权力，而签订能源投资合同的政府机关对本应属于立法机关的权力做出放弃或限制，如果未得到该国立法机关的授权或事后追认，应是越权无效行为。

挑战之三：当东道国在能源投资合同中做出了稳定性承诺以后，还可不可以运用其公权力做出单方行为？

租让制合同的期限一般都比较长，最长的达90多年。在长期的合同履行过程中，最早签订租让制合同的政府可能早已更迭，后来的继任政府对之前的能源投资合同可能会要求进行修改，或者通过新的立法撤销之前的能源投资合同，尤其可能通过大规模国有化的形式影响合同的权利。国际法上一般认为，主权国家有权进行（合法的）征收，其立法权的行使乃主权要义之一。当东道国行使征收主权或立法权利，与合同神圣性原则之间发生冲突时，何者优先？

二　产品分成合同中的稳定性条款

产品分成合同一般由资源国的国有石油公司代表资源国同外国

投资者签订。石油资源的所有者（资源国）与资源国签订能源投资合同的主体（一般为国有石油公司）之间的不一致，使得能源投资合同中稳定性条款的约束力受到较大挑战。相应地，产品分成合同中稳定性条款的表现形式也有了一定的发展。

自 1966 年世界上第一份产品分成合同在印尼产生以来，成为目前能源投资合同实践中资源国政府采用最多的一种合同模式。这种合同安排下，东道国保留石油资源的永久所有权及石油生产经营权，由东道国或其授权的国有石油公司与外国石油公司签订合同，后者承担勘探开发的资金与风险，具体负责执行石油作业，并在有商业性发现后，取得一定比例的石油产品分成。如上所述，产品分成合同是在 20 世纪六七十年代联合国倡导"自然资源永久主权原则"与"国际经济新秩序"的背景下产生的。这个时期，资源国开始与二战后一些民族解放国家新成立的"独立石油公司"签订产品分成合同，相对于国际"石油巨头"而言，这些"独立石油公司"可能接受较为"严格""苛刻"的合同条款。这一形势，对稳定性条款的发展也有了较深的影响。

一方面，这些新成立的"独立石油公司"并没有太多作为投资者进行合同条款谈判的经验，表现在稳定性条款方面，大多沿袭之前传统类别的稳定性条款。如 1966 年 8 月 12 日美国石油公司与伊朗国家石化公司之间签订的所谓 Khemo 协议中规定"任何现行的法律法规如与本协议整体或部分不一致，则在不一致的范围内不适用于本协议"①。这条规定是一致性条款的典型范例。1989 年突尼斯的产品分成合同范本中第 24 条也采用了一致性条款的规定。1992 年也门政府与外国投资者签订的协议中规定：

---

① Thomas Wälde, "Stabilising International Investment Commitments: International Law versus Contract Interpretation", *Centre for Petroleum and Mineral Law and Policy* (*CPMLP*) *Professial Paper* NO. PP13, 1994, note 147.

合同当事人只受协议条款的约束，只有经双方当事人一致同意才能对协议进行改变或修改。[1]

该条款采用的是隐性条款。玻利维亚 1997 年的产品分成合同范本中仅对矿区使用费等方面设置了冻结条款，该范本第 12 条具体规定为"根据石油法第 52 条，适用本合同的矿区使用费和许可体制在合同有效期内应保持不变"。典型的冻结条款在赤道几内亚的产品分成合同范本中有表现，该范本第 20 条规定"合同及其项下开展的石油作业强制受赤道几内亚的法律和规章约束"，而且，"合同者在任何时候受赤道几内亚的法律强制约束"[2]。

另一方面，这一时期的东道国不再能够接受绝对限制主权权力而做出冻结石油项目适用法律的承诺，更愿意承诺保持投资者合同经济利益的平衡性。相比较而言，经济平衡性条款更受青睐。如阿塞拜疆国家石油公司（SOCAR）于 1999 年签订的产品分成合同第 24 条第 2 款中，仅规定法律变化发生时应调整双方的经济平衡，当对投资者构成负面影响时，SOCAR 公司应给予赔偿，并要求 SO-CAR 公司在其授权范围内尽其合法合理的努力促使相关政府机构采取适当措施以及时解决条约、政府间协议、法律、法令或行政命令与投资协议之间的冲突。[3] 缔结合同实践中，东道国在适用经济平

---

①　Mayfair Production Sharing Agreement between the Minisitry of Oil and Natural Resources and Yemen Mayfair Petroleum Corporation（Al Zaydiah，Block 22，Tihama Area，Article 18. 2），dated 29 July 1992. Peter D. Cameron，*International Energy Investment Law*：*The Pursuit of Stability*，Oxford University Press，2010，p. 74.

②　B. O. N. Nwete，*To What Extent can Stabilisation Clauses Mitigate the Investor's Risks in a Production Sharing Contract?* www. gasandoil. com/ogel，Vol. 3 – issue 1，March 2005.

③　A. F. Maniruzzaman，"The Pursuit of Stability in International Energy Investment Contracts：A Critical Appraisal of the Emerging Trends"，*Journal of World Energy Law & Business*，Vol. 1，No. 2，2008，p. 127.

衡性条款时，为自己国内的关键领域设置了例外。如1996年俄罗斯产品分成合同中采用了经济平衡性条款，但为工作安全、矿产资源保护、环境保护和公共卫生领域设置了例外。1998年莫桑比克的产品分成合同中同样对安全、卫生、福利和环境保护方面设置了经济平衡的例外。

同时，投资者也看到传统稳定性条款在某些方面的独特作用，故而能源投资合同实践中多倾向于采用现代混合稳定性条款。如1974年加纳政府与加纳壳牌石油公司之间签订的陆上（Voltaian盆地）石油开采协议的第47节就规定：

> 双方同意在协议有效期内，如遇与石油工业相关的财政和经济政策、加纳的运作环境和市场条件总体发生变化以致实际影响到该协议的根本经济和财政基础时，可以对本协议条款进行修改或再协商，以期合理考虑投资者的投入资本和随之产生的风险。但在石油开采区域内自投产以后5年内不得对协议进行修改或调整，且无溯及力。[①]

如前所述，这一时期的产品分成合同稳定性条款中仍有沿袭采用传统稳定性条款的情况，即禁止东道国单方修改合同或限制其继后立法权力等。然而，产品分成合同下，东道国逐渐退到后台，不再直接与外国石油公司签订能源投资合同，而授权其国有石油公司具体签订合同。合同主体与合同约定之间的不对称，成为产品分成合同不稳定的最大风险。

挑战之一：能源投资合同中的稳定性条款如何约束非作为合同

---

① Thomas Wälde, "Stabilising International Investment Commitments: International Law Versus Contract Interpretation", *Centre for Petroleum and Mineral Law and Policy（CPMLP）Professional Paper* NO. PP13, 1994, p. 89.

主体的东道国？

不同于租让制合同中严格意义上的"国家契约"，大多数产品分成合同中，国有石油公司在法律上和形式上都成为外国石油公司的"合同者"。尽管缔约之国有石油公司实际上受东道国控制，但形式上东道国不再出现在合同文本中。然而，很多产品分成合同中仍纳入传统的稳定性条款，如"冻结"合同生效之时的法律或税收政策，东道国不得颁行与本合同不一致的继后立法等。根据合同的相对性原则，如果东道国的继后立法致使外国石油公司利益受损，此时显然不能再援引合同中的稳定性条款追究东道国的违约责任。那稳定性条款的"稳定"功能将何在？

挑战之二：东道国国有石油公司如何承担起合同稳定性的责任？

也许，从理论上和实际上，东道国均实际控制其国有石油公司。而当东道国的继后立法行为导致产品分成合同被撤销时，国有石油公司能否要求或控制其政府不采用这种单方行为，能否对政府所为在法律上负责？国有石油公司通常是依东道国国内法建立起来的独立法人，股东承担"有限责任"。外国石油公司能否运用"揭开法人的面纱"制度，让国有石油公司背后的东道国承担连带责任？如何让置身合同之外的东道国与合同本身建立起一种联系，从而与国有石油公司一起承担起合同稳定性的责任？

挑战之三：如何协调自然资源的永久主权原则与合同神圣性原则之间的关系？

尽管联合国通过的《关于自然资源永久主权的决议》《建立国际经济新秩序宣言》等一系列文件的法律约束力仍是个有争议的话题，但这些文件中所包含的政治法律基础已广为国际社会所接受。各个主权国家对其境内的自然资源及经济活动有永久主权，从这个意义出发，东道国有权运用其立法主权对其境内石油作业活动加以影响。然而，从合同的神圣性原则出发，产品分成合同中的稳定性条款应得到充分尊重。当二者发生冲突时，如何协调？

三　服务合同中的稳定性条款

相比于租让制合同和产品分成合同，服务合同也是资源国的国有石油公司与外国投资者具体签订，但服务合同更强调"提供服务、给付报酬"，外国投资者无法获得所生产石油的所有权和产品分成。服务合同本身对稳定性的要求做了一定的设计，其中的稳定性条款也有了一定的发展，带来的挑战也相对更大。

石油合作领域的服务合同基本与产品分成合同同期产生，但一直到1976年巴西引入风险服务合同模式，才极大地刺激了服务合同的广泛发展。风险服务合同下，东道国拥有石油资源的完全所有权，对石油作业经营享有绝对的控制权，外国石油公司必须承担石油勘探开发的所有风险和资本，向东道国提供服务，在有商业性发现时，才可以回收成本并获得一笔服务报酬。这种合同模式意在确保东道国对石油开发拥有最大的政治控制而外国投资者尽可能少地参与进来。这种风险服务合同被大多数的评论家认为是当前实施的最先进的合同模式。[①] 巴西是风险服务合同发展最充分的例子，其能源投资合同中并没有订入稳定性条款。伊朗回购合同是一种典型的风险服务合同，其中也未纳入稳定性条款。

我们在尼日利亚石油区块勘探开发服务合同范本中看到稳定性条款的例子，该范本第22条第2款中规定：

> 合同生效日后，因尼日利亚法规的订立或修改或政府部

---

① Y. Omorogbe, *The Legal Framework for the Production of Petroleum in Migeria*, 5 JENRL282 (1987).

门、国营企业或者代理就合同有关的规则、指令、指示等的订立或修改对双方当事人的权力、职责或者经济利益产生了重大和不利的影响的，双方当事人应尽最大努力就本合同的修改达成一致，以抵消法规政策变化所造成的影响。如果双方当事人就修改一事在提议修改日后90天内未能取得一致意见，应根据双方当事人的意见交仲裁处理。取得仲裁结果后，本合同应视为修订完成。①

相对于产品分成合同，风险服务合同项下的投资者只能在有商业发现时，进行成本回收并获取一定现金的服务报酬。投资者投入的资本也要在一定期限内分期回收。因而，稳定性条款在产品分成合同项下所面临的挑战，在风险服务合同中一点也未削减。风险服务合同项下，投资者仍需面临如下挑战，即：

（1）风险服务合同中的稳定性条款如何约束非作为合同主体的东道国？

（2）东道国国有石油公司如何承担起风险服务合同稳定性的责任？

（3）如何协调自然资源的永久主权原则与合同神圣性原则之间的关系？

然而，采用风险服务合同模式，是因为东道国处于议价的最强势地位，其掌控了对石油作业的控制。② 处于议价弱势地位的外国石油公司只能"提供服务，获取报酬"而"乖乖就范"，并没有太

---

① Zhiguo Gao, *International Petroleum Contracts*: *Current Trends and New Directions*, GrahamTrotman/Martinus Nijhoff, 1994, p. 90.

② 厄瓜多尔在本轮国有化浪潮中，就要求在厄以产品分成合同投资运营的外国及私人石油企业改为服务合同，分别强行与境内十几家外资及国内私营石油公司修改了原有合同。原本在厄瓜多尔共有5种能源投资合同类型，分别为服务合同、产品分成合同、合作合同、特殊服务合同和边际油田的开发与补充勘探合同。目前，厄政府出于增加国家收入的考虑，除已签署合同外，目前新增合作项目主要采取后两种合同形式。我国企业进入，主要采取的是后两种合同方式。

多可以讨价还价要求稳定性的话语权。当投资者因为东道国的继后立法行为而影响合同权益时，其对合同稳定性条款的需求更为迫切。因而，在风险服务合同中，外国石油公司如何避开东道国的主权因素，从纯商业角度（如财政制度）探索稳定性条款的新发展，并说明东道国接受新型的稳定性条款，这将是风险服务合同下稳定性条款所面临的最大挑战。

第三节　几种常见能源投资合同模式稳定性条款的比较分析

作为常用的国际能源投资合同模式，租让制合同、产品分成合同和风险服务合同稳定性之间的差异主要表现在以下这几个方面（见表4—2）：

表4—2　　　　　　　　三种常用国际能源投资合同模式的比较

能源投资合同模式	租让制合同	产品分成合同	风险服务合同
石油资源相关权利	矿产权、采矿权、经济权归投资者	矿产权、采矿权、经济权归资源国	矿产权、采矿权、经济权归资源国
石油资源所有权移转	投资者自石油流出井口时取得	资源国保留所有权，出口地移交给投资者	资源国保留永久所有权，不涉及移交
管理控制权	投资者专营	名义上由资源国享有	由资源国实际控制
石油勘探开发风险	投资者承担	投资者承担	投资者承担
设备资产所有权	归投资者所有	转交给资源国	转交给资源国
资源国的收入	矿区使用费和税	利润油分成、税收	除偿付投资和支付报酬外的生产收益
投资者的所得	除矿税外的生产石油所得	成本回收、利润油实物分成	回收投资、服务报酬（现金）

一　石油资源所有权和经营自主权方面

租让制合同下，跨国石油公司享有在租让区域内进行石油作业的几乎彻底的投资经营权，并自所生产石油流出井口时取得石油资源的所有权。如前所述，矿产权、采矿权和经济权均归跨国石油公司所有。相对其他合同模式来讲，租让制合同是对跨国石油公司最为有利的一种模式。在产品分成合同下，资源国保留了石油资源的永久所有权，无论是处于地质状态中，还是处在生产的任何阶段，石油的所有权均归属于资源国。与石油资源所有权相关的矿产权、采矿权和经济权均归资源国所有，跨国石油公司作为承包商只能就其利润油的分成部分享有实现经济性的权利，而且该权利只在资源国出口地才转移给跨国石油公司。对于风险服务合同，资源国往往通过其国有石油公司对其境内的石油资源进行国家垄断，规定只有资源国本身才能拥有石油资源完全的所有权，在任何情况下，资源国也不会将服务合同下生产石油的所有权授予跨国石油公司。

二　投资资金和风险承担方面

在租让制合同模式下，资源国政府几乎不承担任何作业投资和风险，只收取相对固定的矿区使用费和税收。而跨国石油公司则承担勘探开发及经营所需的全部资金和风险，如果租让区块无商业发现，则跨国石油公司的投资将无法收回。产品分成合同模式中，跨国石油公司需垫付石油勘探、开发的全部资金，并承担所有的商业风险，如果无商业发现，则跨国石油公司必须自己承担这些风险损失及前期投入的勘探费用，且不能要求资源国偿付。待进行商业生产后，资源国政府与跨国石油公司就其"利润油"部分进行分成，故石油生产的风险则由双方共同分担。而风险服务合同模式中，跨国石油公司仍需自己承担石油勘探开发的所有风险和资本，在有商业发现时，跨国石油公司需将项目移交给资源国，资源国通过出售石油偿付投资并支付一笔服务报酬。如果无商业发现，则合同者自己承担已投入的资本，无法获得资源国的偿付也无法获得服务报酬。

三　合同交易标的方面

租让制合同下，资源国通过授予特许权允许特许权持有人较长期限内租让本国领土内一定区域，特许权持有人自石油流出井口时可以取得所开发石油资源的所有权，资源国收取少量的矿区使用费和相应的所得税。租让制合同交易的标的是"租让资源，收取租金"。而产品分成合同中，跨国石油公司须预先垫资进行勘探开发，在勘探开发成功进行商业性生产时，才能回收成本并取得一定比例分成的实物分配，其分成产品的所有权也只能自石油运送至资源国出口地时才转移给跨国石油公司。产品分成合同中双方交易的标的是"承担投资，实物分配"。在风险服务合同中，跨国石油公司提供勘探开发的服务，垫资进行勘探开发至自有商业发现时，将投资项目移交给资源国，资源国在进行商业生产后才偿付其投资并支付一定的服务报酬。风险服务合同中双方交易的标的是"提供服务，支付报酬"。

四　能源投资合同财税条款方面

在租让制合同中，资源国只能取得固定的矿区使用费和收入所得税作为自己的收入，而矿区使用费一般只相当于原油产量的1/8，既不与跨国石油公司的收入挂钩，也不会随着石油价格的升降而变化。跨国石油公司取得了租让区块范围内的石油资源所有权，并掌控了经营管理权，拿走了所生产石油的大部分利益（见图4—1）。

在产品分成合同模式中，资源国保留石油资源的所有权，跨国石油公司承担石油勘探开发的全部资金和风险，在有商业发现后，才回收其前期投资和生产作业费用，并获得利润油的分成部分。相比于租让制模式，在产品分成合同中资源国可以取得利润油的约定比例分成并收取跨国石油公司缴纳的相应税收，有的国家还保留收取矿区使用费（见图4—2）。在风险服务合同中，资源国对其国内的石油资源设定了国家垄断，跨国石油公司作为单纯的提供服务的承包商，垫资进入资源国进行石油勘探开发并承担商业风险，在有商业发现时才能回收其投资并获得一笔服务报酬，而所建设项目需移交给资源国进行生产。相比于其他模式，风险服务合同下的资源国只需在石油进行商业生产后，通过出售原油向跨国石油公司偿付投资和支付一笔服务报酬即可，资源国可以获得最大程度的石油生产收益（见图4—3）。①

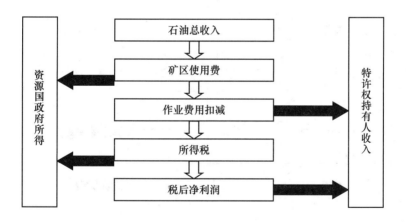

图4—1 租让制合同模式下收入分配流程示意图

① 此处仍标明矿区使用费仅为显示产品分成合同下的收入分配流程，如前所述，有的国家认为矿区使用费与租让制合同有关，故不再收取矿区使用费。

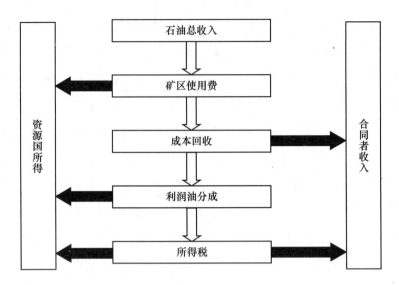

图 4—2　产品分成合同模式下收入分配流程示意图

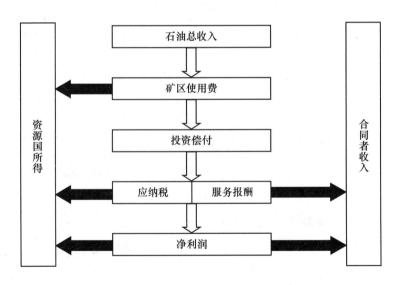

图 4—3　风险服务合同模式下收入分配流程示意图

五　能源投资合同关系稳定性方面

租让制合同中规定的租让期限一般比较长（最长的达 92 年）。资源国一般是发展中国家，并不掌握石油勘探开发的先进技术和管理技能，故其在较长一段时期内依赖跨国石油公司开发其境内石油资源，换取矿区使用费的收入。但这种明显不平衡的合同关系，随着资源国对资源主权意识的增强，很快以国有化或重新谈判的形式要求变更租让关系，引入新的合同安排。产品分成合同规定的合同期限相比租让制合同要短一些，一般为 25—40 年。在进行商业生产后，跨国石油公司可以基于合同获得约定比例的分成，这成为跨国石油公司进行投资的较大较稳定的激励。这种合同下跨国石油公司可能会因开发出高质量的油田而"一夜暴富"，而资源国又往往因在这个分成比例中占据大头而产生资源优越心理。因而，这种合同因能产生"共赢"更趋于稳定。风险服务合同中规定的期限比较短（在伊朗为 5—7 年，在伊拉克为 12 年），这使得追求高额稳定回报的跨国石油公司在进行投资、转让技术和管理技能时缺少刺激。而且，风险服务合同中跨国石油公司只能取得固定的服务报酬，该报酬与所发现油田的商业性大小并无多大关系。因此，风险与收益的不平衡使得风险服务合同的稳定性较差。

对常见的三种国际能源投资合同模式的稳定性进行比较分析，我们的研究目的并不是厚此薄彼，也不是一定要在这些模式中得出唯一性的结论，只是想通过比较研究的方法明晰这些模式之间的相似点或不同点。具体到一个国家，在对本国石油资源进行勘探开发选择国际能源投资合同模式时也存在着诸多差异，或者坚持一种模式而弃用其他模式，或者会从一种模式转向另一种模式，或者会同时兼采几种模式的优势之处进行整合。究竟一个国家或地区适合哪种国际能源投资合同模式，应该综合国情或区情，合同模式的采用传统，合同双方情势，具体项目的情况等诸因素进行分析，做到"具体情况具体分析""各取所需"。如此说来，各个国家或地区选择国际能源投资合同模式存在差异的原因，笔者考虑可以从以下几个方面进行分析：

（一）合同模式的偏好有别

众多发展中国家视租让制合同模式为殖民主义的产物，是一种对东道国主权的绑架，然而，一些西方发达国家如今仍坚持采用这一模式。在以美国为代表的这些西方发达国家中实行石油资源私有制，它们认为，租让制合同模式的优点也较明显，即合同关系比较简单且易于管理。有些国家为了吸引外资开发国内石油资源，会偏好产品分成合同模式，承诺给跨国石油公司一定比例的产品分成，使双方在石油开发生产过程中实现"共赢"。也有的资源国内石油资源丰富、油田质量较高，为保障其石油资源垄断，一般会偏好风险服务合同模式，只需要跨国石油公司提供风险服务而较少介入资源国的石油生产。很多国家出于对不同合同模式的某些方面的认同，会同时采用两种或两种以上的合同模式，如秘鲁既采用租让制合同模式，同时又采用服务合同模式。尼日利亚采用的合同模式包括租让制合同、产品分成合同、服务合同模式等多种。①

（二）油气发展战略的侧重点不同

每个国家石油领域的发展战略都具有一定的倾向性，也就直接体现在该国对外签订的国际能源投资合同所采用的模式上。如果资源国强调国家对石油资源和相关经济活动的所有权，不允许私人取得石油所有权，那该国将不愿意采用租让制合同模式。如果一个资源国的石油储量非常之高，相对勘探风险较小、发现大规模油田的可能性较大，则该国可能不愿意采用产品分成合同，那样将会让渡更多原油产量给跨国石油公司。如果某个资源国内石油储量有限、勘探风险较高，同时引进外资的需求还比较迫切，则其与跨国石油公司谈成风险服务合同模式的可能性会很小。

（三）合同谈判的情势差异

二战前，最多有 122 个国家将租让制合同模式应用于与跨国石油公司之间的石油勘探开发协议。二战后，随着各国对其自然资源

---

① 王忠、苏文：《尼日利亚对外石油勘探开发合作模式研究》，《中国矿业》2011 年第 4 期，第 17 页。

主权意识的不断提高，很多发展中国家纷纷开展国有化运动，将之前与跨国石油公司签订的租让制合同进行废除或重新谈判。发生这种变化的主要原因就在于，这些发展中国家认为之前签订租让制合同所依赖的"情势"发生了重大变更。尽管新的合同条款非常严苛，但很多新登上石油工业舞台的"独立石油公司"欣然接受，这种状况迫使"石油巨头"们不得不逐渐接受资源国提出的新的合同安排。比如，厄瓜多尔主要的能源投资合同模式是产品分成合同，自 2007 年总统 Correa 上任后推行国有化进程，加强对油气资源的控制以增加政府收益，开始与外国石油公司重新谈判，将合同模式修改为技术服务合同。

对于作为投资者的跨国石油公司而言，哪种模式可能产生最大的效益、提供最好的回报、创造最好的投资环境，可能会是比较有利的国际能源投资合同模式。而对于资源国，哪种模式可以更好地开发境内资源、最大化取得石油资源收益、最有效维护国家利益，可能才是比较佳的国际能源投资合同模式。

第四节　中国签订的国际能源投资合同模式
——混合性合同模式

一　混合性合同与联合经营合同模式

中国是最为古老的产油国之一，发现、开采和利用石油及天然气的最早记载可追溯至《易经》，其中有"上火下泽""泽中有火"等记载。晋朝常璩在《华阳国志》中记载了 2200 多年前的秦始皇时代四川临邛县劳动人民钻井开采天然气煮盐的情景："有火井，夜时光映上眼。欲其光，以家火投之，顷许如雷声，火焰出通光跃数十里，以竹筒盛其光藏之，可终日不灭也。"1878 年两个美国工程师首次在台湾地区进行勘探钻井，但并未发现石油。直到 1936

年甘肃省玉门油田的发现，现代石油工业在中国才有了发展。然而，长期以来积贫积弱的旧中国受西方势力的半殖民地统治，一系列丧权辱国的不平等条约割让了中国许多领土，现代石油工业的发展也受到严重阻碍。苦痛的历史更加激发了中国对自然资源主权问题的敏感性。中华人民共和国成立后，中国开始加强对石油工业的管理。在与苏联"老大哥"十多年的合作关系破裂后，新兴的中国石油工业再一次受到重创。这些经验，使得中国逐渐走向独立自主、自力更生发展经济之路。

直到改革开放后，中国才认识到，我们的技术、设备和管理经验等各项条件都无法单独作业，唯一可行的方式就是利用外国先进技术对中国境内的石油资源进行合作开发，尤其是海上石油资源。1980年国家能源委员会成立，负责管理石油、煤炭、电力三个部门，后于1982年撤销该委员会，三个部门直接由国务院领导。同年2月15日，国务院决定在石油部设立中国海洋石油总公司（CNOOC，以下简称"中海油公司"），全面负责中国海洋石油对外合作业务。从1982年后，中国陆续颁布了一系列与石油开发有关的法规，为我国对外合作开采海洋石油资源提供了较为系统的法律依据。之后，在1993年也发布了对外合作开采陆上石油资源的条例，标志着中国现代石油工业进入了全方位对外开放的阶段。其中，授权中国石油天然气集团公司（CNPC，以下简称"中石油"）或中国石油化工集团公司（Sinopec，以下简称"中石化"）为对外合作开采陆上石油资源的专营机构。

由于中国在石油资源开发方面欠缺经验，关于石油开发的能源投资合同模式也多受其他国家影响。一直以来，学界都将中国所采用的能源投资合同称为"混合性能源投资合同"，也称"复合性合同"（Hybrid Contract/Compound Contract），这并不是一种全新的国际能源投资合同模式，而是融合了产品分成合同、风险服务合同和租让制合同等已有的能源投资合同模式的各自优势之处,① 同时在具体合作方式中早期受挪威能源投资合同理论的影响采用了联合经营（Joint Venture）的方式。在我国,这种合同有时也称为产品分成合同、风险合同等,但实质却是包含了其他合同元素的综合模式。这种混合性合同是自 20 世纪 80 年代发展起来的一种新类型的能源投资合同模式,但其中的基本因素没有一样是全新的,而是现有的几种合同模式的"杂交物"。这种类型的合同在形式上更为灵活多变,内容也更为复杂和综合。它可以满足中国的特定要求,既维护了中国对石油资源的主权,同时又吸引外资开发本国石油资源。

国际上将这种综合性的能源投资合同模式通称为"混合性合同"。这一术语通常指各种模式的合同协议的综合,它综合了至少两种以上的合同类型的一些有益的组成元素,服务于资源国特定的需求和利益。因其高度的灵活性和具体适用性,现有的著作并未对这一概念一语以概之,也无从下手对其给出定义。至于要将现有的合同模式的哪两种或哪几种进行综合,完全是各个采用混合性能源投资合同模式的资源国根据自身利益自主决定的事情。中国的混合性合同是世界上较为典型的范例。

中国的混合性合同融合了产品分成合同、风险服务合同和租让制合同的各种特性的元素,同时在具体合作方式中采用了联合经营的做法。国内外各个相关著作对中国混合性合同的论述也多侧重于对其联合作业关系的分析。下面笔者也从这种联合经营关系方面总

---

① 随着中国 2011 年修改了《中华人民共和国对外合作开采陆上石油资源条例》和《中华人民共和国对外合作开采海洋石油资源条例》的有关规定,以收取"资源税"取代了历史上租让制合同中典型的"矿区使用费"。然而由于本次修改为之前已生效的能源投资合同保留了过渡期,故一时间,矿区使用费在中国国际能源投资合同中还未完全销声匿迹。自 2011 年起,中国新签订的混合性能源投资合同不再含有租让制合同的成分,而在此之前原已依法订立的中外合作开采石油资源的合同,在已约定的合同有效期内,继续依照当时国家有关规定缴纳矿区使用费,不缴纳资源税;合同期满后,依法缴纳资源税。考虑到这一特殊情况,本书在行文中仍保留租让制合同这一成分。

结中国混合性能源投资合同的特征：

（1）依据中国宪法规定，在中国境内的所有石油资源属于国家所有，任何集体、公司或个人均不能取得中国境内石油资源的所有权。中国境内石油资源的开发，由国务院授权中海油负责对外合作开采海洋石油资源的业务并对外签订能源投资合同，授权中石油或中石化具体负责对外合作开采陆上石油资源并对外签订能源投资合同。根据相关条例规定，上述能源投资合同须报商务部（原对外贸易经济合作部）审批。但据国务院最新文件精神，商务部已决定取消对石油、天然气等对外合作合同的审批工作，① 逐步弱化对能源投资项目的行政管理色彩。

（2）外国石油公司需垫付资金、负责勘探作业并承担全部勘探风险，发现有商业开采价值的油田后，由外国合同者与中方石油公司共同投资合作开发。中方石油公司参股比例最大为51%，这种参股也并非强制性要求。如果中方石油公司认为该区块不具有商业价值，则外国合同者可单独投入全部开发资金进行开发。

（3）中国的混合性合同包含的财税条款有工商统一税和矿区使用费（资源税）、外国合同者的成本回收、利润油分成、所得税。早期签订这种合同时，中国外汇短缺，必须依赖实物分配来偿付外国合同者的投资，而产品分成合同恰好满足了这种支付体系，帮助中国克服外汇限制的问题。这种分配形式就这样保留了下来。外国合同者可以根据原油分配条款获得两部分的构成：投资和作业费用回收的原油、利润油分成部分应得的原油。

（4）具体的开发管理由中海油、中石油或中石化与外国石油公司各指派几名代表组成不具有法人地位的联合管理委员会负责，但

---

① 《国务院关于取消和下放一批行政审批项目等事项的决定》（国发〔2013〕19号），发文日期为2013年5月15日。其中附件一《国务院决定取消和下放管理层级的行政审批项目目录》第43项即为该条规定。

中方石油公司对某些重大问题具有最后决定权。联合管理、分享管理权是联合经营方式的典型特征。中国所采用的这种方式与其他国家所采取的联合经营合同还不太一样，其他国家可能由资源国（或国家石油公司）和外国石油公司各按一定比例出资组建一个独立法人资格的新公司，一般资源国以资源、设备、资本和人员入股，而外国石油公司则以资本和技术入股。

（5）对外国合同者为执行能源投资合同而建造的建筑物，所购买的设备，在外国石油公司回收全部投资后，所有权归中方石油公司。

（6）根据中国法律规定，在中国境内履行的中外合作勘探开发自然资源合同，适用中国法律。从国际私法理论看，这是一个独特的"单边冲突规范"，即中外合作勘探开发石油资源合同只能适用中国法律作为其准据法。

从能源投资合同演进的年代来看，中国采用的混合性合同是最后一种石油协议模式。其最显著的优点便是综合性，它融合了几乎现有的所有能源投资合同模式，吸纳了各种能源投资合同模式中较为合理的因素。但是混合性合同的综合性并不意味着对其他合同模式的简单复制或元素的拼凑，其宗旨便是最大化地满足资源国的需求和利益。由综合性这一特点延伸出来另一特点，即混合性合同具有灵活性。既然是融合其他合同模式的各种因素，那么，融合程度和融合搭配则完全依赖资源国与外国石油公司谈判情势所需。一般情况下，中国提供的标准合同中有大部分的条款是不可谈判的，而另外一些问题如工作义务、确定利润分成比例的 X 因素、其他分配因素等可以谈判。一位外国石油公司的高管评价说，"在中国，一切事情都是可以商量的，他们是通情达理的"①。

---

① R. S. Ondrik, *Rig Leasing*, China Bus. Rev., May-June 1983, p. 11.

另外，中国所采用的联合经营方式将中方石油公司与外国石油公司的利益结成一个整体，较有利于石油开发合作状态的稳定，能够为我国石油资源的开发提供稳定的投资来源。这种方式还可以有效分散风险，中方石油公司与外国石油公司合作勘探开发石油资源，按比例分成利润油并承担相应的开发风险，一定程度上降低了合同者所承受的高风险，这样，外国石油公司会比较欢迎这种方式。因为外国石油公司可以从较重的资金负担和高风险中解脱出来，相应地，也会较情愿接受中方石油公司在联合管理委员会中占据较高的参股比例。对作为东道国的中国政府而言，这种联合经营的方式在有效开发中国国内石油资源的基础上，可以保证中国政府获得石油资源开发方面的先进技术和管理经验。中方为实现这一目的，常常派专业人员进入联合管理委员会对经营作业进行监督。由于谈判过程中在风险分担方面的让步，中方在监管作业实践的联合管理委员会中更易取得大多数的表决权，这样可以更好地保障中国对自然资源主权的政治立场。

然而，中国所采用的能源投资合同模式也存在着一些不足，如勘探阶段外国合同者承担所有的勘探风险、开发阶段外国合同者的资金和技术投资义务较重且风险较大、中方绝对优势的参股比例、高度灵活性带来的合同稳定性欠缺等问题，可能会在一定程度上降低这种混合性能源投资合同模式与联合经营方式对外国投资者的吸引力。

二 中国的"贷款换石油"模式及跨境管道建设

2009 年 2 月 17 日，中国与俄罗斯签署了第一份"贷款换石油"协议。俄罗斯是全球最大的石油生产国，且是仅次于沙特阿拉伯的第二大石油出口国。依照协议规定，在未来 20 年内，俄罗斯每年需向中国提供 1500 万吨原油，俄罗斯可以从中国获得 250 亿美元的贷款。这是中国在应对金融危机的大背景下同他国在石油贸易方面开展石油合作的创举。继该协议之后，中国又陆续同委内瑞拉、安哥拉、哈萨克斯坦和巴西等签订了"贷款换石油"协议，这些协议的金额已累计达 450 亿美元。按照这些协议的规定，在未来 15 到 20 年内，中国将通过向相关国家的石油企业提供贷款，换取每年累计 3000 万吨左右的原油供应。随着中俄原油管道 2010 年 11 月 1 日进入试运行，这份具有历史意义的"贷款换石油"协议进入实质履行阶段。

从本质上看，这种"贷款换石油"协议是石油工业下游的合作，是一种石油贸易的变通形式，一种准现货和准期货的交易方式。尽管这种协议并不完全属于本书所讨论的石油工业上游的对外合作关系，但因为这种协议的履行通常要伴随着"跨境管道项目"的建设，间接涉及了石油勘探开发项目的合作，故在此简略论述。

中国"贷款换石油"协议具有以下特征：

（1）中国向资源国或资源国的国家石油公司提供贷款，双方约定贷款资金的使用用途，即用于双方共同选择和实施的项目，或者是资源国内的石油资源上游项目开发或建设，或是中下游等其他项目的投资开发，常常伴随着"跨境管道项目"的建设以实现所换取石油的运输。合同中双方约定由资源国独立进行石油勘探开发，还是与中方石油公司进行合作开发。与其他能源投资合同模式相比较，这种"贷款换石油"协议中，中方石油公司不一定实际介入资源国的石油勘探开发。

（2）资源国或资源国的国家石油公司承诺每年向中国提供一定量的原油供应作为还贷，这与中国从国际石油市场上直接购买"贸易油"或直接投资海外从而获得分成的"份额油"不同。贷款换取原油的价格通常实行浮动机制，随行就市。

（3）作为"贷款换石油"协议谈判对象的资源国，一般不是自身优势较明显的中东石油生产国，也不是地缘政治风险极高的国家，而都是一些与中国一样的新兴国家，其内外部的投资环境相对稳定，在应对金融危机情况下对外国资本有迫切的需求。

（4）目前来看，中国与签订"贷款换石油"协议的资源国之间实现了利益"共赢"，双方各取所需。中国利用充足的外汇储备向资源国提供贷款换取国内进口量巨大的原油供应，可以通过长期合同保障国内原油供应，而资源国引入贷款可用于偿还债务应对金融危机，或缓解大型石油公司的资金短缺困境。

对外签订"贷款换石油"协议，中国最基本的考虑便是稳定国内原油供应，实现石油的多元化进口，这种协议对于能源安全具有重要的意义。如上所述，"贷款换石油"协议一般不介入资源国的石油勘探开发，故而降低了中方石油公司"走出去"开发石油的各类风险，在中国与资源国之间实现了"共赢"。而且，中国提供的贷款并不附带任何政治条件，也易于被资源国所接受。除了这些表面上的积极影响之外，这种"贷款换石油"协议也对树立中国的良好国际形象、后期有机会进入资源国参股进行上游石油开发等方面，[①] 也有一些潜在的影响。所以，中国创新的这种"贷款换石油"协议在特定历史条件下有其积极的意义。

但是，我们也要清醒地看到，这种协议有其不可避免的风险：

首先，这种合同多以 15—25 年为限，而合同的签订背景又是基于金融危机这样一个特定的历史条件，故我们无法预测在较长期限内，如果全球经济复苏，资源国对外国资本的迫切需求减弱，则可能会使得"贷款换石油"协议签订时的重大情势发生变更。这种

---

① 俄罗斯石油公司 Rosneft 与中石油达成了在巴伦支海大陆架和伯朝拉河流域进行合作的初步共识。同时，双方的合作还涉及东西伯利亚 8 个许可区段。中国与哈萨克斯坦签订"贷款换石油"协议，使得中石油有机会购买了哈萨克斯坦第五大石油公司曼吉斯套（Mangistau）47% 的股份。中国与委内瑞拉签订的"贷款换石油"属于上下游一体化的"利益共同体"，双方合作设立合资公司或互相控股，形成了交叉投资。

协议不同于双方合作勘探开发石油的传统协议，外国石油公司可以实际控制并跟踪原油的开采过程。因而长期来看，"贷款换石油"协议的稳定性恐会受到影响。

其次，资源国或资源国的国家石油公司向中国每年提供定量的原油供应的价格通常实行浮动价格机制，尽管双方采纳了几种原油市场的加权价格，但资源国采取加大石油出口税等措施，可能会使得中国提供的固定贷款及相对固定的贷款利息最终并不能拿到预期数量的原油供应。

最后，"贷款换石油"协议真正让中国忧虑的是，这种协议对资源国的履约能力不能做出很好的预测。该协议中的石油和贷款将金融领域和石油贸易领域的两个协议联结在一起，而石油作为资源国还贷的担保抵押，却并不真正掌握在中方手中。

不过，总体来看，"贷款换石油"协议仍是中国石油海外战略中比较成功且值得推广的尝试。当然，单纯的"贷款换石油"协议风险较大，而如果将该协议的内涵进一步延展，作为与资源国进行石油工业上中下游合作的一环，无疑这种协议具有积极的意义。

三　跨境管道建设为稳定性条款提供的新维度

中国第一份与俄罗斯之间的"贷款换石油"协议的履行，带动了中俄之间跨境管道建设的发展。在此之前，中国与哈萨克斯坦于2004年5月17日签署了铺设阿塔苏—阿拉山口的输油管道原则协定。2005年12月15日石油管道一期工程竣工投产。目前，中国已经初步形成了东北（中俄）、西北（中哈）、西南陆上（中缅）和海上（经马六甲海峡）四大油气进口通道的战略格局。跨境管道建设是指为实现石油产品从资源国到消费国的运输，跨越两个以上的国家或地区建设的石油输送通道，实现石油的跨境直接流动。尽管全球为建设跨越国境的油气管道进行国际合作的历史已有50多年，但目前尚没有专门针对跨国石油管道运输的统一的国际法律制度。

　　这种跨境管道建设项目合同不仅涉及多个东道国之间的横向关系，还涉及每一国与国际贷款机构、（国有的或私有的）石油公司、资源国和消费国等与管道项目有关的各种主体之间纵向的关系。这种错综复杂的关系，使得能源投资合同中稳定性条款的设计面临着前所未有的挑战。

　　在对这一新问题进行研究时，《能源宪章条约》（ECT）秘书处起草了"国家间协议"（IGA，Inter-governmental Agreement）与"东道国协议"（HGA，Host Government Agreement），其中包含了稳定性条款的范本，它规定：

　　　　如果［某国］法律（包括与税收、卫生、安全和环境有关的任何法律）在本协议生效后发生任何变化（无论这一变化是项目特定的还是一般意义上的），使得本协议或其他协议下设定的经济平衡被打破或在一定程度上受到直接或间接的负面影响时，东道国应采取一切措施恢复之。法律的变化包括［某］法律的修改、撤销、取消、终止、失效，［某］法律的制定、颁布、签发，［某］法律的解释或适用（无论是法院、执行或立法机构、行政或管理机构），决定、政策、司法机关或仲裁庭和法庭或当地政府的其他类似行为，管辖权的变化，司法拒绝或失败，机构、仲裁庭和法庭和/或当地政府采取措施、运用权力或执行［某］法律（法律的变化）。[①]

　　地区性的实践如西非天然气管道项目（West African Gas Pipe-line Project）和BTC石油管道（Baku-Tbilisi-Ceyhan Oil Pipeline），

---

① H. G. Agreement, Article 31. 3. see Energy Charter Treaty Secretariat website: www. encharter. org.

也通过"政府间协议"或"东道国协议"对合同的稳定性做了必要的尝试。BTC 管道项目中与阿塞拜疆签订的东道国协议中对东道国的征收行为设计了稳定性条款，"如果国家机构对该项目采取任何征收行为，仅当这种征收符合下列条件时才可为：为公共利益目的；非歧视；法律程序正当；依规定已支付赔偿"[①]。

从这些仅有的国际实践中，我们发现，国际能源投资合同稳定性条款面临的新挑战主要表现在以下几个方面：

首先，跨境管道建设项目因其合同关系的复杂性，可能出现多个东道国或多方当事人。如在 BTC 管道项目中，涉及 78 个当事方，包含有 208 份财政文件，这些文件上包含了 17000 个签名。[②] 这些合同中不仅有约束投资者与东道国的契约，还可能有约束国家间的协议。对于多方当事人之间防范东道国的政治风险，则可能通过"项目协议"来约定，而对于诸多东道国之间的政治风险稳定性，则可能要通过国家间协议来实现。因此，建立包含能源投资合同稳定性条款和涉事国条约中的稳定性制度在内完善的稳定性体系是解决跨境管道建设项目对稳定性条款提出的挑战的根本之策。

其次，传统的稳定性条款已经不能满足这么复杂的合同关系，要协调所涉各国的法律稳定性和规定各异的征收补偿制度，需转向现代稳定性条款，解决因过境国的法律改变而致使利益方的利益被损害或被影响时，如何进行补偿以恢复其利益的问题。

再次，与跨境管道建设项目中的稳定性条款相关的问题是能源投资合同的仲裁管辖和适用法律条款。如前所述，因跨境管道建设项目不仅包括资源国、投资者以及其他所涉各方的所属国等，还可能包含诸多过境国，因此在能源投资合同中约定仲裁管辖和法律适

---

① Peter D. Cameron, *Stabilisation in Investment Contracts and Changes of Rules in Host Coutries: Tools for oil & gas investors*, AIPN, 5 July 2006, p. 48.

② Peter D. Cameron, *International Energy Investment Law: The Pursuit of Stability*, Oxford University Press, 2010, p. 98.

用时，必须考虑是否包括东道国对国际仲裁的管辖豁免和执行豁免。

第五节　小结

国际能源投资合同的模式经历了租让制合同、产品分成合同、服务合同等演进，这些合同模式中的不同因素为稳定性条款的效力提出了不同的挑战。尽管能源投资合同模式的演进与稳定性条款的发展在时间上并不能完全一一对应，但这些稳定性条款均服务于外国投资者"冻结东道国法律""稳定合同经济平衡"等目标。慢慢随着国际能源投资合同实践的发展，越来越要求综合运用这几种稳定性条款，配合使用达到不同的稳定目标。合同实践中采用这种综合的方法，无可非议，但是对于理论研究而言，我们必须弄清楚每一种稳定性条款在能源投资合同模式中所提出的挑战能否得到妥善解决。否则，将可能导致国际能源投资合同稳定性条款之"无效说"甚嚣尘上。这就要求我们更为细致地考察稳定性条款起作用的各种因素及仲裁实践中仲裁员对稳定性条款效力认定的意见。跨境管道项目的发展为设计出一套更为复杂综合的国际能源投资合同稳定性条款提出了新的大挑战。

第 七 章

国际能源投资合同稳定性
条款的理论基础构建

第一节　对国际能源投资合同稳定性
条款"无效说"的评判

如前所述，国际能源投资合同模式从租让制合同演进至产品分成合同、服务合同，为稳定性条款提出了各种挑战，这也是导致学者对稳定性条款效力产生无效说与有效说两种相互对立立场的原因所在。实际上，仔细审视"无效说"的学者观点，发现支持其结论的论据本身及论证方法不无问题。

"自然资源永久主权原则"是支持稳定性条款"无效说"的重要论据。"无效说"认为"自然资源永久主权原则"这一国际法的强行法规则为稳定性条款的适用设置了障碍。肯定稳定性条款效力的仲裁庭则认为对外资进行征收和继后立法是一种行使主权的当然表现，而自我限制主权稳定性外资关系也恰是另一种行使主权的表现形式。"准据法论"则认定东道国国内法的改变会影响能源投资合同中稳定性条款的效力。这一论据将东道国的国内法当然地作为国际能源投资合同的唯一准据法，且将准据法僵化处理。这两种论据都无视国际能源投资合同的准据法差异，片面脱离准据法而探讨稳定性条款在国内法或国际法中的效力，这种论证方法好似无源之水、无本之木。合同关系的稳定性，从仲裁目的来看，在能源投资合同（或其他的制度）中规定稳定性条款是第一位的，而国际法作为支配法律是第二位的。已有的那些国际仲裁裁决均基于一种指向国际仲裁的联结因素。[①] 即使国际法未作为支配合同法律的最基本因素，仲裁庭也会决定将投资合同"国际化"（internationalize）并适用国际法。[②] 规定国际法（包括但不限于 BIT）或一般法律原则（如公平公正待遇标准）作为支配合同的准据法也可以实现合同关系的稳定化。这不过是因为东道国国内法更易受该国突然变法的影响，相比而言，国际法或一般法律原则相对较为稳定可以给予外国投资者更多的安全感，使得长期投资项目比较不容易受到法律变化带来的负面影响，从而达到稳定合同关系的目的。从法律适用条款的作用和价值来看，选择国际法或一般法律原则作为支配合同的法律，就成为"间接的或变相的稳定性条款"[③] 在起作用，与选择东道国国内法作为支配合同的法律并规定稳定性条款，均可以起到稳定合同关系、保护外国投资者的长期权益的作用。通常情况下，国内法对政治风险的保证只是一种单方面的承诺。从国际法的角度看，这种国内法的保证只是属于一种国内法契约关系，更为有效地防范政治风险还必须借助于国际条约。[④] 所以，国际法和东道国国内法一起作为国际能源投资合同的准据法较为常见（这一灵感来自于 ICSID 实践），但几乎很少发现国际法作为唯一的国际能源投资

---

① Joseph Nwaokoro, *Enforcing Stabilization of International Energy Contracts*, *Journal of World Energy Law & Business*, 2009, art4.

② Peter D. Cameron, *Stabilisation in Investment Contracts and Changes of Rules in Host Coutries: Tools for Oil & Gas Investors*, AIPN, 5 July 2006, p. 73.

③ E. Jimenez De Arechaga, *The Lexmercatoria and International Contracts: A challenge for International Commercial Arbitration?* 14 (3) Am U Int' l L Rev 657 –734.

④ 聂名华、颜晓晖：《中国对东盟直接投资的政治风险及其法律防范》，《当代亚太》2007年第 1 期，第 20 页。

合同的准据法。[①]

"合同主体论"将现代能源投资合同中东道国国有石油公司直接订立的稳定性条款效力加以否定，不能约束东道国的继后立法行为。当然，当与外国投资者签订能源投资合同的当事人不是东道国，而是东道国的国有公司，随之而产生的政治风险会更多一些。如果东道国是直接签订投资合同的当事人，当其违反了稳定性条款时可以追究其违约责任；但当与投资者签订合同的是东道国授权的国有公司时，因为东道国不直接受合同的约束，则当东道国通过立法命令撤销能源投资合同时，只能追究其"规制式征收"的国家责任，而仲裁庭在将国家的规制措施行为归于征收时一般持谨慎态度，或者在东道国与其国有公司之间"揭开法人的面纱"，追究相应的责任。[②] 几乎没有一个统一的、万能的标准，决定什么样情况下将国有实体的行为归于国家。[③] 然而实践中存在的政府保证、政府与其国有公司共同签订能源投资合同、政府立法确认合同、政府对合同进行审批等方式，可以使得能源投资合同的稳定性条款不仅约束东道国国有公司，也同样约束东道国。

"越权论"从国内"三权分立"的原则出发，认定签订能源投资合同的政府机构或国有石油公司对外做出不予继后立法承诺的违法性。这一论据显然也将国际能源投资合同的准据法唯一化为东道国的国内法。除此以外，政府机构或国有石油公司所签订的包含有稳定性条款的国际能源投资合同并不禁止国内立法机关行使其立法权，只是在职权范围内选择性地稳定能源投资合同的准据法，承诺

---

① A. F. Maniruzzaman, "The Pursuit of Stability in International Energy Investment Contracts: A Critical Appraisal of the Emerging Trends", *Journal of World Energy Law & Business*, Vol. 1, No. 2, 2008, p. 125.

② Thomas W. Waelde & George Ndi, *Stabilizing International Investment Commitments: International Law Versus Contract Interpretation*, 31 Tex. Int'l L. J. 1996, p. 215.

③ A. F. M. Maniruzzaman, *The LexMercatoria and International Contracts: Achanllenge for International Commercial Arbitration?* 14 Am U Int'l L Rev 657, 730.

国内立法机关的继后立法并不适用于其签订的能源投资合同。这是政府机构或其授权的国有石油公司在签订能源投资合同时的职权所在，与国内三权分立的基本原则并不相悖。

"情势变迁"原则是合同履行的基本原则之一，指当发生与合同订立时重大变更的事由时，允许当事人免除履行责任或变更履行。这一原则是在合同成立或生效基础上的具体履行原则，以此原则逆推能源投资合同及其中的稳定性条款无效，显属逻辑错误。实际上，情势变迁原则并不是对稳定性条款效力的否定，而是在新的情势下追求合同当事人双方利益平衡的变通履行，恰恰是现代稳定性条款所追求的目标，即通过变更履行实现合同关系的稳定、合同双方当事人利益的平衡。

第二节　架构国际能源投资合同稳定性条款的理论基础

通过评判国际能源投资合同稳定性条款"无效说"的论据，在此应强调稳定性条款"有效"。国际能源投资合同中的稳定性条款可以在一定程度上起到稳定石油投资关系、应对东道国的政治风险的作用。东道国单方实行国有化变更能源投资合同中的稳定性条款，在合同签订后修改合同所赖的东道国的相关法律制度给外国投资者的合同权利带来损害，则根据稳定性条款的约定，东道国理应承担相关责任。但是除了依据合同约定必须遵守的私法规定之外，还存在国际投资领域的公平公正待遇、保护投资者的合理期待等理论可以成为稳定性条款的理论依据，也是稳定性条款效力认定的基础。

一　合同的神圣性是稳定性条款产生的逻辑起点

（一）合同的神圣性原则之理论阐述

合同是双方当事人意思表示一致的产物，也是双方互相做出的允诺。合同首要的原则是"合同自由原则"。这里的"合同自由"，含义之一即合同双方当事人意志自由做出允诺，自愿接受合同的约束力。合同一方当事人或其中的受要约人之所以依赖允诺，是因为他们希望从依赖中获益，同时他们也意识到了遵守诺言的社会实践，他们知道大多数人都遵守其大部分允诺，并且他们认为立约人将承认这一道德义务，即服从要求必须遵守允诺的社会实践规则。[①]合同其次的原则便是"合同的神圣性原则"（the sanctity of contract)，这是英美法系的称谓。在大陆法系中，这一原则称为"契约必须遵守"（pacta sunt servanda）原则，就这条原则的原有意义而言，指的是民商事关系当事人之间一旦依法订立了合同（又称契约），对于约定的条款，必须认真遵守和履行。该原则与被称为大陆法系中民法之"帝王条款"的诚信原则同为一理。它们均要求合同当事人行使权利或履行义务的方法和结果都必须合乎诚信的要求，最终使得当事人之间利益以及当事人利益与社会利益之间均趋于平衡。"契约必须遵守"这句古罗马法谚在法学和伦理学领域一直被视为一个不能继续追问的先验性命题。[②]

表面上，英美法系之"合同的神圣性"与大陆法系之"契约必须遵守"并无多大区分。如果一定要区分二者的话，"合同的神圣性"强调遵守合同系其道德义务或称道德对价；而"契约必须遵守"则将遵守合同的原因归于法律义务或法律责任。但是如果我们试图用这些强调因素来解释上述两个原则，则可能"最终陷入一个倒果为因的逻辑陷阱"[③]。一般意义上，"合同的神圣性，……是保

---

① ［美］亨利·马瑟：《合同法与道德》，戴孟勇、贾林娟译，中国政法大学出版社2005年版，第12页。

② 桑本谦：《契约为何必须遵守》，《法制与社会发展》2004年第2期，第26页。

③ 同上书，第22页。

证当事人双方遵守契约并保证尽量少使用逃避合同义务的手段"①。只有当发生了情势重大变更后，才可能免除当事人的履行义务，且"这种事变其性质必须是非常之严重且重要，以至在情况变化后执行合同就等于在执行不同于原为当事人利益所订立的合同"②。但是，在英美法系中"合同的神圣性"还有更深层次的含义，即指不允许一方以支付损害赔偿金的方式来替代其履行行为或改变其对另一方当事人的义务。实质上这里涉及对守约与违约之间的博弈，如果违约比守约的成本更小的话，会客观上纵容合同当事人不履行合同，而选择支付损害赔偿金的方式承担违约的法律责任。也就是说，合同神圣，并非以合同为终极目的，而在于确保合同这一"工具"所追求的目标的实现。合同应当严守并付诸实际履行是合同履行的首要之意。③故而，在此强调缔结合同本身产生了履行该合同的道德对价，虽有"务虚"之嫌，但也彰显了笔者的美好愿望。故本书中，笔者偏好于采用"合同的神圣性"这一表述。

（二）合同的神圣性与稳定性条款的关系

"合同的神圣性"这一原则，传统上默示要求作为合同基础的各种情况须保持不变，尤其指合同签订时的法律、财务状况等应在合同有效期内维持稳定性。国际能源投资合同一般为长期合同，又系资本密集型项目，外国合同者自垫资本、自担风险，进入资源国勘探开发石油资源，必然希望资源国涉及石油勘探开发的法律、财务状况、优惠政策等在较长合同有效期内继续保持稳定不变。如果外国合同者能从资源国得到这一担保，则其有如吃了一颗"定心丸"。如果资源国罔顾外国合同者的合同利益朝令夕改，不断对国际能源投资合同签订之初所赖的各种法律或政策进行单方修改，或

①　[英] A.G.盖斯特：《英国合同法与案例》，张文镇等译，中国大百科全书出版社1998年版，第6—7页。

②　同上。

③　沈幼伦：《合同法教程》，北京大学出版社2008年版，第108页。

在合同签订后以种种借口不履行国际能源投资合同义务，则外国合同者会有"套牢"之感觉，必定影响其投资信心，资源国在国际上的信誉也会受到不良影响。[①]　在国际仲裁实践中，合同一方当事人常常很自然地以对方当事人违反了"合同神圣性"原则为由主张对方未履行合同义务的违约责任。这在 Electrabel v. Hungary 案[②]、Biwater v. Tanzania 案[③]、Enron v. Argentina 案[④]、CMS v. Argentina 案[⑤]中均有论及。

但是，合同的神圣性原则只能是稳定性条款的逻辑起点，并不能绝对化理解。现代国际投资法中，资源国对其境内自然资源和经济活动的永久主权使其不可能放弃对内的立法权，这是资源国主权不可分割的组成部分。资源国也不可能为了刻意迎合一些与外国合同者签订的国际能源投资合同（大部分可能还是资源国的国有石油公司代表其签订的），而长期放弃对内立法权和规制权，这是不现实的。[⑥]　故而，如传统意义上那样严格坚守合同的神圣性原则，保持国际能源投资合同的绝对稳定性而冻结合同签订时的法律，在国际投资实践中已渐渐失了原形。从合同的神圣性原则这一逻辑起点出发，国际投资实践为这一原则提供了新的注解，即尊重双方当事人的意思表示，如果资源国违反国际能源投资合同中的稳定性条

---

①　Rudolf Dolzer and Christoph Schreuer, *Principles of International Investment Law*, Oxford University Press, 2008.

②　Electrabel S. A. v. The Republic of Hungary, ICSID Case No. ARB/07/19, 30 November 2012.

③　Biwater Gauff (Tanzania) Limited v. United Republic of Tanzania, ICSID Case No. ARB/05/22, July 24, 2008.

④　Enron Corp. and Ponderosa Assets LP v. Argentina, ICSID Case No ARB/01/3, Award, IIC292 (2007), 15 May 2007, IIC 318 (2007), 3 Oct. 2007.

⑤　CMS Gas Transmission Co. v. Argentina (2005), ICSID Case No. ARB/01/8, Award of 12 May, 2005.

⑥　杜萱：《对国家契约非稳定性的探讨》，《法律科学》（西北政法大学学报）2012 年第 3 期。

款，则须对外国合同者基于合同稳定性所享有的合同权利受到的损害进行赔偿。最终创造了一种新的更具魅力的"均衡状态"，[①]这一状态意味着合同双方的利益冲突在某一时刻得到了缓解，真正实现国际能源投资合同的动态稳定。

二 公平与公正待遇是稳定性条款产生的必要基础

(一) 公平与公正待遇的主要渊源

公平与公正待遇（Fair and Equitable Treatment）是国际投资保护中的绝对待遇标准之一。在二战结束后，国际社会决定筹建国际贸易组织（简称 ITO），1948 年在哈瓦那通过的《国际贸易组织宪章》中首次规定了公正与公平待遇（Just and Equitable Treatment）标准，该公约第 11 条第 2 款"应一成员国对来自另一成员国的企业、技能、资本、艺术品和技术提供公正与公平的待遇"。同年举行的美洲国家第九次国际会议签订了《波哥大经济协定》，也提出了"公平待遇"（Equitable Treatment）标准。虽然这两个文件最终都因故未生效，但却极大影响了国际投资条约的实践。而稳定性条款基本就产生在这个时代。

美国在其对外签订的大量的友好通商航海条约（FCN）开始关注公平与公正待遇标准。在 20 世纪 60 年代之前美国对外签订的 FCN 中还采用公正待遇（Equitable Treatment）这一称呼。从 1983 年起美国的各个 BIT 范本中都在投资待遇一条纳入了公平与公正待遇原则，第 2（4）条中，明确要求缔约方授予在其境内的另一缔约方的国民或公司的投资以公平与公正待遇；同时，该版本的序言部分也规定"同意缔约一方对位于其领土范围内的另一缔约方的国民或公司以国籍为基础的差异与稳定的投资框架或经

---

① A. F. Maniruzzaman, *Drafting Stabilization Clauses in International Energy Contracts: Some Pitfalls for the Unwary*, International Energy Law & Taxation Review, I. E. L. T. R2007, 2, 23 – 26.

济资源的最大化利用并不一致"。1984 年范本更加明确地在序言中规定："同意授予投资以公平与公正待遇，以便维持稳定的投资框架和经济资源的最大化利用。"但其在投资待遇部分却删除了之前版本要求"维持一个良好的投资环境"的要求。1984 年版本中的表述几乎为后面的几个版本所沿袭，直到 1991 年版本序言中，规定"同意一个稳定的投资框架将会促进最大限定地有效利用经济资源并提高国民生活水平"，投资待遇部分仍基本保留之前版本授予公平与公正待遇的规定。从提出公平与公正待遇这一概念，美国一直未对这一待遇标准进行明确限定，直到 2004 年版本美国将公平与公正待遇置于最低待遇标准之下，并尝试对公平与公正待遇的含义进行限定，但大致限定在不得拒绝司法并要求正当程序方面。[①] 美国 2012 年 BIT 范本在相应规定方面保留了2004 年版本的表述。

（二）公平与公正待遇与"稳定的法律和商业环境"要素

正因为美国官方几乎从未对公平与公正待遇原则做出明确的界定，有关公平与公正待遇的确切含义一直以来在国际理论界和实务界争议不断，尤其体现在 NAFTA 受理的诸多仲裁案例中仲裁庭天马行空的解释方面。近年来，NAFTA 受理的投资仲裁案件中，公平与公正待遇条款是投资者向东道国索赔时援用频率最高的法律依据之一，[②] 也有学者仿照民法典中的诚实信用原则，将公平与公正待遇原则尊奉为国际投资法的"帝王条款"。[③] 2001 年 NAFTA 自由贸易委员会特意发布关于第 1105（1）条的解释声明，以此为分水

[①] 王辉：《公平公正待遇标准：美国经验与启示》，《长江论坛》2011 年第 6 期。

[②] 余劲松：《外资的公平与公正待遇问题研究——由 NAFTA 的实践产生的几点思考》，《法商研究》2005 年第 6 期。

[③] Rudolf Dolzer, *Fair and Equitable Treatment: A Key Standard in investment Treaties*, Vol. 39, No. 1, Spring 2005, p. 91；徐崇利：《公平与公正待遇标准：国际投资法中的"帝王条款"?》，《现代法学》2008 年第 9 期。

岭，NAFTA 对公平与公正待遇的仲裁实践呈现较为明显的特征。在该声明发布之前，仲裁庭几乎对每一项中诉请求的裁决都放一部分精力在论证是否违反了公平与公正待遇的问题上。这种对公平与公正待遇过于宽泛的解释引得各方意见众说纷纭，使得向来奉行投资者保护至上原则的美国、加拿大都深感难以接受。典型的仲裁案例如 Metalclad 案①、S. D. Mayers 案②、Pope & Talbot 案③等。其中 S. D. Mayers 案中，仲裁庭认为其他待遇标准都是公平与公正待遇的具体规定和表现，将本案中的国民待遇条款与公平公正待遇条款相关联，裁决东道国违反公平与公正待遇。而在上述声明中，明确"其他条款的违反不能被认为同样违反了公平与公正待遇条款"，在一定程度上限制了仲裁庭过分偏袒投资者的立场。

　　关于公平与公正待遇包括的要素存在着不太一致的观点。在上述典型案例之后的一系列案例中，逐渐明确了构成违反公平与公正待遇的情形。典型的如在 EDF v. Romania 案④中，仲裁庭首次提出公平与公正待遇的若干要素，包括透明度、稳定性、保护投资者的合理期待、善意履行、防止强迫和侵扰、遵循合同义务等。⑤ 国内外学者中尽管就公平与公正待遇所包含的要素仍不能达成统一的观点，但基本就适用公平与公正待遇的一般适用标准及构成要素慢慢

---

① Metalclad Corp. v. United Mexican States, Award（ICSID（Additional Facility）Case No. ARB（AF）/97/1, Aug. 30, 2000, 16 ICSID Rev. – FILJ（2001）, 168.

② S. D. Mayers Inc. v. Canada, Partial Award, Ad hoc-UNCITRAL Arbitration Rules, IIC 249（2000）, 40 ILM 1408, 13 Nov. 2000.

③ Pope and Talbot Inc. v. Canada, Interim Award, Ad hoc-UNCITRAL Arbitration Rules, IIC 192（2000）, 26 June 2000, Award on the Merits of Phase 2, IIC 193（2001）, 10 April 2001.

④ EDF（Services）Limited v. Romania, ICSID Award, Case No. ARB/05/13, para. 104.

⑤ 张正怡：《论 ICSID 仲裁庭对公平公正待遇标准的发展》，载《仲裁研究》第 27 辑，法律出版社 2011 年版。

形成一些共识。① 基本上，公平与公正待遇至少应该包括以下两个基本要素：稳定的法律和商业环境、投资者的合理期待等。在实践中，论述"稳定的法律和商业环境"与"公平与公正待遇原则"之间的关系时，仲裁庭的推理较为相似。在 Azurix v. Argentina 案②中，美国 Azurix 公司从阿根廷取得一项长达 30 年的特许协议，但在协议履行过程中，该公司受到了来自阿根廷各种法律法规的很多阻挠。该案仲裁庭指出，从字面意思上理解美阿 BIT 中的"公平""公正"，则意味着缔约国应做到不偏不倚、无歧视、合法等，结合该 BIT 序言中的规定，东道国应为投资者提供一个稳定的投资框架，由此判定阿根廷政府的做法没有为投资者提供稳定的投资环境，从而违反了公平与公正待遇义务。另外，在 Enron v. Argentina

　　① 如 Thomas W. Walde 教授认为包括：投资合理期待的保护及与之相结合的透明度原则、善意原则、权力滥用及专横的禁止等。参见 Thomas Walde, *Investment Arbitration under Energy Charter Treaty: An Overview of Selected Key Issues Based on Recent Litigation Experiences*, *Arbitrating foreign investment disputes*, edited by Norbert Hom, Kluwer Law International, 2004, PP..208 - 209. 又如 Rudolf Dolzer 教授认为，公平与公正待遇标准包括正当程序和不得拒绝司法。参见 Rudolf Dolzer, *Fair and Equitable Treatment: A Key Standard in investment Treaties*, Vol 39, No. 1, Spring 2005, P. 93. OECD 的工作报告中指出，仲裁庭在解释公平与公正待遇标准时……尝试去确定该标准所包含的要素，如适当注意及保护、正当程序、透明度、善意、自治性的公正要素等。参见 OECD, *Fair and Equitable Treatment in International Investment Law: Working Paper on International Investment*, number 2004/3, September 2004, P. 26 and P. 38. 国内学者中，余劲松和梁丹妮认为包含四个要素：要求提供稳定的和可预见的法律与商业环境、投资者的基本预期、不以"恶意"为条件、违反公平公正待遇要承担赔偿责任。见余劲松、梁丹妮：《公平公正待遇的最新发展动向及我国的对策》，《法学家》，2007 年第 6 期。杨慧芳副教授认为应包含：善意原则、透明度要求、稳定的法律和商业环境、投资者合理期待的尊重和正当程序原则。见杨慧芳：《外资公平与公正待遇标准的要素评析》，《法学评论》，2009 年第 3 期。徐崇利教授总结了西方学者归纳的 11 种情形，包括：违反正当程序、实行专断的和歧视性措施、损害外国投资者合法期待、缺乏透明度、未提供稳定的和可预见的法律和商务框架、采取强制和侵扰行为、以不适当之目的行使权力、东道国政府部门越权行事、未尽适当审慎之义务、不当得利、非善意。参见徐崇利：《公平与公正待遇：真义之解读》，《法商研究》，2010 年第 3 期，第 60 页。
　　② Azurix Corp. v. Argentina, ICSID Case No ARB/03/30.

案①、CMS v. Argentina 案②、LG&E v. Argentina 案③、Sempra v. Argentina 案④等，均涉及美国的能源公司以美阿 BIT 为基础对阿根廷政府提起国际仲裁。在这几起案子中，仲裁庭均认定阿根廷政府未依照 BIT 规定为美国海外投资者提供稳定的法律和商业环境，从而构成对公平与公正待遇义务的违反。⑤ 尤其是 2005 年的 CMS v. Argentina 案中，仲裁庭以美阿签订的 BIT 为依据，认为条约序言明确表明公平与公正待遇原则的一个主要目标就是"维护稳定的投资框架和经济资源的最大化利用"，因此"稳定的法律和商业环境"（stable legal and business environment）无疑是公平与公正待遇的一个必要因素。在该案中，仲裁庭认为阿根廷政府根据《紧急状态法》所采取的措施实质完全改变了投资者进行投资所依赖的法律和商业环境，因而认定阿根廷政府的行为构成了对公平与公正待遇原则的违反。该案中，仲裁庭首次对公平与公正待遇原则的内涵做出解释，并将"稳定的法律和商业环境"作为认定该原则标准的单一要素，之后，在其他案件中，仲裁庭在论证公平与公正待遇原则时才慢慢引入了其他几项要素。2004 年的 OEPC v. Ecuador 案⑥，也是美国投资者对外进行投资并适用公平与公正待遇原则的一个典型案例。OEPC 作为一家设在厄瓜多尔的美国投资者投资的石油勘探

① Enron Corp and Ponderosa Assets LP v. Argentina, ICSID Case No ARB/01/3, Award, IIC292 (2007), 15 May 2007, IIC 318 (2007), 3 Oct. 2007.

② CMS Gas Transmission Co. v. Argentina (2005), ICSID Case No. ARB/01/8, Award of 12 May, 2005.

③ LG&E Energy Corp &ors v. Argentina, Decision on Liability, ICSID Case No. ARB/02/1, IIC 152 (2006), (2007) 46 ILM36, 3 Oct. 2006.

④ Sempra Energy International v. Argentina, Award , ICSID Case No ARB/02/16, IIC 304 (2007), 18 Sept. 2007.

⑤ 韩缨：《国际投资协定中"公平与公正待遇"之趋势——ICSID 最新仲裁案例评析》，《社会科学家》2010 年第 9 期。

⑥ Occidental Exploration and Production Company v. The Republic of Ecuador, Final Award, LCIA Case No. UN3467 of 1 July, 2004, 43 ILM 1248 (2004).

和生产公司，厄瓜多尔政府实施的措施取消了该公司先前享有的增值税退税政策，厄瓜多尔以一种重要的方式改变了投资实施及运营的稳定框架，仲裁庭认定，尽管美国与厄瓜多尔间的 BIT 中并未明确限定公平与公正待遇原则，但该条约的序言中明确规定，"为维护稳定的投资框架和经济资源的最大化利用"，其应承担未授予公平与公正待遇的责任。

大部分的仲裁裁决中，仲裁庭将东道国违反提供"稳定的法律和商业环境"作为其公平与公正待遇原则的一个必要因素。由此看出，以美国为代表的 NAFTA 成员基本坚持将公平与公正待遇作为缔约国的独立的实质性法律义务对待。但也有个别仲裁庭持相反意见，如 CCC v. Argentina 案①中，仲裁庭排斥将条约序言中的稳定的投资法律框架作为一项实质性的法律义务和条约所追求的目标。这也许就是美国 2004 年 BIT 版本中尝试对公平与公正待遇进行初步限定的缘由所在。

综上可知，国际上对公平与公正待遇原则的确切含义及其构成要素虽未达成完全一致，也从未明确规定"稳定的法律和商业环境"是否确定性地可归因于东道国公平与公正待遇义务的违反。在具体仲裁实践中，仲裁庭常常将东道国的法律法规、管理制度的变化归结为投资所赖稳定的法律和商业环境的破坏，并从其 BIT 序言中所包含的"维持稳定的投资环境"这样的说法出发，将原本笼统的 BIT 序言装进含义仍不明确的公平与公正待遇这个"大口袋"里，仲裁实践中仲裁庭的这种宽泛解释并不足为怪，表现出"法官造法"（judge-made law）倾向。

---

① Continental Casualty Co. v. Argentina, Award, ICSID Case No. ARB/03/9, IIC 336 (2008), 5 Sept. 2008.

三　保护投资者的合理期待是稳定性条款的合理性依据

（一）合理期待理论的产生背景

"合理期待"（legitimate expectations）源自西方国家行政法，覆盖实体事项和程序性事项。在英国公法中，合理期待要求公权力主体在关乎私法主体的立法、行政和司法等方面须具有确定性和可预见性。如果公权力主体的行为引起相对人对其未来行为的正当期待时，公权力主体应满足这种期待，公共利益例外。在德国公法中，合理期待的概念或可理解为"信赖保护"（trust protection），是指私人基于一定的法律或事实对公权力主体的措施或行为产生一定的信赖，当这种信赖是合理的且值得保护时，公权力主体不应随意撤废这种措施或行为，如出于公共利益的紧急需要必须撤废这种措施或行为时，应给予私人相应的补偿。这一新兴原则起源于欧洲大陆法系国家，现已为其他各国效仿、继受与发展。近年来，合理期待原则逐渐渗入国际投资领域，有学者称："广泛运用在宪法、欧盟法律以及多数发达国家和欠发达国家的行政法中，保护政府正当承诺产生的'基于投资的合理期待'这一概念最近已经被认为是适用（公平与公正待遇）标准的重要组成部分"①，慢慢成为现代投资保护的重要元素。美国国内法中，法院将"投资者期待"作为判断政府征收是否违反宪法第五修正案的考虑因素。而在国际投资仲裁案件中，仲裁庭常常将"投资者的合理期待"适用于分析是否违反公平与公正待遇原则及是否构成间接征收等情况。

如上所述，双边或多边投资条约对公平与公正待遇原则的确切含义及构成要素均没有明确的限定，但仲裁实践中基本达成共识，

---

① Thomas Walde, *Investment Arbitration under Energy Charter Treaty: An Overview of Selected Key Issues Based on Recent Litigation Experiences*, *Arbitrating Foreign Investment Disputes*, Edited by Norbert Hom, Kluwer Law International, 2004, p. 209.

认为公平与公正待遇原则至少应该包括稳定性的法律和商业环境、投资者的合理期待等。因而，仲裁庭常常关注东道国的行为是否保护了投资者的合理期待，将其作为分析东道国行为是否违反公平与公正待遇原则的决定性因素。在扩张公平与公正待遇内容的过程中，保护外国投资者的合理期待已成为最受诸多国际仲裁庭青睐的一个方面，有时，"合理期待"的概念似乎被用作解决所有未解决问题的万能药……可以清楚地看到，在过去的几年里，这一概念在解释公平与公正待遇时得到了最为重要的发扬。①

（二）投资者合理期待受保护的基本要件

2003 年的 Tecmed v. Mexico 案②在保护投资者合理期待方面具有里程碑式的意义。该案仲裁庭认为，根据国际法上的善意原则，缔约方给予缔约另一方的投资者的待遇应不影响后者设立投资时的基本预期（basic expectations），投资者期待东道国的行为具有一致性、不专断和透明，投资者可以事先知道支配投资的任何的和全部的法规和规章，从而计划自己的投资以遵守这些规定。然而该案中墨西哥政府的环保机构改变了已授予给 Tecmed 的无限期营业许可，要求其每年度更新，之后又拒绝延长许可并命令关闭工厂。墨西哥行为的模糊性和不确定性损害了投资者对投资环境及其根据许可所享有权利的基本预期，违反了对投资者合理期待进行保护的原则及公平与公正待遇原则。这一裁决为后面其他各个裁决所引用，但当时仲裁庭对投资者的期待还采用"基本预期"的表述方法。2006年的 LG&E v. Argentina 案③也是保护投资者合理期待原则的又一典

---

① A. Von Walter, *The Investor's Expectations in International Investmnet Arbitration*, in A. Peinisch & C. Knahr eds., International Investment Law in Context, Eleven International Publishing, 2008, pp. 173 – 182.

② Tecnicas Medioambientales Tecmed S. A. v. Mexico, Award of May, 2003, 43 ILM133 (2004); Thunderbird Gaming Corporation v. The United Mexican States, Award of 26 January, 2006.

③ LG&E Energy Corp &ors v. Argentina, Decision on Liability, ICSID Case No. ARB/02/1, IIC 152 (2006), (2007) 46 ILM36, 3 Oct. 2006.

型案例，该案仲裁庭引用了 Tecmed 案仲裁庭的观点并结合公平与公正待遇原则将投资者的期待表述为投资者的"公平期待"（fair expectations），之后总结归纳了投资者的公平期待有以下几个特征：[①]以投资者做出投资当时东道国提供的条件为基础；当事人之一不可能单方设定期待；这些期待的存在及实施必须依据法律；除非有必要，在东道国损害了投资者的期待情形下，应对投资者的损害承担赔偿责任；但是，投资者的公平期待必须考虑如商业风险或行业发展规律等参数。这些特征的总结为以后仲裁实践适用投资者的合理期待原则从而认定违反公平与公正待遇原则提供了依据，这样，相比于同为公平与公正待遇原则构成要素之一的"稳定的法律与商业环境"来说，仲裁庭在适用投资者的合理期待时显得更为谨慎且有据可依，其自由裁量权也稍显受制。根据以上几个特征，结合仲裁案例，在此笔者厘出在保护投资者合理期待时需考虑适用以下几个要件：

1. 基于东道国的承诺或行为而产生合理期待

在 Parkerings v. Lithuania 案[②]中，为判断投资者是否被剥夺了合理的基本期待，仲裁庭设定了四项判断标准。这些标准包括：（1）东道国对投资者做出了一个明确的承诺或担保；（2）投资者在进行投资时所考虑的东道国做出的默示的担保或表示；（3）东道国没有做出任何担保或表示；（4）但视签订协议当时的各种情况，仍有必要考虑投资当时的东道国的行为。在这几个标准中，第三个

---

①　原文为：It can be said that the investor's fair expectations have the following characteristics: they are based on the conditions offered by the host State at the time of the investment; they may not be established unilaterally by one of the parties; they must exist and be enforceable by law; in the event of infringement by the host State, a duty to compensate the investor for damages arises except for those caused in the event of state of necessity; however, the investor's fair expectations cannot fail to consider parameters such as business risk of industry's regular patterns. Id., para. 130.

②　Parkerings-Compagniet AS v. Lithuania, ICSID Case No. ARB/05/8, September 11, 2007, para. 331 – 334.

标准最为综合，也往往起决定性作用。在该案中，仲裁庭指出当时的立陶宛是一个转型经济国家，各种法律的修改频繁发生，而投资者已经尽了合理注意义务，不可能不事先预测到投资环境可能发生变化，其投资也是顺应法律环境的可能改变而构建。笔者在此将第第一、第二项标准合并在第四项标准中，因为东道国的行为可能表现为东道国明示的特定承诺，也可能表现为东道国的先前行为产生了默示的担保，使得投资者产生合理信赖。

明示的特定承诺，包括东道国向投资者做出的法律体系或税收政策将稳定不变的保证、继后立法不适用于特定投资项目的承诺、合同期内不予征收的允诺、政府官方所做的特定建议或意见等。在 Thunderbird v. Mexico 案[1]中，申诉人获得当地 SEGOB 官员的回复，即如果 Thunderbird 公司所使用的游戏机及运营的游戏项目都如其请求中所言，则 SEGOB 不会适用墨西哥法律中有关禁止游戏机的使用规定。该官员回复就是东道国所做的明示的特定承诺。在 Metalclad v. Mexico 一案[2]中，投资者听从墨西哥政府官员的建议，即如果提交建筑申请无疑能获得许可，基于此，Metalclad 公司开始着手建设垃圾处理厂，但最终这一申请未获得许可。这里墨西哥政府官员的建议即是代表东道国所做出的明示的特定承诺。

而东道国的先前默示行为，常表现为东道国向投资者颁发一定形式的许可证或执照、签订了投资合同等，这些先前行为使得投资者有理由信赖东道国政府提供的稳定的投资环境并做出投资，据此遭受东道国的后来行为，使得投资者的合理期待落空时，东道国须赔偿投资者的合理期待损失。在 MTD v. Chile 案中，涉及一个马来西亚的投资者 MTD 在智利建设一个新城镇，尽管该投资项目与智

---

① 但是本案中，墨西哥政府最终以 Thunderbird 公司的陈述存在错误或信息提供不完整等，认定 Thunderbird 公司所经营的系赌博业务，不应适用 SEGOB 官员的回复。

② Metalclad Corp. v. United Mexican States, Award, ICSID, Case No. ARB (AF) /97/1, Aug. 30, 2000, para. 87 – 89.

利城市规划政策不符，但却获得了智利外资委员会的批准。MTD
为取得土地、实施开发计划投入了大量资本，但后来却未能取得必
要的建筑许可。上述 Tecmed v. Mexico 案中，投资者 Tecmed 也是
对墨西哥政府所颁发的无限期营业许可产生了合理期待。在 CME
v. Czech 案中，CME 公司已经取得了由捷克传媒理事会颁发的广播
许可证后，在捷克境内运营电视台。然而捷克传媒理事会又出台了
一系列行政措施及强制性措施，并于 1999 年做出了没收 CME 公司
投资的决定。这里基于东道国政府的先前行为（颁发许可证等），
使得投资者产生信赖利益，而后东道国违背其稳定性的承诺或做出
相反行为，使得投资者的合理期待落空，理应承担法律赔偿责任。

除了东道国明示的或默示的行为产生合理期待以外，投资者认
为其投资当时东道国的法律法规和政策构成了一套东道国的承诺和
保证，如东道国吸引外资的优惠税收、转移及外汇兑付等，并对此
产生了信赖，如果在投资者实际进行了预期投入准备设业时，东道
国对之前的优惠政策或法律规定单方改变，使得投资者的信赖受
挫，则构成对投资者合理期待的违反。实际上，对于投资者而言，
证明其合理期待源于东道国的法律相对更为容易一些。在 OEPC v.
Ecuador 一案[1]中，厄瓜多尔税务当局取消了投资者 OEPC 先前享有
的增值税退税的有关规定，而这一规定已被投资者视为厄瓜多尔的
承诺并据以规划商业和经营活动。仲裁庭根据涉案 BIT 序言中要求
缔约国"维持稳定的法律和商业环境"的规定，裁定厄瓜多尔单方
改变税法的做法违反了保护投资者的合理期待及公平与公正待遇
原则。

这里需要强调两点，一是要考虑东道国所修改的法律是在投资
之前还是之后颁行。如果东道国对投资做出之前的法律做出单方修

---

[1] Occidental Exploration and Production Company v. The Republic of Ecuador, Final Award, LCIA Case No. UN3467 of 1 July, 2004, 43 ILM 1248 (2004).

改，可能违反了对投资者合理期待的保护。这里的投资做出之时，不仅包括第一次投资，也包括后续投资。[①] 但是，如果东道国对投资者做出投资之后的法律进行单方修改，则投资者不可能对该法律产生合理依赖，故而也不构成对投资者合理期待原则的违反。这一要求出现在 Thunderbird v. Mexico 案中仲裁庭的论证中。二是投资者产生的合理期待须针对东道国的特定承诺（无论明示或默示），而不能针对一般经济状况产生期待。在 Metalpar v. Argentina 案子中仲裁庭对此有论述。投资者对外做出投资，必定对该投资行为所引起的商业风险有所预见，如果东道国单纯的违约行为（如拖欠账款等）导致投资者不能获得预期收益，则不构成这里的受保护的"投资者合理期待"。换句话说，只有当东道国的违约行为是因其行使主权而导致的，仲裁庭才可能认定东道国违反了保护投资者合理期待的义务和公平与公正待遇的义务。在 Biwater Gauff v. Tanzania 一案[②]中，投资协议条款中明确说明政府机构将被视为其他消费者。Parkerings v. Lithuania 案[③]、Hamester v. Ghana 案中均对东道国违约承担国内法中的合同义务与承担国际法中的保护合理期待的义务进行了明确区分。

2. 投资者的期待必须是客观合理的

合理期待（legitimate expectations），在英语中多样化的表达还包括 fair expectations 或 reasonable expectations 或 justifiable expectations 等。

在判定投资者的期待是否合理时，首先，应判定投资者的期待不能是不合法的。如果投资者的投资活动依照东道国的国内法被认为是无效的或可撤销的，或违背了规定的适当程度等都可能招致东

---

① 杨慧芳：《投资者合理期待原则研究》，《河北法学》2010 年第 4 期。

② Biwater Gauff v. Tanzania, Award, ICSID Case No ARB/05/22, IIC 330 (2008), 18 July 2008.

③ Parkerings-Compagniet AS v. Lithuania, ICSID Case No. ARB/05/8, September 11, 2007.

道国国内法律的否定评价，自然投资者的期待不谓合理。如果投资者通过欺诈或提供错误和不完整的信息的手段取得东道国的特定承诺或默示许可，则因为投资者存在"恶意"，其原本不可能产生合理的期待，也不应受到保护。在 Thunderbird v. Mexico 案中，Thunderbird 陈述其投资的游戏机是经验与技能的游戏，仅供玩家娱乐，但实质上带有投机性和赌博性质，投资者已知赌博活动在墨西哥是非法的活动，其就自己投资的游戏机的性质和功能向墨西哥政府所披露信息不完整且不准确，因此 Thunderbird 公司不能对该投资产生合理的期待。这是一起以期待不合法而判定不予保护的典型仲裁案例。

其次，投资者的期待必须是客观的，而不能仅仅是投资者的主观愿望。国际能源投资合同作为一种经济交换型允诺，无法以一种绝对的即时交易的方式来完成，一方当事人在某种程度上必须先于另一方当事人而履行。往往国际能源投资合同又是一种长期性合同，在履行时常常出现"异时性"，这样，作为投资者的国际石油公司常常要抱有一种期望，那就是基于合同订立当时的东道国法律、财务等状况产生一种合理的依赖，期待将来取得与实现一定的利益，即享有期待权。虽然如上所述，仲裁庭对投资者的主观心理状态有所考察，有时也要求东道国主观上不得专断，不得歧视，政策须达到透明度要求等，似乎会让人误认为"合理期待"是对主观方面的考量；然而实际上，投资者的期待不是其主观臆想的期待，或不仅仅止于投资者的主观期待，更应该是它们平衡运营与投资利益攸关的不同利益的结果，同时必须考虑到签订合同当时东道国的主要政治、社会经济状况等各种综合情况。这一论证可在 Toto v. Lebanon 案①中发现。在 MTD v. Chile 案②中，外国投资者没有采取

---

① Toto Costruzioni Generali S. P. A. v. Republic of Lebanon，ICSID Case No. ARB/07/12，June 7，2012，para. 165.

② MTD Equity v. Republic of Chile，ICSID，44ILM 91（2005）.

合理的尽职调查，也未咨询城市规划者、环境专家、在不动产开发方面有经验的建筑师或律师等，单凭一个中间人的主观描述就上马投资建设项目，则该外国投资者的预期利益将不可能受到保护。

再次，受保护的投资者的期待应当是合理的、可预见的。换言之，对投资者期待的保护程度不能超越先前可预见的水平。"合理性"的判断标准，并不如"合法性"那么容易或明确，必须结合投资做出当时的具体情况进行分析。如在经济类型、发展水平、经济法制环境等客观方面情况不同的国家，可能对认定投资者的期待是否合理或是否具有可预见性影响较大。① 比如在 Parkerings v. Lithuania 一案中，仲裁庭在评析投资者的期待是否可预见时，考虑立陶宛处于经济转型阶段这一客观情况。在 Biwater 案中也强调当投资者在一发展中国家或转型经济国家进行投资时，投资者不得不接受的商业风险可能会比它们在另外投资环境中要大很多，因而投资者不能对早前的投资环境抱有期待。② 但是，我们也知道既是对投资当时东道国的各项情况进行综合分析，必然可能导致仲裁庭"自由裁量权"的增大。正如有的学者所言，在过去的几年里，合理期待原则的角色和范围发生了一个意义重大的变化，即从以往作为用以加强某一特定解释路径的辅助性解释原则，到现在扮演的角色是作为公平与公正待遇标准项下的一个自立的子类别和独立的基础。③ 可见，合理期待原则正在遭遇仲裁庭的扩张解释。故而，在对投资者的合理期待进行认定并适用公平与公正待遇原则时，仲裁庭须谨慎为之，否则可能催生出又一个"保护伞条款"。

最后，须明白的是，保护投资者的合理期待绝不意味着这是一种绝对的担保。从客观方面来看，投资者的投资不能排斥东道国在

---

① 杨慧芳：《投资者合理期待原则研究》，《河北法学》2010 年第 4 期。

② Biwater Gauff（Tanzania）Ltd. v. United Republic of Tanzania, ICSID Case No. ARB/05/22, July 24, 2008, para. 376.

③ International Thunderbird Gaming Corp. v. The United Mexican States, January 26, 2006.

紧急状况下行使立法权，也不能阻碍东道国为公共利益行使规范国内事务的合法权力。固然，投资者渴求东道国有一个稳定的、可以预见的法律和商业环境，最好是与投资当时保持一致性，但是在 Saluka v. Czech 案中，仲裁庭指出任何明智的投资者都不可能期待投资时的环境完全保持不变。在判断投资者的期待落空是否公正与合理时，东道国在公共利益方面规制国内事务的正当权利同样必须考虑。① 在 LG&E v. Argentina 案②中，仲裁庭就认定阿根廷确实存在为期 17 个月的经济危机，而阿根廷所采取的极端的财政措施是为应对紧急状况，不应对投资者承担赔偿责任。

3. 投资者的利益受到损害

尽管东道国的法制适时变迁应属于投资者的可预见范畴，但是对东道国在何种程度范围内改变投资法制却不能产生预期。从原理上讲，外国投资者对签订合同之时东道国的法律体系、财务制度等方面的稳定性产生了信赖，基于此做出是否进行投资、投资规模大小、投资结构如何、是否投资到具体一项投资项目的决定，并对投资以后的收益产生了预期。如果投资者只是产生了心理依赖，并没有实际做出投资，也不存在任何损失，此即"无损失，无赔偿"之理，从严格意义上并不构成这里要讨论的"合理期待"。在 Ulysseas（USA）v. The Republic of Ecuador 案③中，仲裁庭强调了合理期待须仅在投资实际做出时才产生。至于是否受到损害、损害大小等问题，在 CMS v. Argentina 案④中仲裁庭确定，需由投资者根据

---

① Saluka Investments BV v. Czech Republic, Partial Award, PCA-UNCITRAL Arbitration Rules, IIC 210 (2006), 17 March 2006.

② LG&E Energy Corp &ors v. Argentina, Decision on Liability, ICSID Case No. ARB/02/1, IIC 152 (2006), (2007) 46 ILM36, 3 Oct. 2006.

③ Ulysseas (USA) v. The Republic of Ecuador, UNCITRAL Arbitration Rules, Final Award, 12 June 2012, para. 252.

④ CMS Gas Transmission Co. v. Argentina (2005), ICSID Case No. ARB/01/8, Award of 12 May, 2005.

"谁主张，谁举证"的仲裁原则承担举证责任。在 Biwater
v. Tanzania 案①中，仲裁庭认定东道国未能履行其义务任命独立的
管理者并未对投资者的期待利益造成损失，而投资者也无法证明其
合理期待落空所受的损害，最终仲裁庭认定坦桑尼亚不构成对公平
与公正待遇的违反。

　　综上，投资者的合理期待已成为仲裁庭认定公平与公正待遇的
重要因素之一。投资者对东道国的法律体系、商业环境，甚至一般
的政治和社会经济状况进行研判，依赖东道国的明确承诺或默示的
行为，做出投资与否、投资多少、投资结构等决定。投资者当然希
望东道国继续保持其投资当时的各方面稳定性以保证其预期利益得
到实现。但是，东道国不可能为了个别外资合同放弃或限制其规制
国内事务的立法权力，因而在对投资者所依赖的政策或法律进行修
改影响到对投资者所作的承诺或行为的稳定时，给投资者的合理期
待造成了损害，东道国必须为此支付赔偿。

第三节　小结

　　关于稳定性条款效力的"无效说"观点的相关论据和论证方式
存在着诸多站不住脚的地方。合同是双方当事人间的允诺，稳定性
条款便是这种允诺的体现并保障。"合同的神圣性"或称"契约必
须遵守"已成为法学界一个不能再继续追问的先验性问题，以这一
问题为逻辑起点，要求合同双方当事人必须履行其签订合同时已做
出的"稳定投资法律和商业环境"的承诺。然而，现代意义上的合
同神圣性原则早已有了新的注解和例外。即当发生情势重大变更
时，合同双方当事人可以免除其履行义务，因此而利益受到损害的

---

① 　Biwater Gauff (Tanzania) Limited v. United Republic of Tanzania, ICSID Case No. ARB/05/
22, July 24, 2008.

当事人应当得到赔偿。在国际投资领域，双边或多边条约发展了一项对外资进行保护的绝对待遇标准——公平与公正待遇。自产生以来直到现在，它并没有形成一整套系统的理论，因而学者和仲裁员在实践中不断探索，大致认为该标准至少应包含两项要求：稳定的法律和商业环境、投资者的合理期待。如果在签订国际能源投资合同之初，东道国通过规定各种稳定性条款承诺（如承诺不进行征收、不单方修改合同、保持合同适用法律的稳定等）保持合同的稳定性，当违反这一义务时，投资者基于合同所享有的"合理期待"便受到了损害。NAFTA 的诸多仲裁案例显示，投资者诉东道国的争端很多都被戴上了违反"公平与公正待遇"义务的"大帽子"。

第 八 章

国际能源投资合同稳定性条款的
典型仲裁案例分析

稳定性条款在国际能源投资合同的模式演进中，提出了各种挑战，但核心是它能否为保护投资者免遭风险而提供充分的证明，尤其是东道国法律变化产生的风险？如果东道国的继后立法与稳定性条款相悖，是否还能坚持认定稳定性条款有效？除了批驳学者观点中有关稳定性条款"无效说"的论据架构国际能源投资合同稳定性条款的理论基础之外，还是要对国际仲裁实践中法庭或仲裁员如何看待投资者与东道国能源投资合同中的稳定性条款进行实证研究，从中探寻那些影响稳定性条款发挥应有担保作用的因素，并最终构建稳定性条款为投资者提供"稳定性"担保的体系。

第一节　有关国际能源投资合同稳定性
条款的典型仲裁案例

仲裁实践是检验稳定性条款适法性的最好途径。国际上有关稳定性条款的典型仲裁裁决多集中针对传统稳定性条款在涉及征收或国有化问题时的效力，目前几乎还没有知名的仲裁裁决是针对现代稳定性条款的。① 因此，通过审视仲裁实践中仲裁员如何看待和处理投资者与东道国之间的传统稳定性条款，有助于我们为或将产生的针对现代稳定性条款的仲裁案件提供司法视角分析的路径。

一 利比亚系列案件

1971 年 12 月 7 日，利比亚政府颁布了一项法令，要对在利比亚的英国石油有限公司（BP）利比亚勘探公司的所有利益和财产实行国有化。自此两年后，利比亚政府陆续对其境内的九家跨国石油公司利益和财产的大部分进行了国有化，由此在利比亚引发了一场轰轰烈烈的国有化浪潮。这些跨国石油公司大多基于 1955 年到 1968 年间签订的租让制合同取得在利比亚勘探开发石油的特许权，至国有化措施实施时，租让制合同有效期均未届满。这些租让制合同采用了 1955 年利比亚石油法要求的标准格式，其中都包含有稳定性条款。合同第 16 条具体规定为："（1）利比亚政府将采取所有必要的措施确保公司享有租让制合同下的所有权利。除经双方同意外，本合同明确规定的合同权利不能改变。（2）在合同有效期内，应依据本合同第 2 段所附的现行生效的石油法和规章对合同进行解释。不经公司的同意，任何规章修改或废除都不能影响公司的合同权利。"合同第 28（7）条中法律选择条款规定："本合同应根据利比亚法律与国际法共有的原则进行解释并受其支配，如无共同原则时，根据一般法律原则（包括可能适用于国际仲裁的原则）进行。"

这场国有化运动引发了三起针对利比亚政府的国际仲裁案件，

---

① A. F. Maniruzzaman, "The Pursuit of Stability in International Energy Investment Contracts: A Critical Appraisal of the Emerging Trends", *Journal of World Energy Law & Business*, Vol. 1, No. 2, 2008, p. 139.

包括 BP 案①、Texaco 案②和 LIAMCO 案③。尽管每起案子向不同的仲裁庭提起仲裁，三个仲裁庭的推理方法有所不同，但三个独任仲裁员的裁决结论基本一致。三个仲裁庭均认为，租让制合同中的法律适用条款排除适用利比亚的国内法，而要求适用利比亚法律与国际公法的共同原则，如果没有共同的原则，则适用一般法律原则。因而，利比亚不能通过国内立法移除合同中提供的稳定性保障，除非根据国际公法或一般法律原则允许移除。这种推理的基础是，仲裁庭认为外国投资者与东道国所签订的合同因为选择适用了国际法作为支配法律从而被"国际化"（internationalized）了。同时，仲裁庭也承诺稳定性条款并不损害利比亚的国家主权，因为那些与利比亚没有合同关系或是在合同中选择利比亚国内法的情况下，利比亚法律的效力仍是无可非议的。

能源投资合同因为法律适用条款的原因被"国际化"，在其他案件中也有论述。如 Lena Godlfields v. Soviet Union 案④、Saudi Arabi v. Aramco 案⑤、Sapphire v. Natioanl Iranian Oil Company 案⑥等。

在具体推理方面，BP 仲裁庭未过多讨论稳定性条款本身；而 Texaco 案仲裁庭认为，国有化的权力无疑是国家主权的一部分，国家在合同中承诺不进行国有化并不是主权的放弃，恰是主权的实践

---

① BP Exploration Co（Libya）Ltd v. The Government of the Libyan Arab Republic, 53ILR 297（1979）.

② Texaco Overseas Petroleum Co/California Asiatic Oil Co. v. The Government of the Libyan Arab Republic, 53 ILR389（1979）.

③ Libya American Oil Co. v. The Government of the Libyan Arab Republic, 20 ILM（1981）1 and 62 ILR 140.

④ Lena Godlfields Ltd v. Soviet Union（1930）. 该案是自然资源领域讨论稳定性条款的第一起国际仲裁案件，但其并未对稳定性条款进行过多论述。

⑤ Government of Saudi Arabia v. Arabian American Oil Company（Aramco）（1958）27 ILR117. 该案涉及沙特政府于 1954 年与另一家 Onassis 公司之间签订了一项沙特石油运输 30 年优先权的协议，该协议与沙特与 Aramco 之间的租让制合同相冲突。仲裁庭认可了稳定性条款在国际法下的有效性。

⑥ Sapphire International Petroleum Co. v. National Iranian Oil Company,（1967）35 ILR 136.

和最好体现。根据合同法律选择条款，"契约必须遵守"原则是利比亚法律和国际法的共同原则，利比亚政府违背了其已经在租让制合同中做出的承诺。独任仲裁员认为一个主权国家有权在合同中做出承诺在有限时间内不针对特定公司运用国有化的权力，但主权国家当然的国有化权力不能优先于能源投资合同及其中的稳定性条款。如 Texaco 案一样，在其他的仲裁案件如 Revere Copper v. OPIC 案①、Methanex v. US 案中，仲裁庭也确认了稳定性条款的效力合法且有法律约束力。

在 LIAMCO 案中，仲裁庭认为国家征收行为与稳定性条款并不相悖，征收行为本身也非不合法，但利比亚政府拒绝对征收行为进行赔偿是违法的。最终，三个仲裁庭均裁决利比亚政府违反了租让制合同中的义务，应对其国有化措施给外国投资者造成的损害进行赔偿。

二 Kuwait v. Aminoil 案②

1948 年，科威特政府授予美国独立石油公司（Aminoil）一项长达 60 年的特许权，双方之间租让制合同于 1961 年对其中的财务条款做了一次修改。1948 年的合同文本的第 18 条规定了一项稳定性条款：

> 除非依据第 11 条（未履行义务、支付赔偿或基于协议中的仲裁条款被裁定是有过错的），酋长不得通过一般或特别立法或行政措施或任何其他行为废除本协议。除酋长与公司共同认为对协议的改变、删减或增加有利于双方，酋长或公司皆不

---

① Revere Copper and Brass Inc v. Overseas Private Investment Corp（OPIC），17ILM（1978）1321，56 ILR 258.

② Government of Kuwait v. American Independent Oil Co（Aminoil），Award of 24 March 1982，21 I. L. M. 976（1982）.

得对协议中的条款进行改变。

1977 年，科威特政府颁布了一项国有化法令（124 号）终止了上述租让制合同并同时对美国独立石油公司的资产进行了征收。在随后的仲裁过程中，美国独立石油公司指称科威特政府 1977 年的国有化法令违反了该政府的合同义务。科威特政府的辩论意见中，认为该租让制合同是一项行政合同，允许保留政府的特定权力，这些应运用于对稳定性条款的解释中。然而仲裁庭驳回了关于行政合同的观点，认为国际法或一般法律原则中并不包含行政合同的理论。

仲裁庭原则上承认稳定性条款是有效的，同时，它认为稳定性条款一般并不禁止国有化。如果合同对国家国有化权力进行限制，则必须通过明确规定的方式做出庄严保证且在一个相对有限的期间内才可以。而本案中的租让制合同中并未明确表明禁止国有化。同时，仲裁庭在合法与非法的国有化之间进行了区分，坚持认为科威特政府的国有化行为是合法的。

三　伊朗—美国争端仲裁案件

根据 1981 年《争端解决宣言》（Claims Settlement Declaration）而成立的"伊朗—美国争端仲裁庭"（the Iran-United States Claims Tribunal），其目的在于解决 1979 年伊朗革命所引起的美伊外交关系危机中的商事争议，它除了受理国家之间的争端案件之外，还受理非国家的实体之间的案件。在其所受理的有关伊朗石油行业国有化决定争端的案件，目前形成裁决的案件较少，我们挑选几个典型的涉及稳定性条款的案例在此简要叙述。

（一）Amoco v. Iran 案[①]

根据伊朗法律，Amoco 于 1966 年与伊朗国家石油公司（NPC）之间签订了 35 年期的所谓的 Khemco 联合经营合同，要求建设运营一家工厂对天然气中析出的一些产品进行生产和营销。1980 年 9 月 24 日，石油部通知 Amoco，Khemco 合同已被"单一法案"下设立的特别委员会宣告无效。

本案涉及的一个难题是，为了计算征收赔偿，需认定合同权利是否构成财产。仲裁庭被迫对合同中的稳定性条款加以考虑。这一联合经营合同中规定了一些稳定性条款，如在第 30.2 条中规定"任何现行的法律法规如与本协议整体或部分不一致，则在不一致的范围内不适用于本协议"。第 21.2 条规定"只有经 NPC 与 AMOCO 一致同意时，才可以对本合同条款进行撤销、补充或修改"。在对上述稳定性条款进行认定时，仲裁庭认为第 30.2 条并不是通常意义上的稳定性条款，不能提供担保，其表述仅仅是确认了与伊朗法律法规不一致的合同条款的效力而已。而第 21.2 条创造了一项双方当事人合作对合同解释和履行合同的原则，但其明确规定只约束 NPC 和 Amoco，不能约束非作为合同一方当事人的伊朗政府。

有学者指出，一个国家有可能在特定情况下通过合同约束自己不运用其在国际习惯法中普遍认可的对资产进行国有化的权利，本案仲裁庭并没有排除这种可能性。[②] 进而，如果在合同中放弃进行国有化的权利则需"明确规定并庄严保证"且"它被期望在一段相当有限的期限内"[③] 才可以。但是，将一个主权国家并非合同一

---

① Amoco International Finance Corporation and The Government of the Islamic Republic of Iran, Partial Award No. 310 – 56 – 3 (14 July 1987).

② Brower, C. N. & Brueschke, J. D. The Iran-United States Claims Tribunal, Leiden: Martinus Nijhoff, 1998, p. 501.

③ 但 Amoco 案的仲裁庭并没有指出涉案 Khemco 协议的 35 年合同有效是否满足"有限期间"的要求。

方当事人的合同条款解释为限制国有化权利，将是非常冒险的。①

（二）Phillips Petroleum v. Iran 案

1965 年 1 月 17 日，Phillips Petroleum（美国公司）与伊朗国家石油公司（NIOC）签订了一份联合经营合同，勘探开发波斯湾四个区块的石油资源。依据 1957 年伊朗石油法规定，该联合经营合同提交政府的部长会议审批通过，之后由伊朗立法机关出台一项法律同意联合经营合同。1965 年 3 月 13 日该联合经营合同生效。该合同中包含了一项稳定性条款，即第 37（3）条"只有经双方当事人同意，才可以对合同条款进行撤销、补充或修改"。

Phillips Petroleum 诉称合同中的财务条款几经修改，至 1974 年 12 月 1 日需交纳高达 20% 的矿区使用费和 85% 的税收，其合同权利被征收。伊朗革命发生后，联合经营合同于 1979 年 9 月 29 日被单方终止。而伊朗则抗辩称终止合同系因不可抗力而为。

仲裁庭审视了在征收过程中违反合同条款是否能产生将一个合法征收转化为一个非法征收的效果。仲裁庭没有认定联合经营合同中稳定性条款的作用，只认为这一条款对计算赔偿数额有一定意义。法官 Aldrich 指出，不能认为稳定性条款完全失效，它和其他因素结合在一起决定了申请人应当得到一个较高水平的赔偿。

四　AGIP v. Congo 案②

AGIP 是一家意大利公司，1974 年 1 月与刚果人民共和国政府签订了一项石油分销协议，该协议涉及代表 AGIP（布拉柴维尔）公司（以下简称"AGIP 子公司"，AGIP 占 90% 股份）资产 50% 的份额销

---

① Peter D. Cameron, *International Energy Investment Law：The Pursuit of Stability*, Oxford University Press, 2010, p. 132.

② AGIP SpA v. People's Republic of the Congo, ICSID Case No. ARB/77/1. 尽管这一案件中的投资协议主要涉及石油下游业务，但却是 ICSID 受理的能源投资行业涉及稳定性条款的第一例终裁案件。而且由于其仲裁庭对稳定性条款与国有化之间的关系有独特的论述，故一并介绍。

售。双方协议中规定了一些稳定性条款，如刚果政府在协议中承诺担保对 AGIP 子公司的法律地位稳定，"如将来对公司法的修改影响到公司的结构和构成时，政府采取适当措施阻止其适用于本协议"。另外在协议的第 4 条规定"如果任何其他法律或命令旨在改变公司的地位成为私法中的一个有限责任公司的话"，承诺将不适用这些特定的法律和命令。公司所有资产、文件、资料、财务账目等被查封，使得 AGIP 子公司无法再继续经营。1977 年，AGIP 向 ICSID 提起仲裁。仲裁庭认为，虽然刚果宪法中有对私有财产进行保护的规定，但不能因此就认为是剥夺了刚果作为一个主权国家所拥有的进行国有化的国家权力，因为，宪法的其他条款同时也允许其进行国有化。在现代国际法中，实行国有化是一个主权国家的权力。但 ICSID 强调，国有化的选择对于政府实现其目标而言并不是唯一的也必定不是最合适的行为过程。而很明显，国有化与协议中存在的稳定性条款二者是相互排斥的。据此，仲裁庭认定有义务对其违约承担赔偿责任。

第二节　仲裁庭对国际能源投资合同稳定性条款效力的认定

原本，对国际能源投资合同稳定性条款效力的认定是实践的基础，然而在没有明确理论支持的情况下，我们的仲裁庭在具体合同实践中摸索形成了自己的个性化推理模式。从研究角度看，我们从仲裁实践中提炼仲裁庭的相关观点并进行比较分析（见表6—1），对于我们厘清现有学者论著中关于稳定性条款效力不同争议的观点是一个反复涤荡的过程。从前述典型的几起涉及稳定性条款的仲裁案例中，可以看到各仲裁庭虽然都直接或间接认可稳定性条款的效力，但其对国家征收的权力与稳定性条款之间关系的推理方式却五花八门。这些观点大致分为以下四类：

表 6—1　　　　　　　　典型仲裁案例有关稳定性条款效力的观点

案例	稳定性条款的效力	国家征收的权力与稳定性条款的关系	推理模式
Texaco	有效（合同之外不损害征收主权）	稳定性条款的约定优先于行使征收的主权	合同"国际化"
Liamco	有效	二者不相悖，征收未赔偿则违法	合同"国际化"
Aminoil	原则上有效	一般不禁止征收，除非明确排除	合同中明确规定禁止征收并庄严保证且限于相对有限的期间
Amoco	部分有效	可以通过合同约束国家的征收权力	合同中明确规定并庄严保证且限于一段有限的期间
Phillips	部分有效	稳定性条款用于计算征收赔偿额	拒绝认定违反稳定性条款是否导致征收违法
AGIP	有效	有权征收，但合同中的稳定性条款排除征收	合同承诺有效限制国家主权

　　第一类观点，仲裁庭认为稳定性条款是合法的且有法律约束力的，这是几个仲裁庭的主流观点，如 Texaco 案、Aminoil 案、AGIP 案以及其他的一些非能源领域的案件。[①] 在这三起案件中，尤其是 Aminoil 案要求合同的稳定性条款欲约束国家进行征收的权力，必须通过明确规定的方式做出，否则不能产生约束国家行使其进行征收之主权权力的效果。而 AGIP 案中，仲裁庭则认为稳定性的约定已然排斥国家进行征收的权力，不必再考察其征收的措施是否存在歧视。

　　第二类观点，认为稳定性条款部分有效，如 Amoco 案、Phillips

---

　　① 其他一些非能源领域的案件如 Revere Copper v. OPIC 和 Methanex v. US 等。其中 Methanex v. US 案中尽管没有明确规定稳定性条款，但却表明"政府做出的特定承诺"将限制政府进行征收的权力。

案。在 Amoco 案中，仲裁庭认为稳定性条款约束国家征收的权力是有可能的，但同时认为一致性条款和禁止单方修改的隐性条款并不构成稳定性条款，不能起到稳定性条款的担保作用。更指出如东道国并不作为合同当事人之一的话，隐性条款并不约束东道国本身。而 Phillips 案中，仲裁庭仅认为稳定性条款在与其他因素一起可以用于计算征收赔偿额时是有意义的。

第三类观点，为认定稳定性条款约束国家征收权力设定了一定的要求，如 Aminoil 案、Amoco 案。这两个仲裁庭均要求合同稳定性条款欲限制国家征收的权力，须在合同中明确规定并做出庄严保证，且需满足限定在一定的期间内。

第四类观点，将合同"国际化"从而认定稳定性条款的优先效力，如 Texaco 案、Liamco 案。这两起案件的仲裁庭均根据合同中约定的适用国际法或一般法律原则的条款，将合同"国际化"，则合同中的稳定性承诺优先于国家立法进行征收的行为。

综上，这四类观点都直接或间接地认定了国际能源投资合同中稳定性条款的效力，但对稳定性条款起作用的方式，仲裁庭采用了不同的推理方式。大致从东道国主权限制、合同的"国际化"、合同承诺必须遵守等方面来进行论证，这也与前述我们架构的稳定性条款的理论基础相吻合。

第三节　国际能源投资争端管辖及法律适用的实践[①]

国际能源投资者与东道国之间的国际投资合作通常须遵从以下几种投资规范，一是投资者与东道国之间的投资合同（规定了诸多

[①]　本部分参见刘素霞《论国际投资条约仲裁庭对违反合同之诉的管辖权——兼评美国 2012 年 BIT 范本第 24（1）条的规定》，《国际经济法学刊》2012 年第 3 期。

私法权利义务）；二是东道国国内法律（常常包含了投资保护的特定条款）；三是投资者所属国与东道国之间的双边或多边投资条约；四是一般国际法原则。这些规范为交易当事人引入了不同的实体性和程序性的权利义务。投资双方在发生争端后，也不可避免地依据不同的投资法律规范而分别寻求国际救济或国内救济，外国投资者甚至会去要求其母国进行外交保护。1965 年，为了使外国投资者与东道国之间投资争端解决的"去政治化"（Depoliticize），《解决国家与创办国民之间投资争议公约》（ICSID）设立了 ICSID 中心，为缔约国与其他缔约国的国民之间直接因投资而产生的法律争端提供法律解决的途径和便利，即进行调解和仲裁。发生争端的外国投资者和东道国可以依据投资保护的双边或多边条约的授权将争端提交国际仲裁，而与此同时，他们的国际能源投资合同中又往往规定了专属管辖条款要求将争端提交东道国国内司法救济，由此究竟构成条约争端还是合同争端，二者的区分便成为国际投资仲裁中最重要也最富有争议的问题。[①] 随着目前大量双边投资条约的出现，[②] 其中的最惠国待遇条款和保护伞条款为两种争端的区分更增加了一些不确定性。随着国际能源投资活动的不断开展，双边投资条约争端管辖条款与合同争端管辖条款之间出现竞合的情况，在国际能源投资领域将会更加值得重视。当因国际能源投资合同中的稳定性条款而发生争议时，如何寻求争端解决，将成为实现国际能源投资合同权益的最后一道防线。

---

① Z. Douglas, "The Hybrid Foundations of Investment Treaty Arbitration", *British Yearbook of International Law*, Vol. 74, 2003, p. 151.

② 根据联合国贸发会议公布的《2010 年世界投资报告》和《World Investment Report 2011》显示，2009 年全球共缔结 211 项新的国际投资协定，其中有 82 项 BIT；2010 年共缔结 178 项新的国际投资协议，2011 年前五个月共产生 48 项新的国际投资协议，还有 100 余项国际投资协议正在谈判中。报告还指出，当今国际投资协议制度的庞大和复杂程度令政府和投资者都难以应对，然而它只涵盖五分之一可能出现的双边投资关系。全面涵盖所有的投资关系，需要再缔结14100 项双边条约。

一 ICSID 公约第 25 条第 1 款的文本分析

管辖权是 ICSID 机制的核心，它决定了 ICSID 是否有资格对各个具体能源争端案件进行调解或仲裁，也是 ICSID 调解委员会和仲裁庭行使调解权和仲裁权的基础，ICSID 公约第 25 条第 1 款对依据该公约建立的仲裁庭如何确定自己的管辖权做了具体规定："中心的管辖适用于缔约国（或缔约国指派到中心的该国的任何组成部分或机构）和另一缔约国国民之间直接因投资而产生的任何法律争端，而该项争端经双方书面同意提交给中心。当双方表示同意后，不得单方面撤销其同意。"

学者都将该条总结为 ICSID 行使管辖权的三个必备条件：一是主体要件，即要求争端当事人适格。争端当事人分别是《公约》缔约国和另一缔约国国民。二是客观要件，即争端性质适格。争端应为直接因投资而产生的法律争端。三是主观要件，即争端当事人双方应书面同意将争端提交 ICSID 管辖。其中主体要件和主观要件不是本书讨论的要点，因此将笔墨着重放在 ICSID 行使管辖权的客观要件的分析上。

（一）"缔约国与另一缔约国国民"

ICSID 管辖的能源投资争端的当事方须一方为缔约国或该缔约国指派到 ICSID 的任何下属单位或者机构，另一方为另一缔约国国民。这一规定一般性地排除了缔约国与缔约国之间的争端以及缔约国与其本国国民之间的争端。尽管学界从 ICSID 的仲裁实践中得出结论，在股东的主体资格和法人国籍两个问题上，ICSID 的管辖主体资格从严格限制走向宽松，始终存在着扩大中心管辖权的倾向，[1]

---

① 石慧：《论 ICSID 管辖权的发展——对变动着的国际法结构的一种微观考证》，国际经济法年会论文系列（七十）（http：//quanxin.7ta.cn/Article/697713/120512）；朱炎生：《IC-SID 仲裁机制中法人国籍认定的理论与实践》，《国际经济法学刊》2006 年第 13 卷第 1 期，第 244—257 页。

但这不是本书要讨论的重点，因此略过。此处强调的是 ICSID 管辖投资者——东道国能源投资争端的主体要件与国际投资合同的签订当事方上的重合问题，后文有论述。

（二）"直接因投资产生的任何法律争端"

ICSID 公约限定其对事的管辖权为"直接因投资产生的任何法律争端"，相应的英语原文表述为"any legal dispute arisingdirectly out of an investment"。这一表述具备两个特征：

1. ICSID 中心管辖"投资争端"

公约未对"投资"的定义和范围进行明确规定，① 因而投资争端的表述也只是一种笼统的一般性的限定。比如，在 ICSID 受理的 Genin 诉爱沙尼亚案中，仲裁庭将东道国法律程序中的争端诉因界定为"为所有股东利益"而对"许可证寻求救济"，而将诉之于 ICSID 中心的争端诉因界定为"投资争端"，从而认为两种诉因并不相同。这种对争端的界定虽然与 ICSID 公约的表述保持一致，但确实不能令人信服，因为在某东道国进行的诉讼总是基于一些具体的争端而引起，而在 ICSID 仲裁程序中的争端，几乎总可以抽象为大概念的"投资争端"。ICSID 也未对投资争端是以违反条约为基础还是以违反投资合同为基础进行更进一步的划分，故究竟 ICSID 中心管辖何种的能源投资争端，从条约字面意思上似乎很难给出确切合理的解释。

2. ICSID 管辖"法律争端"

从 ICSID 缔结公约的背景看，其旨在实现外国投资者与东道国之间关于投资争端解决的"去政治化"。把 ICSID 管辖的争端性质

---

① 从已提交给 ICSID 管辖的案件来看，既有涉及有关自然矿产或其他资源的勘探、开发，或者发展工业、旅游、农场或城市设施等传统投资方式的争端，又有涉及有关以提供劳务、转让知识产权和专有技术（诸如提供在农业、电子、航空运输领域的技术、管理企业的经验技术、训练海员协议、专有技术转让协议和许可证协议等）而非以直接出资方式投资的新型投资而产生的争端。这些仲裁实践为 ICSID 管辖权中的"投资"范围提供了具体而细微的诠释。

限定在法律争端范围内，是 ICSID 与其他国际商事仲裁机构在管辖权制度上一个不同之处。ICSID《执行董事会报告书》解释道，"法律争端"是指在中心管辖范围内的权利冲突，纯粹的利益冲突则不属于法律争端，争端必须与法律权利或义务的范围有关，或者与违反法律义务而引起的赔偿性质或范围有关。① 可见，ICSID 公约所指的争端只限于那些涉及在能源投资合同或与能源投资合同有关的法律规则（如 BIT）中所规定的当事人各自的权利和义务的争端，如征收、国有化及其补偿额的争端等。但是对那些有关当事人之间利益冲突的争端如就有关能源投资合同重新谈判而产生的争端就不属于此范围。通常，一项能源投资争端是否属于法律争端，应该根据具体的情况而定，在争端未发生以前，一般难以对此类问题加以确定。

ICSID 公约所缔造的中心自其诞生时起，它所确立的投资争端解决法律制度已使传统的国际投资法在争端解决方面发生了从量到质的转变。它在一定程度上标志着国际投资争端法治化的到来。②

（三）"双方书面同意"

与国际仲裁的一般规则相同，双方当事人的同意是 ICSID 行使管辖权的基石。虽然两个缔约国通过缔结 BIT 同意将在两国发生的能源投资争端提交 ICSID 仲裁，但东道国的单方同意，并不足以确定 ICSID 的管辖权。因为严格来讲，外国投资者既没有国际法律人格也没有缔约能力，其不可能成为条约缔结的当事方，故其并未达到公约所要求的"双方合意"。实际上，BIT 中东道国的单方同意类似于"要约"，还需投资者对接受仲裁进行通知或条约所要求的其他方式（如将争端提交 ICSID 仲裁庭），此时才构成了"承诺"。

---

① 黎四奇：《ICSID、MIGA、WTO 争端解决机制评述》，《云梦学刊》2004 年第 25 卷第 4 期，第 49 页。

② 同上书，第 50 页。

笔者将此称为"分别的同意"或称"嗣后的同意"。公约还规定这种"同意"一旦做出，就不得撤销，ICSID 管辖可以排斥包括东道国当地救济在内的其他救济方式。实践中，能源投资者另与东道国订立国际能源投资合同，对因投资合同履行所引发的争端解决，选择其他途径如东道国的专属管辖等，此时可以视为双方合意不选择 ICSID 管辖。这里不是"放弃"ICSID 管辖权（即便放弃，也是无效的），而是 ICSID 的管辖权还未成立，因为在投资者提交争端案件之前，ICSID 无权行使管辖权。

《公约》第 25 条第 4 款规定："任何缔约国可以在批准、接受或认可本公约时，或在此后任何时候，把它将考虑或不考虑提交给 ICSID 管辖的一类或几类争端通知 ICSID。"也就是说各国可以对投资争端的范围单方同意做出保留。在实践中，有些国家确实如此，如中国在 1993 年 1 月 7 日递交了批准文件，并通知"中心"：中国仅考虑把由征收和国有化而产生的有关补偿的争议提交"中心"管辖；比如 Alcoa 公司诉牙买加案中就提及，牙买加政府曾提交通知，对于矿业及其他自然资源投资中直接引起的法律纠纷不属于中心管辖。《公约》在其序言中也已经宣告，不能仅就缔约国批准、接受或认可本公约这一事实而不经其同意就认为缔约国具有将任何特定的争端交付仲裁的义务。

综上，ICSID 条约字面上对行使管辖权的投资争端并未进一步明确区分是基于条约提起，还是基于投资合同提起，只笼统地规定 ICSID 管辖"直接因投资而产生的法律争端"。如此一来，公约解释和 ICSID 管辖权的适用范围就成为 ICSID 仲裁庭行使自由裁量权的事项。在仲裁实践中，仲裁庭根据具体案情，将其管辖的争端大致限定至投资争端或法律争端层面，或运用仲裁员的法律经验和方法对管辖权的具体适用"漏洞"进行修正。ICSID 公约的这种表述也为将来 ICSID 扩大管辖权留下了可能的空间。

二 国际能源投资争端管辖的实践

据上分析，ICSID 文本中并未对条约争端与合同争端从规则上进行区分，而只规定其管辖"直接因投资而产生的法律争端"。在实践中，缔约国接受 ICSID 管辖权的方式通常有三种：国内立法，与外国投资者签订的特许合同，所缔结的条约（尤其是 BIT）。在大多数 BIT 条约中，两缔约国合意授权将投资争端提交 ICSID 仲裁，而同时投资者与东道国签订的投资合同中又往往约定了不同的争端管辖方式。当基于同一事实发生能源投资争端后，为了遵守东道国国内法所规定的除斥期间，投资者不得不诉诸东道国的国内法律程序，从而"将不得不坐以待毙并且消极忍受任何形式的不正义"[①]，另一方面，投资者"生怕丧失寻求国际救济的权利"，不惜承担高昂的费用、花费较长的时间向 ICSID 寻求仲裁救济。由此国内救济与国际救济程序之竞合在所难免。

（一）限缩解释：ICSID 管辖条约争端

对投资者的能源投资活动引入两种不同的法律体系进行充分保护，分别基于不同的考虑。尽管当前投资的定义五花八门，但从投资的最基本含义上看，其毕竟是发生在东道国境内的交易，应受东道国国内法律属地管辖，根据冲突法中的最密切联系原则，投资合同的有效性也常常渊源于东道国国内法。而引入国际法规则，首要是为了避免东道国政府擅自利用其立法权剥夺投资者的合法权益，当争议行为是东道国以国际法主体资格即国家身份所进行的行为，这个行为就应当放在条约、国际法的平台予以考虑。[②] 联合国国际法委员会（International Law Commission）在"关于国家对国际不法

---

① 王海浪：《ICSID 体制内用尽当地救济原则的三大挑战及对策》，《国际经济法学刊》2006 年第 13 卷第 3 期，第 255 页。

② 陈虹睿：《论东道国法律在国际投资仲裁中的适用》，《国际经济法学刊》2010 年第 17 卷第 4 期。

行为的责任的条款草案"第 3 条中也指出，在对一个国家的不法行为进行识别时应依从国际法，而不受国内法对同一行为是否合法进行识别的影响。

从现有 ICSID 审结的案件来看，仲裁庭对两种争端的划分基本限于争端适用法律（即诉因）的不同，ICSID 认为当构成争端的重要基础（the fundamental basis）是条约时，其毫无疑问可以依据条约来判别东道国是否违反了条约确定的国际法义务，毕竟一个东道国不可能依据自己的国内法去裁判其是否未履行国际条约义务；而一般性地排除了依据能源投资合同向中心提起仲裁的可能性。如 Vivendi 与阿根廷一案的专门委员会认为违反合同与违反条约有不同的法律基础，也有相互独立的判定标准，"一个国家可能违反了条约但没有违反合同，反之亦然"。每一种争端的确定需要依据其自己本身的适用法律，违反 BIT 的争端依据国际法，而违反合同的争端则需要适用合同的相关法律，即国内法（municipal law）。[1] 在 1997 年美国人 Azinian 诉墨西哥[2]一案中，仲裁庭主张其有权就东道国法院的行为是否符合国际法进行审查，它指出单纯违反合同的政府行为并不足以构成 ICSID 的诉因，只有在缔约国拒绝司法（denial of justice），如拒不受理合法诉讼，过分地迟延，严重地欠缺公正或者显然恶意地曲解法律，从而违反了公正对待作为投资人的其他缔约国国民的国际义务（在本案中直接源于北美自由贸易区协定）时，才构成 ICSID 管辖的诉因，此时仲裁庭有权不考虑该法院对事实的认定结论。

秉着限缩解释，仲裁庭在处理平行管辖权（concurrent jurisdiction）问题时，也严格依据争端的诉因来判断两个管辖权是否重叠。

---

[1]　Compania de Aguas des Aconquija S. A. and vivendi Universal v, Argentina Republic, ICSID case No. ARB/97/3 , Decision on Annulment of 3 July 2002, 6 ICSID Reports 340, Para. 95 - 96.

[2]　Robert Azinian and others v. United Mexican States (ICSID Case No. ARB (AF) /97/2) .

SGS 与巴基斯坦案的仲裁庭指出，尽管在巴境内进行的 PSI 仲裁尚未审结，但其与 SGS 向 ICSID 提起的条约争端，两者的诉因是不同的，"未决诉讼"原则并不适用本案，也不能排除中心对 SGS 因违反条约提起的仲裁申请。[①] SPP 诉埃及案中的仲裁庭也持相同观点，认为"当两个互不关联、各自独立的仲裁庭审理同一争端时，没有任何国际法规则能够阻止 ICSID 仲裁庭行使管辖权"[②]。

（二）扩大解释：能源投资合同争端落入 ICSID 管辖范围的"可能性"

反观一些对可仲裁争端进行明确限制的条约（如 ECT 和英国 BIT 范本等），ICSID 公约仅将其管辖的争端限定至投资争端或法律争端这一层面，这种宽泛式的描述是否意味着仲裁庭也有意图对包括纯合同争端在内的所有投资争端行使管辖权呢？如果不是这样，那为什么不对争端做限缩性表述呢？对于纯合同争端是否落入 IC-SID 的管辖范围，究竟是应该肯定式列举还是应明确排除呢？正因理论上未解决这一问题，ICSID 仲裁庭也似乎表现得"反复无常"。

ICSID 仲裁庭从诉因出发对其管辖的争端做限缩解释，貌似"泾渭分明"，然而从 ICSID 的众多案例可以发现，以下几种情况，ICSID 仍然"可能"会对源于合同的争端行使管辖权：

1. 当国际能源投资合同争端同时构成对条约实体标准的违反时

BIT 只对投资事项做原则性规定，具体的投资权利义务则放在投资合同中加以约定，而每一个争端案件又都是"有血有肉"的，在构成对合同具体权利义务的违反时，不可避免地会触及 BIT 义务原则性的规定。虽然并不是所有的合同争端都同时违反了国际法，但起码这种可能性是有的。当对合同的违反同时也归因（attribu-

---

① SGS v. Pakistan, Decision on Jurisdiction, 6 August 2003, 42 ILM 1289, para. 155.

② Southern Pacific Properties (Middle East) Ltd. V. Egypt, case No. ARB/84/3, 3 ICSID Report, 1988, p. 129.

tion）于国际法（尤其是 BIT）义务的违反时，ICSID 可能会对此种国际能源投资合同争端行使管辖权。Vivendi 案的仲裁裁决中隐含了这样的意思，专门委员会的裁决也提出了这种可能性。在 Salini 与摩洛哥一案中，仲裁庭认为它有资格管辖基于违反 BIT 义务的所有争端，也可以管辖同时可归于条约争端的合同争端。① Sempra 与阿根廷案、EL Paso 与阿根廷案对此提出了进一步的意见，在裁决中指出合同可以分为"商事合同"性质和"国家合同"性质两种，② 只有违反后一种情形的合同争端才可能同时构成对条约义务的违反。实际上，尽管两种争端确实存在不同之处，但也绝非完全两极化，归根究底还都是基于同一事实。条约争端与合同争端的竞合，考其原因，一方面是几乎不可避免的多层次的投资保护法律体系，另一方面则是当事方将其合同争端和条约争端提交国内或国际争端管辖机制的倾向性。③

2. 当 BIT 中包含了宽泛性的争端管辖条款时

ICSID 公约未对其管辖的争端做出明确限定，而国际能源投资合同又不大可能对违反国际法的情事进行约定，当所涉 BIT 的争端管辖条款足够宽泛以至于从条约语言中默示推定包括合同争端时，ICSID 仲裁庭很可能将合同争端落入其管辖范围。如 Salini 一案所适用的 BIT 中规定"缔约方与另一缔约方国民之间关于投资的所有争端或分歧"均可以提交国际仲裁，仲裁庭认为这一条款的术语"非常宽泛"（very general）以至于"征收和国有化措施是在东道国单方意愿中的事情，但也不能解释为将基于合同的争端排除在该

---

① Salini Cistruttori S. P. . A. & Italstrade S. P. . A. . Kingdom of Morocco, Decision on jurisdiction, July 16, 2001, 42ILM 606, 2003.

② 徐崇利：《"保护伞条款"的适用范围之争与我国的对策》，《华东政法大学学报》2008年第 4 期，第 51 页。

③ Yuval Shany, Contract Claims vs. Treaty Claims: Mapping Conflicts between ICSID Decisions on Multisouced Investment Claims, 99 *American Journal of International Law 835*, Oct. 2005, p. 11.

条款适用范围之外"①。Salini 仲裁庭仅做出一种限制，即合同争端
须为直接约束国家的合同，而不包括合同当事方为独立实体的情
况。还有更多的 BIT 争端管辖条款只笼统地规定"与投资有关的争
端"可以提交国际仲裁，如 SGS 与菲律宾一案的仲裁庭认为对 BIT
条约没有根据争端的法律分类，对其中"与投资有关的争端"这一
术语做限制性解释，使得违反 BIT 的国有化措施是一种"与投资有
关的争端"，而违反投资合同也是一种"与投资有关的争端"②。从
条约文义解释上看，这种语言足够宽泛的争端管辖条款，应自然包
含了合同争端在内，即便该合同争端并未同时构成对条约义务的违
反，ICSID 也应有权管辖。③

3. 当 BIT 中存在保护伞条款时

现代投资条约中的保护伞条款通常规定，每一缔约国应遵守其
对另一缔约国的投资者及投资所做的"任何"承诺。晚近的 ICSID
实践表明，保护伞条款将东道国与投资者之间的合同义务提升至条
约义务保护范围的可能性是存在的。有学者指出，尽管很多条约在
对保护伞条款的表述上存在不同的措辞，但是，似乎在解释该条款
含义方面开始渐趋一致，包含了缔约国的条约与合同的"所有义
务"（尤其是涵盖了投资合同）。④ 这一观点是否会全面影响到 IC-
SID 的审判实践，我们还应当拭目以待。

Sempra 与阿根廷一案，仲裁庭指出，该争端是源于"违反对

① SGS v. Pakistan, Decision on Jurisdiction, 6 August 2003, 42 ILM 1289, papa. 59.

② SGS v. Republic of the Philippines, Desicion on jurisdiction, Jan. 29, 2004, 19 MEALEY's: INT' L ARB. REP. C1, para. 131.

③ 对此，SGS 与巴基斯坦案的仲裁庭持反对意见，其认为，"与投资有关的争端"这一术语只是对争端事实主旨的描述，与争端的法律基础或诉因无关，因而该仲裁庭做出与 SGS 诉菲律宾一案不同的认定。本书在此讨论的是合同争端在什么情况下落入 ICSID 管辖范围的"可能性"，故而这种不一致也不必完全苛求，后文对此也有论述。

④ Katia Yannaca-Smal：《促进投资者—东道国争端解决的制度：概论》，董文琪译，《国际经济法学刊》2008 年第 15 卷第 1 期，第 220 页。

被许可人（Sempra）的合同承诺的行为是如何……影响投资者依据条约规定的权利，以及对被保证人受保护的投资的影响"①。在 Joy Mining 与埃及案中，仲裁庭进一步对适用保护伞条款将合同争端提升为条约争端的程度进行了限制，其指出"在此情况下，不能裁定一项不十分明显地插入条约中的保护伞条款具有将所有合同争议转换为条约下投资争端的作用，除非明显侵犯条约权利和违反义务，或侵犯合同权利的严重性达到启动条约保护的程度，那要另当别论"②。也有学者对此观点进行回应，如果东道国政府稍有违反合同的行为（如付款略有迟延），外国投资者就可将其诉诸国际投资条约规定的争端解决机构，从而可能使东道国政府被大量的"骚扰性诉求"所困扰，③ 或使得 ICSID 仲裁庭成为可能发生的、数不清的合同性争端的初审法庭，从而带来类似于打开"防洪大闸"（flood-gate）的风险。④ 无论如何，这些实践和观点都没有否认保护伞条款将合同争端提升至国际层面的可能性。

学者们担心，BIT 条约中同时存在的最惠国待遇条款（MFN）也可能会将保护伞条款对投资的更充分保护无条件扩展并放大到所有的最惠国，从而将继后条约中保护伞条款对合同争端的提升效果进行普及。尽管除极个别情形外，现代各国缔结的国际投资条约几乎都没有明确规定最惠国待遇条款是否适用于争端解决事项，⑤但 ICSID 受理的 Maffezini 案、西门子案和 Camuzzi 案等仲裁庭的管辖权决定中都肯定了最惠国待遇条款可以适用于争端解决事项。能否

---

① Sempra Energy International v. Argentine Republic（ICSID Case No. ARB/02/16）.

② Joy Mining Machinery Limited v. Arab Republic of Egypt（ICSID Case No. ARB/03/11）.

③ C. Scheruer, "Traveling the BIT Route: of Waiting Periods, Umbrella Clauses and Forks in the Road", *The Journa of World Investment & Trade*, Vol. 5, 2004, p. 255.

④ 陈安主编：《国际投资法的新发展与中国双边投资条约的新实践》，复旦大学出版社 2007 年版，第 233 页。

⑤ 同上书，第 190 页。

发生如学者们担心的这个效应，还要依赖于具体案件中的情势，[①]但这种可能性不是一点没有。

4. 当 BIT 明确授权 ICSID 管辖投资合同争端时

前述一直让人纠结的问题是，ICSID 公约对投资的定义以及投资争端并没有做出明确的规定，那究竟 ICSID 管辖权能否既涵盖条约争端又包括合同争端？国际上没有任何先验性的规定，ICSID 仲裁实践也不能得出一致的结论。我们知道受私法支配的国际能源投资合同对 ICSID 管辖的授权并不必然引发管辖的实践。而当作为 ICSID 管辖权的重要来源之一的 BIT 对其涵盖合同争端管辖加以明确规定，而不是留待推定，则不失为一种很好的主意。目前也只从美国 2004 年 BIT 范本中找到这种明确授权，ICSID 仲裁庭毫无疑问可以依照授权管辖因违反投资合同而产生的争端。

三 评析

（1）BIT 的争端管辖条款无论如何宽泛表述，当国际能源投资合同的当事方是有独立法人人格的国有实体或其他第三方而不是东道国或其指派到中心的任何下属单位或机构时，约束缔约国国家的 BIT 中的争端管辖条款不能得以适用，ICSID 对此投资争端无论如何没有管辖权，这是最起码的底线。Salini 案仲裁庭将自己的管辖权延伸到了包括纯合同争端在内的几乎所有争端，唯一的例外就是合同的当事方是实体而不是国家的合同争端。这样的理论在 Impregilo 与巴基斯坦案[②]中得到了印证，该案所涉的投资合同是 Impregilo 与巴基斯坦的 WAPDA（Water and Power Development Authority，水利电力发展局）签订的，而 WAPDA 是一个自治法人团体

---

① Wenhua Shan, "Umbrella Clause and Investment Contracts under Chinese BITs: Are the Latter Covered by the Former?", *The Journal of World Investment & Trade*, Vol. 11, No. 2, April 2010, p. 167.

② Impregilo S. p. A. v. Islamic Republic of Pakistan (ICSID Case No. ARB/03/3).

（an autonomous corporate body），则仲裁庭主张本合同争端不在 BIT 的争端管辖条款适用范围之内。

（2）尽管仲裁庭都认为以条约为基础的 ICSID 管辖权在宽泛表述的争端管辖条款基础上可能扩展到纯合同争端，但实际上，没有任何一个仲裁庭对其手头上的合同争端案件确认了自己的管辖权。[1]也就是说，除非 BIT 的争端管辖条款明确表明其适用于或排除合同争端（如美国 2004 年 BIT 范本第 24 条、ECT 第 26 条等），ICSID 管辖权能否扩展至合同争端，还具有很大的不确定性。

（3）学者们一直想从 ICSID 仲裁庭的推理中，去寻求一种法理学上的常态（a jurisprudence constante），[2] 也会从 ICSID 公约中要求仲裁裁决应陈述其所依据的理由，如未陈述则可能导致裁决被撤销[3]这一问题出发，试图在裁决所依据的理由中去探究仲裁庭的态度及预测和评估仲裁庭相对稳定的解释方法。但实际上，仲裁程序中要求仲裁员给出理由也仅是个程序性的要求，只是为确保仲裁庭并非武断。因为仲裁员毕竟不是法官，没有办法去确保裁决完全"正确"。[4] 相应地，仲裁庭的推理也并不可能脱离具体案件而特征化。所以欲从仲裁案例中寻求 ICSID 对合同争端管辖确切态度的努

---

[1]　Emmanuel Gaillard, "Treaty-based Jurisdiction: Broad Dispute Resolution Clauses", *New York Law Journal*, Vol. 234, No. 68, Oct. 6, 2005.

[2]　James Crawford, *Treaty and Contract in Investment Arbitration*, the 22nd Freshfields Lecture on International Arbitration London, 29 November 2007, p. 3.

[3]　魏艳茹：《ICSID 仲裁撤销制度研究》，厦门大学出版社 2007 年版，第 146 页。本书中作者提及在 2004 年之前的七个援用该条申请撤销的案件，其中有三个案件最终确认，成功率接近 50%。但据笔者对 ICSID 网站上的所有仲裁案例逐一统计，自 2004 年底起截至 2011 年 10 月 4 日，又出现了一共 18 起审结的撤销案件，其中有 2 起是当事人申请提前终止程序的，另有 1 起是因主张仲裁庭越权而被撤销的，还有 6 起是以未陈述理由提起上诉申请，但无一被确认。如此一来，总共 13 起以未陈述理由提起的撤销程序，获确认的就仅有之前的 3 起，援用这一撤销理由的申请渐渐不再得到支持。

[4]　Wenhua Shan, "Umbrella Clause and Investment Contracts under Chinese BITs: Are the Latter Covered by the Former?", The Journal of World Investment & Trade, Vol. 11, No. 2, April 2010, p. 167.

力并不会有太大的效果，其结果无非得出一个规律：仲裁庭"反复无常"。

（4）当两种争端竞合时，投资者会选择有利于实现或保障实现其索赔的救济方式，便出现了"挑选法院""平行诉讼"和"连续诉讼"①。有学者称，对合同争端与条约争端的区分，也并不意味着这些争端就必须由不同的法庭来审理。事实上，将由同一投资争端引起的所有诉请都归于一个法庭管辖，这种安排不失为一种很好的解决方法。② BIT 也只不过为投资合同提供了额外层次的保护，拓展了其争端解决的管辖选择范围。所以笔者赞成统一论的方法（integrationist approach），③ 主张从务实的角度出发，援用"司法礼让"（judicial comity）和"禁止权利滥用"（abus de droit）原则④解决两种争端的管辖权冲突，促进两种争端在国际仲裁管辖中的和谐共生。

第四节 小结

国际能源投资合同中的稳定性条款自产生至今大约近一个世纪了，结合能源投资合同模式的演进，稳定性条款的形态也已有了长足发展。然而对国际能源投资合同稳定性条款效力的理论研究还较为不足，并未形成完善的理论体系。这种状况就出现了两方面的影

---

① 因不是本书论述重点，在此不赘述，具体内容请详见侯幼萍《WTO 和 ICSID 管辖权冲突研究》，《国际经济法学刊》2007 年第 14 卷第 2 期，第 180—201 页。

② Christoph Schreuer, *Investment Treaty Arbitration and Jurisdiction over Contract Claims—the Vivendi I Case Considered*, in: Todd Weiler (ed.), International Investment Law and Arbitration: Leading Cases from the ICSID, NAFTA, Bilateral Treaties and Customary International Law, Cameron May, 2005, p. 299.

③ 观点详见 James Crawford, Treaty and Contract in Investment Arbitration, *the 22nd Freshfields Lecture on Intermational Arbitration London*, 29 November 2007, p. 3.

④ Salini Cistruttori S. P. A. & Italstrade S. P. . A. . Kingdom of Morocco, Decision on Jurisdiction, July 16, 2001, 42ILM 606, 2003.

响，一方面，对稳定性条款的效力出现了"有效说"与"无效说"的争议，甚至"无效说"还一度占了理论研究的上风，引起很多石油公司或律师的附和。另一方面，表现在国际仲裁实践中，关于如何适用稳定性条款并没有完善的理论体系，因而仲裁庭的推理方式呈现五花八门。因而，拨正关于稳定性条款的效力认定，对于完善稳定性条款在仲裁实践中的适用不无裨益。

当因稳定性条款而生争议时，发生争端的外国投资者和东道国可以依据投资保护的双边或多边条约的授权将争端提交国际仲裁，而与此同时，他们的国际能源投资合同中又往往规定了专属管辖条款要求将争端提交东道国国内司法救济，基于此，违反稳定性条款的行为究竟构成条约争端还是合同争端，成了国际投资法中的研究热点。ICSID 不管辖纯粹的能源投资合同争端，但当违背稳定性条款的投资合同争端同时构成对条约实体标准的违反时，当 BIT 中包含了宽泛性的争端管辖条款时，当 BIT 中存在保护伞条款时，当 BIT 明确授权 ICSID 管辖投资合同争端时，ICSID 中心才有权管辖国际能源投资合同争端。

第 九 章

国际能源投资合同稳定性条款：
一种新型效力观

合同条款的法律效力本应限于特定法律秩序的评价，国际能源投资合同稳定性条款的效力如何根据该合同的准据法进行认定。然而目前尚缺乏认定稳定性条款的国内法和国际法的具体规范，因此需借助一般法律原则进行论证，而国际仲裁庭的推理模式无疑为我们提供了认定稳定性条款效力的分析素材。如前所述，我们看到传统意义上将东道国的稳定性承诺与其规制权的行使对立起来的观点，已经有些过时。稳定性条款在仲裁实践中的执行彰显了理论中对其效力认定的争议。如前所述，目前的仲裁实践还主要围绕与征收有关的传统稳定性条款的问题，尚没有公开发表的针对现代混合稳定性条款做出的国际仲裁裁决，现有的仲裁裁决对稳定性条款的效力认定也不尽一致。这种情况使得习惯了英美法系思维的学者无所适从，或持观望之势，或退而怀疑问题本身。而一个可预见的期限内，学理观点所呈现出的判然有别的立场暂时还不可能改观。因此，本书有必要构建一种关于国际能源投资合同稳定性条款的新型效力观，既能立足理论基础又能切合实践。

第一节　一种新型效力观：限制有效论

如前所述，我们通过评判、批驳学者观点中对稳定性条款的"无效说"，进而构建了稳定性条款的理论基础。从稳定性条款的理论依据来看，国际能源投资合同包括其中的稳定性条款是合同双方当事人意思自治的产物，理应得到充分尊重，而东道国或其国有石油公司在明确知晓其国内法规定的情况下做出相应的承诺，则从"善意""诚信"原则出发，不应过分夸大外国投资者的"合理注意义务"而产生举证责任负担不平衡的问题。从各国对外签订投资条约所应负担的公平与公正待遇原则看，东道国或受其控制的国有石油公司应承担为外国投资者提供稳定的商业和法律环境的义务，保护投资者的合理期待。有的东道国过多强调情势变迁原则，将特定历史条件下受跨国石油公司强势议价压力下所签订的稳定性条款，于现代国际经济新秩序背景下一概推翻，显然这也不是一个负责任的政府所应该呈现给国际社会的形象。

然而，随着能源投资合同模式的演进，传统意义上稳定性条款的"绝对稳定"论，渐已式微。要求东道国遵守国际能源投资合同中做出的稳定性承诺，但同时也不能僵化地一概否定东道国行使其对国内经济活动和投资活动的规制权。近年来，随着各国对环境保护和劳工标准的关切，传统意义上对东道国不得因鼓励投资而减损其本国环境法或劳工法的适用，也不得因对投资者做出的稳定性承诺而放弃提高环境标准和劳工标准的国际义务。因而诸如环境保护和劳工权利保护等领域应排除在国际能源投资合同稳定性条款的效力范围之外。稳定性条款正从一种"绝对稳定"的状态走向附有例外情形的"相对稳定"状态。故在此，提出一种新型的效力观即"限制有效论"。对限制有效论的具体表述应该是，在坚持国际能源投资合同稳定性条款原则上应当有效约束合同双方当事人的前提下，在某些特殊领域或特殊情况下该条款不能阻止东道国行使其对本国境内经济活动和投资活动的规制权。限制有效论既区别于有效说与无效说，也不同于相对有效的观点，因为稳定性条款作为合同条款之一，其相对有效会带来效力的不确定状态，也将赋予裁判者过大的自由裁量权。故而在坚持稳定性条款原则有效的基础上，限制其适用的范围应是一种较为理性和较为中肯的观点。

"限制有效论"观点下，除了对无效论的观点、论据及论证方法进行批驳提出理论依据外，最根本的还是要加强对稳定性条款的研究，综合多方面考虑，设计出完善、实用的可以为外国投资者有效提供保护的稳定性体系。本书认为在具体适用稳定性条款时，应考虑合同中法律适用条款以及适用法律中的有关规定（如保护伞条款、条约中稳定性条款等）进行综合判断。同时，强调稳定性条款并不是绝对僵化地"冻结"东道国的继后立法，而是在现代稳定性条款中加入可转化实现保护水平的其他配套制度。也许有学者会认为这样有扩大仲裁庭自由裁量权之可能性，[①] 实际上，本书认为，欲在纷繁复杂的国际能源投资合同稳定性条款适用实践中达成一个统一的结论，并不太可能；即便结论统一，也可能无法形成一个标准化的推理模式。[②] 所以抛却功利主义的目的，从理性角度来看，只能原则上承认稳定性条款有效，在实践运用中形成几份推理有据的较优的仲裁例，为以后的仲裁实践提供可援引的模板，也为东道国的实践提供基本明了的司法态度。在具体实践中应从以下几个方面考虑对稳定性条款的"限制性适用"。

---

① 杨卫东、郭堃：《国家契约中稳定条款的法律效力认定及强制性法律规范建构》，《清华法学》2010 年第 5 期，第 119 页。

② Thomas Wälde，"Stabilising International Investment Commitments：International Law versus Contract Interpretation"，*Centre for Petroleum and Mineral Law and Policy（CPMLP）Professional Paper* NO. PP13，1994，p. 28.

首先，在具体适用稳定性条款时要转变思路，尽量避开对其效力的争议而追求经济性实效。实际上，近年来国际法学界呈现出一种趋势，那就是逐渐避开稳定性条款效力的"口水战"，将这一问题转化为东道国违反稳定性条款的赔偿标准问题。传统的隐性条款禁止东道国实施直接征收，对传统冻结条款的违反即法律发生变化而无论其程度或影响均会要求支付赔偿，经济平衡性条款下实施间接征收或类似规制式征收等措施导致投资者的经济利益失衡会引发相应的赔偿，因此，违反稳定性条款时最主要的执行力就是东道国支付赔偿。在 Liamco 案中，仲裁员认为违反稳定性条款的国有化措施是赔偿责任的源头。① 违反稳定性条款的赔偿标准议题，不是本书讨论的重心。

其次，对稳定性条款的效力争议大多局限于传统稳定性条款，而现代稳定性条款下出现的新情况、新问题已经或正在改变着对稳定性条款效力的态度。如传统稳定性条款下禁止征收规定，在现代间接征收情况下并没有多大适用空间。国际投资条约中的保护伞条款可以在一定程度上将单纯的合同义务提升为一项国际法义务，从而对稳定性条款的适用提出了新挑战。国际能源投资合同中的法律适用条款的发展趋势使得同为其特殊变形的稳定性条款的适用也受到了影响。而常常与稳定性条款相提并论的再协商条款，则成为现代稳定性条款的一种当然的救济方法。这些相关的新情况、新问题为稳定性条款的适用提出了挑战。后面具体论述。

最后，实践证明，在对外国投资者进行保护与维护东道国主权二者之间，稳定性条款旨在限制东道国主权从而保护外国投资者的合同权益，然而对这种私权利的过度保护必然会损害一些公共利益。在具体适用稳定性条款时，各国日益关切其在一些特殊问题上

---

① Libyan American Oil Company （LIAMCO） v. The Government of the Libyan Arab Republic （12 April 1977） 62 ILR 140.

的限制，如环境保护问题、劳工权利保护问题、国家利益根本安全问题、人权问题等。这些特殊问题表明了稳定性条款意在实现尽可能绝对的稳定是不可能的，必须设置一些例外情形限制稳定性条款的适用。具体论述见后面。

如前所述，我们必须原则上承认稳定性条款的效力，尊重国际能源投资合同当事人的意思自治，承认其在能源投资合同实践中发挥的作用，并随着稳定性条款的发展动态地更新效力观。在具体适用稳定性条款时，应注重经济平衡性稳定性条款及转化为赔偿问题的发展趋势，国家在规制能源投资活动时出现的新情况和新问题，以及适用稳定性条款的一些特殊例外情形等，即坚持"限制有效论"的新型效力观。

第二节　国际能源合同稳定性条款
设定例外情形的必要性

国际能源投资合同稳定性条款本就体现了东道国如何处理在保护投资者与行使国内规制权之间的关系。如前所述，在对稳定性条款效力争议的观点中，大多将上述二者的关系对立起来，要么片面强调国家对自然资源及经济活动的规制主权，要么一边倒地将东道国做出的稳定性承诺"国际化"从而优于东道国的继后立法。但无论怎样，随着国际条约的不断发展逐渐为世界各个主权国家施加一些国际性的义务，外国投资者和东道国都不能否认，一定情况下如涉及环境保护、安全、卫生等领域，东道国为了本国公共利益的保护而行使和承担的对领土内经济活动的管理权利和义务，可以适当减轻或免除东道国的稳定性担保义务。这就是我们在投资条约中范围内经常讨论的"例外情形"。然而，遗憾的是，国际能源投资合同领域鲜见对这个问题的系统研究。能源投资合同与各国的石油立法、双边或多边投资条约、国际习惯法等一起，成为国际石油投资合作的法律规范框架。目前，各国的国内立法和投资条约中都或多或少地规定了一些投资保护的例外情形。

一　环境保护例外

一直以来，石油开发行业并不太关注环境问题。联合国跨国公司中心（United Nations Center on Transnational Corporations，UNCTC）在 1983 年针对全球石油和矿产协议做的一项研究中列出了能源投资合同起草中需考虑的 13 个因素，但环境管理问题却未在此列。[①] 能源投资合同中缺乏环境保护条款的主要原因在于，很多作为资源国的发展中国家持有一种错误的意识，那就是"经济发展重于环境保护"。一些发达国家明明在国内执行很高的环境标准，而身处发展中国家实际执行石油作业的跨国石油公司却"睁一只眼闭一只眼"。比如，BP 公司曾在其内部文件中说过，如果在自己母国作业需准备 22 份环境影响评估、40 份基线环境调查和 18 份环境监控调查。然而同期在拉美产油国仅有一份初步环境影响评估、一份不完全的环境影响评估，没有基线环境调查也没有环境监控。[②] 直到 20 世纪 90 年代中期后，能源投资合同中才逐渐引入地下资源保护和环境保护条款。通常在开始石油作业之前，投资者会被要求对拟开发区块进行环境影响评估，提交评估供东道国审批。附随在环境影响评估报告之后，投资者通常还会提出针对特定区块环境管理计划的建议。该建议经提交东道国获得批准后，可能成为能源投资合同的组成部分，起码在投资者看来，将等同于为东道国设定了关于环境保护方面的承诺。然而，东道国并不情愿就此放弃自己的环境管理

① UNCTC, *Main Features and Mining Ageements*, UN Doc. ST/CTC/29, 1983, pp. 44 - 45.

② K. Thomson and N. Dudley, *Transnationals and oil in Amazonia*, 19 The Ecologist 333 - 23 (1989).

权，可能会在合同履行期内提高环境标准或为投资者设定新的环境保护义务。这样便产生了适用能源投资合同稳定性条款与东道国环境保护管理权之间的冲突。但是，基于以下几个原因，有必要将环境保护条款作为国际能源投资合同稳定性条款的例外情形：

（一）环境保护标准因地而异且处于不断进化之中

目前，实际上并不存在与石油作业相关的全球性的环境标准。[①]发达国家与发展中国家的环境保护标准差距很大，即便是发达国家之间也标准不一。石油区块所处区域不同，对环境的要求自然也不相同。陆上石油作业与海上石油作业对环境的要求更是不一致。目前经常采用的一些国际组织和地区的环境标准有国际复兴开发银行（International Bank for Reconstruction and Development/IBRD）、经济合作与发展组织（Organisation for Economic Coorperation and Development/OECD）的标准，也包括美国石油协议（American Petroleum Institute）和石油天然气生产者协会（Association of Oil and Gas Producers），在海上石油开发方面还有防止船舶污染国际公约（International Convention for the Prevention of Pollution from Ships/MARPOL）等，随着科技创新的不断发展，这些标准同时也在不断进化着。因而，国际能源投资合同中对环境标准的约定不能纳入稳定性条款的范围，否则继后修改的国际环境标准受到稳定性条款的限制将被"人为"固定化，这样不利于推进全球保护环境的共同行动。

（二）环境保护符合人类的共同利益

通常情况下，保护环境等国际责任往往施加在国家而非跨国石油公司这样的私人主体身上。[②] 国际社会已深刻认识到投资自由化、

---

① Peter D. Cameron, *International Energy Investment Law*: *The Pursuit of Stability*, Oxford University Press, 2010, p. 383.

② A. F. Maniruzzaman, "The Pursuit of Stability in International Energy Investment Contracts: A Critical Appraisal of the Emerging Trends", *Journal of World Energy Law & Business*, Vol. 1, No. 2, 2008, p. 156.

保护投资者利益不能以牺牲环境等公共利益为代价，即国家不能在那些国际法要求其采取措施的领域承诺不去采取措施。[①] 美国 2012年 BIT 范本中明确规定各个国家应认识到"通过削弱或降低国内环境法律所承担的保护义务来鼓励投资是不恰当的"。

国际能源投资合同现有的稳定性条款并不区分经济条件还是涉及环境保护的条件，都成为保护投资者利益的稳定范围。而现有的仲裁实践则倾向于保护投资者的利益，国际能源投资合同签订以后，如果东道国提高环境标准则构成违约，应当向外国投资者进行赔偿，其结果可能对东道国环境管理的规制权力及能力造成极大的负面影响，形成一股政策僵局（regulatory chill），也称之为"监管寒流"。如果片面强调稳定性条款的作用，客观上使得东道国不敢在能源投资合同履行期内改变环境立法、提高环境标准，最终在石油项目结束以后，东道国将不得不支付更大的成本进行补救，很有可能对地表和海洋生态系统造成毁灭性的破坏。说到底，环境利益不仅是东道国的公共利益，更是全人类的共同利益。

（三）能源投资合同实践暴露出稳定性条款的环境保护困局

现有的国际能源投资合同很少明确将环境保护问题排除在稳定性条款之外，我们通过合同实践中正反两方面的事例来说明设定环境保护例外的必要性。当 2004 年俄罗斯联邦东部的库页岛（Sakhalin）的萨克哈林 2 号项目海上油气开发时，该项目由壳牌和另两个日本公司一起开发，建造最大的液化天然气处理设备。很多非政府间国际组织呼吁了该项目对海洋生态系统可能造成的损害，因为这里是诸如灰鲸、鸟类和海豹大群体的聚集地。[②] 投资者与俄罗斯签订的产品分成合同包含了一项非常独特的稳定性条款，第 24 （d）

[①] Lorenzo Cotula, "Reconciling Regulatory Stability and Evolution of Enviromental Standards in Investment Contracts: Towards a Rethink of Stabilization Clauses", *Journal of World Energy Law & Business*, Vol. 1, No. 2, 2008, p. 173.

[②] V. A. (2003) (ed.) Sakhalin Offshore oil: Environmental Concern, Scientific Press Limited.

条规定为："俄方应尽勤勉保证自 1993 年 12 月 31 日以后萨克哈林项目免受俄联邦及各州立法、俄罗斯法律修订、规章（By-laws）和政府机构的其他政策（包括解释或适用程序的任何改变）的影响，侵犯公司合同权利或导致有关合同作业的损害。俄方应使得萨克哈林项目免受俄总统和联邦政府、萨克哈林州行政机构和地方机构的任何行为影响，不受自 1993 年 12 月 31 日以后俄联邦修订法律、规章和政府部门其他政策（包括对它们的解释和适用程序）的影响，侵犯公司合同权利或导致有关合同作业的损害。"单独看起来，这一稳定性条款试图要使得该项目免受任何法律或法律解释对其的负面影响，从合同条款宽泛的规定上看，这一稳定性条款不仅适用于经济领域的立法，也应当适用于环境和社会方面的立法。这样，从萨克哈林项目总结的教训就是我们要尽力辨别在经济稳定性与同项目规模相称的环境保护之间投资者的合理要求。[①]

实践中在能源投资方面一起著名的案件或许给我们提供了反面分析素材。2009 年由瑞典电力公司 Vattenvall 根据《能源宪章条约》（ECT）起诉德国并提交至 ICSID 的一起案子，瑞典因是该公司的股东故同时作为申请人。瑞典的出现使得这个案子的知名度大涨，申请人与被申请人是两个发达国家——瑞典与德国，同时作为 ECT 的成员国和欧盟的成员国，使得这一案件几乎成了国家之间的争端。Vattenvall 公司于 2007 年 12 月在德国汉堡取得了一项工厂建设的临时合同，其中包括了工厂建设对易北河（Elbe River）水域环境影响的限制。该城市的环保部门也相应签发了初步许可。Vattenvall 公司因此在 2008 年 9 月最终许可签发之前开始进行有关建设的一些工作。但是，最终许可签发时为工厂对易北河的影响施加了额外的限制（如水量、温度和氧含量等）。为此双方发生争端。德

---

① Peter D. Cameron, *International Energy Investment Law: The Pursuit of Stability*, Oxford University Press, 2010, pp. 381 - 382.

国认为这些限制与对易北河沿岸所有工业的要求是一致的，均符合欧盟水框架指令（EU Water Framework Directive）的要求，该指令要求所有的欧盟成员国在 2015 年之前必须确保河流、湖泊、河口、沿海水域和地下水的水质达到一定水平。而申诉人 Vattenvall 公司则认为最终许可超越了合同中的约定，将使得工厂无法实际运行，也不能营利。[①] 如果该案中合同稳定性条款中设置了环境保护例外，则外国投资者不能再依据稳定性保护条款主张所谓的"期待利益"。

（四）稳定性条款中设定环境保护例外的具体考虑

有学者主张，可以通过"明示或默示"的方式设定环境保护例外，其中默示的方式就是东道国在稳定性条款中只需做出承诺限制其"符合国际法"（compliance with international law）的义务。[②] 实际上他认为，当默示规定"符合国际法"的义务时，自然就应包括环境保护这方面的义务。笔者不太赞同这种方法，因为它可能需要对稳定性条款的内容和范围加以解释，会陷于循环论证的境地，也在一定程度上扩大了东道国和仲裁庭自由裁量的空间。在此，我们还是主张根据现有国际条约的实践经验，在国际能源投资合同稳定性条款中应明确表明环境保护作为一种例外情形。

当明确规定了环境保护例外情形后，它有可能成为能源投资合同中新的"不稳定因素"，投资者常常会因无法预计现行环境标准的持续期限而怯于追加投资或更新设备。这就要求我们在明确设定例外的基础上对环境保护条款进行再改造。具体须考虑以下因素：

1. 适度宽泛的环境标准

如果环境条款中非常硬性地指明本合同应适用某一规范或非常

---

① 该案件目前中止审理，但其应双方当事人的申请不公开审理，故无法获得案件双方当事人的详细陈述理由。

② Lorenzo Cotula, "Reconciling Regulatory Stability and Evolution of Enviromental Standards in Investment Contracts: Towards a Rethink of Stabilization Clauses", *Journal of World Energy Law & Business*, Vol. 1, No. 2, 2008, p. 174.

笼统地指向"国际石油行业广泛接受的标准",都不利于东道国最终达到加强环境管理的目标。如果僵硬地规定一项环境标准,一方面这样不符合国际上环境标准的进化规律;另一方面,在较长的国际能源投资合同履行期内东道国无法及时更新环境标准从而成为其掣肘之处。当前,很多能源投资合同中在环境条款中规定适用"国际石油行为广泛接受的标准",这一指向虽为东道国留下了环境管理的空间,却不利于对投资者的利益保护。因而,设定适度宽泛的环境标准可能更能维护东道国规制权与投资者利益保护的平衡,因为跨国经营的一些大的石油公司也很乐于采用较新的环境标准以防御"商誉风险"(reputation risk)。[1]

2. 诚实守信的规制立法

如果东道国基于诚实信用对外国投资者的环境内容进行更新或扩展,将可能依据全球化市场发展起来的环境规范:国际标准、地区性公约、行业标准等要求在其国内法律框架植入新的内容,从而根据这一新内容对所涉及的石油项目环境条款进行变更。如果没有可接受的参照系,则难以避免东道国可能流于武断地、歧视地提高特定石油项目的环境标准。比如,东道国在对能源投资合同中的环境条款进行单方修改时,很可能是要从外国投资者那里取得额外的石油收益。如果这一目的很明确,那么投资者可能根据稳定性条款追究东道国"恶意"的违约责任。

3. 较高透明度的通知程序

环境标准谈判所处的阶段如果在合同签订之前,这就是一个不那么敏感的问题,一个跨国运营的石油公司也很愿意直接适用国际上较高的环境标准,这样它就可以确保一个可以优于多年的标准,相应地保证了合同的稳定性。然而,如果是在合同签订之后,双方

---

① Peter D. Cameron, *International Energy Investment Law: The Pursuit of Stability*, Oxford University Press, 2010, p. 383.

协商采用较高的环境标准，则环境标准的改变可能要增加成本，客观上使得外国投资者试图去限制或避免东道国进行继后环境立法的自由。因而，东道国在考虑修改现有的环境标准时，有必要对外国投资者提前进行通知，能源投资合同中可以根据项目具体情况规定这一时限。同时，还要结合能源投资合同模式考虑提高环境标准所需的成本如何分配的问题。如果将这一成本全然加在外国投资者身上，投资者可能缺乏足够的动力去做。签订产品分成合同和服务合同的情况下，可以将环境成本加在成本或费用中给投资者回收的机会，或者规定由投资者和东道国按一定比例分摊此费用。

二　劳工保护例外

近年来，国际社会逐渐表达出对投资领域"人权"问题的关切。但是，人权问题并不是一个可以脱离各国具体情况而"泛国际化"的问题。倒是与国际投资活动密切相关的"劳工权"有了理论探讨的空间。国际劳工组织（International Labor Organization, ILO）1998 年公布了《劳动基本原则和权利宣言》等八个有关劳动权的公约，其中以列举式界定了劳动权的内涵，即自由结社权、集体谈判权、消除一切形式的强迫劳动、禁止使用童工、消除雇佣和职业歧视、最低就业年龄等。这八大公约构成了国际劳工组织认定的最为重要的劳动权体系，作为保障劳动权的底线。然而各国并不都加入了这八大公约，对其标准也不一定完全承认，甚至有将其标准视为"软法"的倾向。① 但不能否认，随着国际投资条约中不断纳入劳动条款，再加上美国等发达国家常常将劳工条款捆绑在 BIT 或 FTA 谈判中，以其一贯全有或全无的谈判姿态，迫使中国等谈判国家来接受其劳工标准。

---

① 中国只加入了其中的四个公约：《最低就业年龄公约》《禁止和立即消除最恶劣形式的童工公约》《同酬公约》和《（就业和职业）歧视公约》。

2010 年 10 月发生在新西兰的一起《霍比特人》争端,[①] 暴露了投资活动（虽与石油投资关系不密切）中东道国行使规制权继后立法影响劳工标准的问题。正如美国 2012 年 BIT 范本中表明的，各国均认识到"通过削弱或降低国内劳动法所承担的保护义务来鼓励投资是不恰当的"。

原则上，我们不应排除东道国为了维护其公共利益，提高劳工保护标准，如果将劳工标准包含在稳定性条款中，将不利于东道国行使其这方面的规制权。石油作业的特殊性，同样要求东道国对工作在石油项目中的本国公民、外国公民等提供不低于国际最低劳工标准的保护。但同时，因为各国对于劳工标准的认定并不一致，故这一条在纳入到能源投资合同中时，应采用正面列举方式为宜，表明劳工标准的哪些特定方面（如最低就业年龄、废除童工、消除就业和职位歧视等）排除在稳定性条款适用范围之外。

三　其他例外

国际能源投资合同稳定性条款较为普遍地关注了环境保护例外，除此以外，还略有提及安全、卫生、人权等例外。比如俄罗斯 1996 年修订的关于产品分成法律中就对稳定性条款设置了作业安全、矿产资源保护、环境保护或公共卫生等例外。ECT 秘书处制定的政府间协议（IGA）中也对跨境管道项目的法律稳定性设定了环境和安全标准、劳工标准、社会影响标准和科技标准等。也有人参照国际投资条约的一般例外和根本例外，认为国际能源投资合同稳

---

① 该案中，新西兰演员工会集体要求与《霍比特人》制片方谈判关于最低工资标准的协议。根据新西兰法律，演员与电影公司签订独立合同，并不享受正式雇员的待遇。双方争执不下。后演员工会及其他多家国际工会组织联合抵制继续出演而罢工。为挽留该片在新西兰继续投资，新西兰议会不惜于 2010 年 10 月通过一项劳工法修改案，彻底消除合同工通过法律手段争取正式雇员福利的可能性，包括所享有的集体谈判、罢工、最低工资标准、工伤意外保险、禁止临时解雇、年休假、病假等诸多劳工权利，再现劳工标准的"底线竞争"。这种情况在全球经济萧条的背景下并不罕见。

定性条款中也应有根本安全例外的要求。但实际上，能源投资合同不同于国际投资条约的一处，是能源投资合同中必定会有不可抗力的条款。在不可抗力条款中，一般东道国都会规定"战争、各种性质的军事行动、封锁、政府部门执行法律或其他官方文件或者合同方无法控制的其他情况"①，免除合同当事人不履行合同义务的责任且无须赔偿。在这些与东道国根本安全利益相关情形下，投资者不能仍要求东道国提供稳定性保护，故而该条款本身就已经成为一种类似于例外的情形，本书无须在此画蛇添足。

第三节　与国际能源投资合同稳定性条款效力有关的其他问题

从上述关于稳定性条款效力争议的各种观点来看，最关键的问题还是东道国如何处理对外国投资者做出稳定性承诺加以保护与行使国内规制权二者之间的关系。之所以对稳定性条款的效力理论上会出现截然相反的观点，是因为这些观点将上述两个关系完全对立起来。国家运用规制措施干涉能源投资活动的形态已经发生重大变化，目前较受偏好的现代稳定性条款更倾向于采用某种形式的经济平衡或至少是与一些传统稳定性条款结合使用。此前已知，国际仲裁中对现代稳定性条款的判定尚无先例。这就促使我们去考虑与现代稳定性条款相关的其他问题，以期寻找明显不同且更复杂的方法，将我们的研究推向一定宽度和深度。这也是对稳定性条款"附条件件适用"的新型效力观指导下应予考虑的问题。

一　间接征收

20 世纪 80 年代以降，随着国际投资自由化进程的加深，征收

---

① 摘自哈萨克斯坦矿税制合同范本中第 29 条。

问题并没有消亡殆尽，反而在传统上较少关注的间接征收问题日益成为外国投资者及其资本输出国共同面临的主要问题。理论界一般认为，间接征收（indirect expropriation）与直接征收（direct expropriation）的区别在于前者"没有直接转移财产权或剥夺投资者的财产权，但其效果等同于直接征收"，在国际投资条约中更为简洁地称之为"相当于国有化或征收效果的措施"（measures tantamout to nationalization or expropriation）。诸如强制国产化、强制股权转让、强制转让经营权、不适当地大幅度提高税率等。① 类似的概念还包括"事实上的征收"（de facto expropriation）或"蚕食式或逐渐征收"（creeping expropriation）等。

随着各国条约实践的发展，逐渐形成了被广为接受的主权国家合法征收措施的构成要件，有四个：出于公共目的；采取非歧视的措施；支付适当赔偿；根据适当法律程序。这四个构成要件同样适用于直接征收和间接征收。

与本书内容相关的，如果东道国政府对其境内自然资源和经济活动行使永久主权时，其颁布法律、法规或出台行政命令等规制措施常有可能被认为是间接征收的一种，即"规制式征收"（regulatory expropriation）。国际投资法中规制式征收的理论源于美国宪法。美国最高法院在著名的 Pennsylvania Coal Company v. Mahon 一案中，首次提出"规制式征收"的概念，认为政府的规制措施有可能构成对外资的征收。法院在该案中，提出了"三要素测试法"来判断一项政府规制措施是否构成征收，即：政府规制行为的特征；投资者期待；规制行为对财产的干预程度。

源于美国的"规制式征收"概念在"移植"到一些国际投资

---

① 陈安主编：《国际投资法的新发展与中国双边投资条约的新实践》，复旦大学出版社 2007 年版，第 75 页。

条约中时，出现了对该概念的扩大化规定或一定程度的误读。① 国际仲裁实践对国家规制行为是否构成征收的认定，也不够统一，但基本上形成了三项判断标准："纯粹效果标准"（sole effect test）、"目的标准"（purpose test）、"效果兼采目的标准"（effect and purpose test）。

采取"纯粹效果标准"者认为，在区分规制措施与征收措施时应完全根据政府特定措施的实施效果，尤其是该措施对投资的干预程度。要正确界定规制措施对外国投资的"干预程度"，就必须找出国家行使治安权（police power）与对外资消极影响之间的平衡点。② 《美国对外关系法重述（第三版）》（Restatement on the Law of Foreign Relations（third））对此阐述为："因国家一般的税制、规制措施、为制裁犯罪或其他被广泛接受的在治安权力之内的行为剥夺了个人财产，当这些行为是非歧视的，并且不是以使外国人放弃财产或财产缩水为目的的情况下，国家不负赔偿责任。"③ 在 Pope & Talbot v. Canada 案④中，仲裁庭也两次援引了该重述，为了用"不合理的干预"对"规制式征收"进行界定。⑤ Metalclad v. Mexico 案⑥是采用"效果标准"最早且最有影响力的案例，它清楚地表达了对东道国严重干涉外资门槛的限制。其中，Metalclad 在墨西哥特

---

① Katia Yannaca-Small：《国际投资法中的"间接征收"与"管制权利"》，樊林波译，《国际经济法学刊》2008 年第 2 期。

② 曾华群：《外资征收及其补偿标准：历史的分时与现实的挑战》，《国际经济法学刊》2006 年第 1 期。

③ 根据《美国对外关系法重述（第三版）》，国家在对行使税收、管理、没收犯罪财产或其他属于国家治安权范围内的行为所造成财产损失或其他不利经济影响的后果不负责任。

④ Pope and Talbot Inc. v. Canada, Interim Award, Ad hoc-UNCITRAL Arbitration Rules, IIC 192 (2000), 26 June 2000, Award on the Merits of Phase 2, IIC 193 (2001), 10 April 2001.

⑤ Jessica C. Lawrence, *Chicken Little Revisited：NAFTA Regulatory Expropriation after Methanex*, Georgia Law Review Association Inc. ; 2006. Westlaw.

⑥ Metalclad Corp. v. United Mexican States, Award (ICSID (Additional Facility) Case No. ARB (AF) /97/1, Aug30, 2000, 16 ICSID Rev. -FILJ (2001), 168.

许得到一块用作垃圾填埋场的土地，并取得了联邦政府的必要许可，但当地有关政府部门拒绝向其签发建筑许可。本案仲裁庭认定墨西哥政府部门的行为实质剥夺了 Metalclad 依预期目的利用其资产的权利，构成了征收。仲裁庭强调效果标准必须是"剥夺"或至少影响了投资的重要部分，实践中投资者的垃圾填埋企业的运作完全受到阻碍从而失去所有价值。

采纳"目的标准"者认为，某些情况下，具备正当的公共目的本身就足以认定政府规制措施是对"治安权"的正常行使，不构成征收行为，而无论其对投资产生的效果如何，均无须给予赔偿。但是在判断政府采取规制措施的目的是否正当时，尚缺乏普遍适用的规则，不免导致仲裁实践中极大的不确定性。根据已有仲裁例，基本应考虑到以下几个因素从目的上来判断政府采取规制措施是否构成征收：考虑政府规制措施持续的时间，如仅为临时的则可能被认为是基于规制目的，反之则可能被认定为征收；① 考虑政府措施的对象是否特定，如果特意针对某个或某些外国投资者，则可能被认为是征收行为；考虑东道国政府相关部门及有关官员的言论；② 考虑政府是否从实施有关规制措施中获益。③

持"效果兼采目的标准"者认为，单独采用纯粹效果标准或目的标准来判定规制措施是否构成征收时难免失于偏颇。而将二者结合起来，则可以在寻求保护私人投资者权利与维护东道国的公共利益之间取得平衡。不仅考虑政府规制措施产生的效果，还要考虑到政府规制措施规范性权能的法律基础即治安权，同时结合具体案件的方方面面的情况综合判断。

东道国行使规制权可能会潜在地改变能源投资合同双方当事人

---

① CMS Gas Transmission Co. v. Argentina (2005), ICSID Case No. ARB/01/8, Award of 12 May, 2005.

② S. D. Mayers v. Canada, Partial Award (Nov. 13, 2001).

③ Ronald S. Lauder v. The Czech Republic, Award of September 3, 2000.

于签订合同之时的经济平衡关系，从其目的和效果两方面综合考虑
有可能会构成规制式间接征收行为。调节经济平衡性的现代稳定性
条款无疑在其中起了相当的参照作用，用以评判东道国规制措施是
否对外国投资者"明显的、合理的基于投资的期待"造成负面影
响。我们不得不注意到目前国际法学者及仲裁庭对间接征收的认定
还存在颇多歧见，因而从学理上丰富并固定完善的间接征收的认定
标准，对于未来应对涉及现代稳定性条款的仲裁案件将会有所
裨益。

二　保护伞条款

众多投资条约中都包含有"保护伞条款"（umbrella clause）[1]，
规定缔约一方应该遵守其对缔约另一方国民或公司投资者所做出的
"任何"承诺。它可能会将东道国在合同中的承诺一并置于"伞
型"条款下进行保护，起码从近年来的仲裁实践看来，国际仲裁庭
在适用"保护伞条款"方面有意图扩大自己管辖权的嫌疑。

传统国际法认为外国投资者只具有国内法中的诉讼主体资格，
因此投资者权利的实现往往要依靠其母国行使外交保护权，或者由
其母国代其在国际仲裁庭诉讼。随着多边条约和双边条约的大量出
现，投资者逐渐依据其母国与东道国所签订的投资条约向国际仲裁
庭提起争端仲裁。1966 年"解决投资争端国际中心"（ICSID）[2] 的
成立，投资者享有以自己名义起诉东道国的独立请求权。但 ICSID
仲裁庭从诉因出发对其管辖的争端进行限定，只受理投资者提出的

---

[1]　OECD study 'Interpretation of the Umbrella Clause in Investment Agreement'（October 2006）. http：//www. oecd. org/investment. 该研究指出当前大约有 40% 的 BIT 包含有保护伞条款。

[2]　1965 年 3 月 18 日，在世界银行主持下拟定的《解决国家与他国国民间投资争端公约》（ICSID）公约的正式文本开始接受各国签署参加。该公约于 1966 年生效后，随即根据该公约第 1 条的规定，正式成立"解决投资争端国际中心（ICSID）"，作为根据 ICSID 公约授权负责组织处理外国投资者与东道国投资争端的常设专门机构。参见陈安《国际投资争端解决——"解决投资争端国际中心"机制研究》，复旦大学出版社 2001 年版，第 12—13 页。

东道国违反条约义务的争端案件，而对投资者提出的纯粹违反合同之诉则无权管辖。故而，很多投资者将东道国的违反合同行为置于投资条约中的"保护伞条款"下，以东道国违反条约中"保护伞条款"义务诉至 ICSID 仲裁庭要求其管辖。

"保护伞条款"是由特许协议中规定的稳定性条款演变而来的，然而它作为东道国合同承诺的条约稳定性保护工具，对合同中稳定性条款的影响，在学者观点及晚近 ICSID 的仲裁实践中不尽一致。大致可以分为四个学派或阵营：限制主义者；主权中心论者；国际主义者；融合主义者。[①]"限制主义"学派坚持应当对"保护伞条款"采用限缩解释，认为只有外国投资者能够提供"清晰的和令人信服的证据"证明双边投资条约的缔约双方有此意图时，"纯合同请求"才受"保护伞条款"的卵翼。[②] 这一立场为 SGS v. Pakistan 案[③]、Joy Mining v. Egypt 案仲裁庭所采纳。在后案中仲裁庭指出："在此情况下，不能裁定一项不太明显的插入条约中的保护伞条款具有将所有合同争议转换为条约下投资争端的作用，除非明显侵犯条约权利和违反条约义务，或侵犯合同权利的严重性达到启动条约保护的程度，那要另当别论。"[④]"主权中心论"观点首先区分东道国政府是"国家契约"性质的行为还是"商事合同"性质的行为，认为只有当东道国运用国家主权时违反合同的承诺才可以构成"保护伞条款"下的违反条约行为。著名的 El Paso Eenergy v. Argentina 案[⑤]仲裁庭坚持了这一立场。"国际主义者"们认为"保护伞条款"的效力就在于将投资合同"国际化"，从而将违反合同之诉直接提

---

① James Crawford, *Treaty and Contracts in Investment Arbitration* (*The 22nd Freshfields Lecture on International Arbitration*, London, 29 November 2007), pp. 18 – 19.

② 徐崇利：《"保护伞条款"的适用范围之争与我国的对策》，《华东政法大学学报》2008年第 4 期，第 52—53 页。

③ SGS v. Islamic Republic of Pakistan (ICSID Case No. ARB/01/13) 42 ILM 1290 (2003).

④ Joy Mining Machinery Limited v. Arab Republic of Egypt (ICSID Case No. ARB/03/11).

⑤ El Paso Eenergy v. Argentina, http//ita. law. uvic. ca/index. htm.

升为违反条约之诉。Fedax v. Venezuela 案和 Eureka v. Poland 案体现了这一立场。"融合主义"观点认为，"保护伞条款"可以有效成为条约之诉的基础，但其不能将一个合同违约之诉转化为一个违反条约之诉，它也不能改变合同的适用法律或争端理由及争端解决条款。①

　　考虑到国际能源投资合同的稳定性条款，上述四个学派观点中的"限制主义论"与"国际主义论"应给予更多关注。我国国内学者大多对"保护伞条款"的适用采"限制主义论"。当东道国违反了能源投资合同中做出的稳定性承诺，首要地对东道国的违约行为进行区分看其属于"国家主权行为"还是"纯商事行为"，② 只有当东道国违反能源投资合同的行为系利用主权，如继后立法、改变税务政策等，同时构成了违反条约义务如违反公平与公正待遇义务等才可以诉至国际仲裁庭。否则，东道国政府稍有违反合同的义务，外国投资者就动辄诉至国际仲裁庭，可能会使得东道国政府被大量的"骚扰性诉求"困扰，③ 或使得国际仲裁庭成为可能发生的、数不清的合同性争端的初审法庭，从而带来类似于打开"防洪大闸"的风险。④

　　而其中"国际主义论"观点的影响则极为深远。一个规定了"保护伞条款"的投资条约将使得一项单纯的合同义务转变为一项国际法义务，这些规定为投资者提供的保护不可忽视，因为它们有可能将合同争端提交到以条约为基础的仲裁庭。这意味着，即使包

---

　　① James Crawford, *Treaty and Contracts in Investment Arbitration*（*The 22nd Freshfields Lecture on International Arbitration*, London, 29 November 2007）, note191.

　　② 徐崇利：《"保护伞条款"的适用范围之争与我国的对策》，《华东政法大学学报》2008 年第 4 期，第 51 页。

　　③ C. Scheruer, "Traveling the BIT Route: of Waiting Periods, Umbrella Clauses and Forks in the Road", *The Journal of World Investment & Trade*, Vol. 5, 2004, p. 255.

　　④ 陈安：《国际投资法的新发展与中国双边投资条约的新实践》，复旦大学出版社 2007 年版，第 233 页。

含稳定性条款的能源投资合同规定其适用法律为国内法，此时国际法将无视合同双方当事人的意图仍接管合同，使得合同中的法律适用条款、争端管辖条款统统归于无效，更不要说稳定性条款。

三　法律适用条款

对东道国和投资者而言，决定适用于合同的法律和争端解决条款通常被认为是最敏感的法律问题。东道国将从有利于保护其国家主权的角度来考虑这两个领域，而投资者将优先考虑选择哪种法律可以提供一个稳定和可预测的法律环境，哪种争端解决机制可以排除东道国对投资者的偏见和政治影响。根据双方的议价能力和谈判技巧，大量可能的选择已经用于适用法律条款，从单独指向东道国法律，到国际法规则的排他性选择，有时更多的是选择自然公平或公平法规则或一般法律原则。通常，混合选择国内法和国际法作为适用法律会是一种协商后的妥协。

卡尔沃主义者认为，从维护东道国主权，外国投资者不应享受高于本国投资者的特权，国际投资争端应当以东道国法律为准据法。[1] 利比亚与巴西贷款案中，国际法院也主张："除国家作为国际法主体签订的合同以外，所有合同均建立于特定国家国内法基础之上。"[2] 因而传统国际法上，国际能源投资合同的纠纷必然由东道国国内法管辖。然而，近年来在投资者与国家间争端法律适用方面，逐渐盛行"去内国化"或称"国际化"的趋势。对此，我们可以参看 ICSID《关于解决国家与其他国家国民之间投资争端公约》第42条第1款的规定，"法庭应依照双方可能同意的法律规则判定一项争端。如无此种协议，法庭应适用争端一方缔约国的法律（包括

---

① Wenhua Shan, Is Calvo Dead? 55 Am. J. Comp. L123，127（2007）；单文华：《"卡尔沃主义"死了吗？》，张生、劳志健译，《国际经济法学刊》2008年第2期。

② Publication of the Permanent Court of International Justice, Collection of Judgments, Series A. No. 20/21, p. 41.

其关于冲突法的规则）及可能适用的国际法规则"①。其中的很多术语都可做多种理解，从 ICSID 大量的案例可以看到，其第 42 条第 1 款规定的模糊性为 ICSID 仲裁庭依据国际条约行使管辖权带来了较大的自由裁量空间。但无论发生争端的东道国与投资者在合同中做出什么样的法律选择，东道国法律均可以与国际法结合使用，并各司其职。② ICSID 仲裁庭在 Vivendi 案中表明，每一种争端的确定需要依据其自己本身的适用法律，违反条约之诉依据国际法，而违反合同之诉则需要适用合同的相关法律，即国内法（municipal law）。③ 而在判断东道国政府是否利用其权力侵害或剥夺投资者的合法权益时，因为争议行为是东道国以国际法主体资格即国家身份所进行的行为，故应当放在条约、国际法的平台予以考虑。④

国际能源投资合同稳定性条款实质上就是法律适用条款的一个特殊变形。如果僵硬地主张国际能源投资合同单纯适用东道国国内法，则随着东道国继后立法，合同当事人争端适用基础被暗中破坏，则投资者主张东道国继后立法损害其利益的争端永远不可能胜诉。从之前的仲裁案例可以看到，在能源投资合同中规定稳定性条款，仲裁庭为了裁决稳定性条款在面对东道国单方修改行为时是可执行的，还是会要求国际法应当至少是合同支配法律之一。少数几个案子中，即使国际法并不是支配法律中的一个因素，仲裁庭也会将能源投资合同"国际化"，从而适用国际法。也可能借国际法中的投资条约，尤其是其中的公平与公正待遇原则这一关键的国际法

---

① 商务部网站（http：//tfs. mofcom. gov. cn/aarticle/data/j/al/200212/20021200058437. html）。

② 陈虹睿：《论东道国法律在国际投资仲裁中的适用》，《国际经济法学刊》2010 年第 4 期。

③ Compania de Aguas des Aconquija S. A. and vivendi Universal v, Argentina Republic, ICSID case No. ARB/97/3, Decision on Annulment of 3 July 2002, 6 ICSID Reports 340, Para. 95 – 96.

④ 陈虹睿：《论东道国法律在国际投资仲裁中的适用》，《国际经济法学刊》2010 年第 4 期。

因素，使得国际能源投资合同适用国际规则并受国际仲裁管辖。

四 再协商条款

国际能源投资合同签订前，拥有风险资本和技术的外国石油公司往往处于议价优势，当有了石油储量的商业性发现时，其前期投资已为东道国所实际控制，议价优势便从外国石油公司转向东道国。如 Raymond Vernon 教授所言，国际投资的特征是"实力衰减型议价"（obsolescing bargains）。[1] 这一经典概念强调了"沉没投资"的"绑架"效应。[2] 意味着，一旦投资设立，外国投资者与资源国议价能力将朝着不利于外国投资者的方向发展，东道国很可能行使其主权权力，单方面改变先前向外国投资者做出的承诺或与外国投资者达成的协议，而投资者或因处于"囚徒困境"而束手无策。东道国会利用这种议价能力的转移要求外国石油公司对能源投资合同的整体或某些条款进行再协商。再协商条款（re-negotiation clause），有时也称调整条款（adaptation clause）或艰难条款（hardship clause）。[3] 这种条款，旨在因合同签订时的情势在履行阶段发生重大变更而导致合同双方利益的失衡，为了给合同当事人在此种情况下提供法律救济，法律允许合同当事人在合同中订入这些条款，以使得合同当事人的利益重新达到平衡。

作为现代稳定性条款一类的经济平衡性条款，可能会要求东道国在引入一项新措施时启动自动恢复平衡机制，如果没有这种自动调整机制，则通常会在特定情况下启动对合同进行某种形式再调整

① Raymond Vernon, *Sovereignty at Bay*: *The Multinational Spread of U. S. Enterprises*, Basic Books (NY) 1971, p. 46.

② Thomas Wälde, "Stabilising International Investment Commitments: International Law versus Contract Interpretation", *Centre for Petroleum and Mineral Law and Policy* (*CPMLP*) *Professinal Paper* NO. PP13, 1994, p. 11.

③ Luigi Russi, *Chronicles of a Failure*: *From a Renegotiation Clause to Arbitration of Transnational Contracts*, ILSU Working Paper No. 2008 – 11/EN. www. bocconilegalpapers. org.

的协商程序。如壳牌石油公司在 1974 年与加纳石油生产公司签订
的合同第 47 条规定：

> 双方一致同意，如果在合同履行期内，加纳与石油产业有
> 关的金融与经济条件、运营条件和市场条件发生变化，实质性
> 地影响到本合同的经济和金融基础，在考虑运营者的资本投入
> 与风险负担后，本合同的条款应当被重新审订或就合同条款的
> 调整与修改进行再谈判，这种审订、调整与修改应当在指定数
> 量产区进行商业产油五年后方可进行，且不溯及既往。①

这种再协商的要求有时明确写入现代稳定性条款中，有时可能
并无明确规定。如在埃及 2002 年特许协议中第 XIX 条就规定：

> 适用于石油勘探、开发和生产行为的现行法律或规章的改
> 变，……严重影响协议的经济利益以致损害当事人利益或给协
> 议当事人施加负担……这种情况下，当事人应协商对协议进行
> 尽可能的修改以恢复自协议生效日之始的经济平衡。②

正因为再协商条款常常依附于稳定性条款存在，故而常常有学
者将再协调条款与经济平衡性条款并称，或直接作为稳定性条款的
一部分。再协商条款融合了合同神圣性和稳定性概念，它可能会集
中在经济平衡性而非法律稳定性方面。并不像传统的稳定性条款那
样，强迫要求东道国不要继后立法以免破坏协商之财务回报，再协

---

① S. K. B Asante, "Stability of Contracts Relations in the Transnational Investment Process", *International and Comparative Law Quarterly*, Vol. 28, No. 3, 1979, pp. 401 – 423.

② Peter D. Cameron, *Stabilisation in Investment Contracts and Changes of Rules in Host Coutries: Tools for Oil & Gas Investors*, AIPN, 5 July 2006, p. 31.

商条款允许东道国单方采取措施影响合同体系。① 以其特有的灵活性，再协商条款常常为外国投资者与东道国之间行将崩溃的合同关系提供一剂"灵药"，促使双方重新坐在谈判桌上，通过协商恢复受损的经济平衡。再协商条款几乎不单独为投资者而设，其目标是要既维护东道国的立法主权，同时也为外国投资者提供保护措施。

当我们在为再协商条款高唱赞歌时，学界也有一些批评之声。主要表现在五个方面：

（1）如果动辄要求对合同进行再协商，有可能会削弱当事人的可预见性和合同的稳定性；

（2）这种条款可能使得东道国失去投资或迫使投资者增加投入成本；

（3）如果合同双方经过再协商未达成一致协议，则会寻求第三方调整，仲裁庭因而可能行使管辖权或最终使得这种调整不可执行（因为双方之间本就没有"争端"可言）；

（4）如原来的合同中并没有给仲裁庭提供调整合同的各项标准，则仲裁庭可能自由裁量以一种非双方所愿的方式重写合同；

（5）如果诱发再协商的事件掌控在东道国手中，则有可能导致调整合同的程序存在不公正问题。②

考虑到国际能源投资合同中再协商条款利与弊，目前在国际投资活动中倾向于为再协商条款的适用设定一定的条件，普遍规定应在特定情况下考虑对合同的特定条款进行再协商。③

首先，从启动再协商的诱发事件（triggering event）来看，如果限定在"不可预见"的情况下而非受一方控制的事件，或许外国

---

① Klaus Peter Berger, *Renegotiation and Adaptation of International Investment Contracts: The Role of Contract Drafters and Arbitrators*, 36 VAND. J. TRANSAT' L L. 1347 (2003), p. 1349.

② Ibid., pp. 1362 - 1376.

③ John Y. Gotanda, *Renegotiation and Adaptation Clauses in Investment Contracts*, Revisited, HeinOnline-36 Vand. J. Transnat' l L. 1461 2003.

投资者会更容易接受。通常情况下，能源投资合同中会规定艰难
（Hardship）条款或不可抗力（force majeure）条款，① 作为合同稳
定性条款与再协商条款的中介。国际统一私法协会的《国际商事合
同通则》中就规定了启动合同再协商的"艰难情形"，是指："事
件的发生根本改变了合同的平衡性，或者因为一方履行成本的增加
或者因为一方履行所取得的价值已减少，且（a）这些事件在合同
签订之后发生或为不利一方当事人所知；（b）这些事件在合同签订
之时不可能已为不利一方当事人所合理地考虑到；（c）这些事件超
越不利一方当事人的控制之外；（d）这些事件的风险不能由不利一
方当事人所承担。"② 如果双方不能就事件是否构成"诱发事件"
而形成一致意见，则可以启动第三方机制，即提请仲裁庭决定该事
件是否存在，或该事件是否构成"诱发事件"。国际能源投资合同
实践中，有时外国投资者不得不进入大量由东道国提起的协商程序
系"胁迫"（Coercion/Duress）而为。近几年来，中东国家联合行
动引入"阿布扎比模式"（Abu Dhabi Formula），③ 由东道国通过一
项石油法案引入一项新的合同模式即对投资者来说价值更小的服务
合同，并为现有的能源投资合同设定时间表要求重新签订，否则将
处以惩罚或退出合作项目。这种模式下的被迫再协商，目前较少为
外国投资者提请仲裁，④ 大多数外国投资者在时限内均与东道国重
新签订了能源投资合同。但从理论上有必要对启动这种协商的诱发

---

① 这两个条款存在细微差异，不可抗力指的是"不能预见、不能避免、不能克服"情形，合同的继续履行已经不可能；而艰难情形可以形象地概括为"不能预见、履行有可能、成本或更高"。

② International Institute for the Unification of Private Law（UNIDROIT），Principles of International Commercial Contracts，art. 6. 2（2）（1994），34 ILM 1067（1995）.

③ Peter D Cameron，*International Energy Investment Law：The Pursuit of Stability*，Oxford University Press，2010，p. 87.

④ 这一情形最早出现在 Aminoil 案中。非能源领域也有一些仲裁案例，如 CME v. Czech Republic，Partial Award，IIC 61（2001），13 September 2001.

事件进行限制，如从其行为的性质、行为目标和采取的方法等方面进行明确限定。

其次，要明确各方当事人的具体义务。再协商的程序意义要大于其实体意义，显然，再协商条款本身只指明是一种"进行协商的协议"，而非"达成协议的协商"。如果当事人未进行协商，通常构成违约；而如果双方接洽协商却最终未形成一致意见，并不构成违约。我们称之为"协商的义务并不等于同意的义务"。在条款规定中，大都采用劝勉性的语言，如尼日利亚1990年产品分成合同中规定"各方应尽力对修改合同进行协商，达到如同赔偿的效果"。这种语言无法约束双方当事人，因为在这种情况下，如未协商则可能每一方当事人都应负有责任。通常当诱发事件启动再协商程序时，投资者不得不面临一些难题。能源投资合同中并没有足够的细节描述协商程序应如何开展，在这个诱发条款之外，当事人有各种选择去架构再协商的实质过程，为协商留下了充足的空间，准确来说是为东道国留下了空间。因而，再协商条款应对启动协商程序做一些必要的限制，可能对发挥该条款的作用更为有益。具体的努力表现在：（1）可以为启动协商程序的时限进行规定，以防止有利一方无限期地拖延坐到谈判桌前的时间。如在埃及2002年特许协议中第XIX条就规定：

适用于石油勘探、开发和生产行为的现行法律或规章的改变，……严重影响协议的经济利益以致损害当事人利益或给协议当事人施加负担……这种情况下，当事人应协商对协议进行尽可能的修改以恢复自协议生效日之始的经济平衡。各方应尽力从上述通知之日起90天内就协议修改进行协商。……在上述期间内双方协商未果，可以依协议将争端提交仲裁。[①]

（2）可以对协商采取的原则和标准进行限定，以防无规、无序之乱象。如在 Aminoil 案中仲裁庭援引了"北海大陆架案"中关于协商义务的内容，提及四项要求：诚信，在一段时间内适当的情况下持续维持谈判，考虑另一方的利益，坚持寻求一个可接受的妥协。

再次，规定协商未果后寻求第三方救济的机制。经济平衡性条款中大都规定如双方协商未果，可以向国际仲裁庭提起仲裁，要求仲裁庭修改合同。通常情况下，合同中并未为仲裁庭提供具体标准，如果任由仲裁庭自由裁量对合同进行修改，很可能修改的结果并非双方当事人所愿，更多情况下仲裁庭也不愿接受这"无米之炊"。也有建议仲裁庭在调整合同时适用公平或公正标准的。[②] 美国法院在一起案件中对不能实施和受挫情况下是否调整合同，提出了四个标准：（1）各方预知这些问题可能将来削弱协议平衡和风险分配；（2）各方尝试减少风险；（3）存在严重的支出损失；（4）特定商业团体的预期和惯例。[③] 这样一些标准或可为我们所借鉴。

通常，再协商条款要比稳定性条款提供更大的灵活性。从目前看来，再协商条款能否满足长期能源投资合同的实际需要仍是不明确的。但起码对再协商条款的启动条件、协商程序和协商未果后的救济机制在一定程度上进行限制，配合经济平衡性条款发挥应有的作用，尚能为投资者和东道国所一致接受。

① Peter D. Cameron, *International Energy Investment Law*: *The Pursuit of Stability*, Oxford University Press, 2010, p. 31.

② Wolfgang Peter, *Abitration and Renegotiation of International Investment Agreements*, 2nd. Ed. Kluwer Law International, p. 45.

③ Aluminum Co. of Am. v. Essex Group, Inc., 499 F. Supp. 53, 92 (W. D. Pa. 1980).

第四节　小结

随着能源投资合同的发展，传统意义上对稳定性条款的"绝对稳定"论，渐已式微。东道国不得因鼓励投资而减损其本国环境法或劳工法的适用，也不得因对投资者做出的稳定性承诺而放弃提高环境标准和劳工标准的国际义务。因而，环境保护和劳工权利保护就成为国际能源投资合同稳定性条款的两种例外情形。当然，我们不能排除随着合同实践和理论研究的发展将来可能还会有别的例外情形存在。总之，国际投资实践中对东道国在环境保护、劳工权利保护等问题上的关切日益得到重视。稳定性条款正从一种"绝对稳定"的状态走向附有例外情形的"相对稳定"状态。现代稳定性条款背景下，国家运用规制措施干涉能源投资活动的状态已经发生重大变化，对稳定性条款的适用逐渐转化为一种经济利益的平衡与受损后的赔偿。间接征收、保护伞条款，还有法律适用条款和再协商条款为能源投资合同中稳定性条款的适用提出了新问题。不得不指出，任何一种稳定性条款都不能称为一种万全之策，都不能达到"绝对稳定"的效果。

第 十 章

中国对外能源投资合同中
稳定性条款范本建议

第一节　中国现有标准合同稳定性
条款的制定背景及评析

　　2000 年后，中国的国际投资战略逐渐从改革开放以来以引进外资为核心的"请进来"战略转变为引进和鼓励向海外投资的"请进来"与"走出去"并进的战略。据数据资料统计显示，中石化、中石油和中海油海外并购石油项目数及并购交易金额均居各行业之首。[①] 2017 年《财富》500 强排名，中国 500 强排行榜中，中石化、中石油分别蝉联第一、第二名；这两个公司在世界 500 强中排名第三、第四名，仅居沃尔玛和国家电网之后。[②] 除了海外直接投资、并购石油项目等方式外，自 2009 年中国与俄罗斯签订第一个"贷款换石油"协议以来，已先后又与委内瑞拉、安哥拉、哈萨克斯坦和巴西四国签订了总额为 450 亿美元的"贷款换石油"协议。自 2013 年 2 月中海油收购加拿大尼克森公司完成中国企业最大规模海外收购之后，接着又与英国石油公司（BP）在北京成功签署中国

[①]　http：//news. pedaily. cn/zt/20120206292084. shtml.

[②]　http：//www. fortunechina. com/fortune500/c/2017 – 07/20/content_ 286785. htm.

南海珠江口盆地 54/11 合同区块能源投资合同。这是 BP 公司与中海油签订的第三个产品分成合同，也是中海油对外合作的第 200 个区块合作合同。30 多年来，中海油与来自 21 个国家和地区的 78 家国际石油公司签订 200 个对外合作能源投资合同，累计引进外资337 亿元人民币，占中国近海总勘探投资的 43%。海洋石油已成为中国吸引外资最多的行业之一，中海油也成为世界上签署对外合作能源投资合同最多的国家石油公司之一。① 上述中国对外石油合作方式有效地保障了中国国内石油供给，对实现我国石油安全战略目标意义重大。

一　中国现有石油法律及政策

根据中国《对外合作开采陆上石油资源条例》第 8 条的规定，"中方石油公司在国务院批准的对外合作开采陆上石油资源的区域内，按划分的合作区块，通过招标或者谈判，与外国企业签订合作开采陆上石油资源合同。该合同经中华人民共和国商务部批准后，方为成立。中方石油公司也可以在国务院批准的合作开采陆上石油资源的区域内，与外国企业签订除前款规定以外的其他合作合同。该合同必须向中华人民共和国商务部备案"。可见，目前我国对吸引外资开采中国陆上石油资源合同采"审批 + 备案制"。而中国《对外合作开采海洋石油资源条例》第六条规定，"中国海洋石油总公司就对外合作开采石油的海区、面积、区块，通过组织招标，采取签订石油合同方式，同外国企业合作开采石油资源。前款石油合同，经中华人民共和国外国投资管理委员会批准，即为有效。中国海洋石油总公司采取其他方式运用外国企业的技术和资金合作开采石油资源所签订的文件，也应当经中华人民共和国外国投资管理

---

① http：//stock. jrj. com. cn/2013/07/18080615550044. shtml？formrss.

委员会批准"。可见，中国对海洋能源投资合同采"单一审批制"。2013 年 5 月 15 日，国务院下发的《关于取消和下放一批行政审批项目等事项的决定》中规定，将要取消石油、天然气、煤层气对外合作合同的审批工作和境内单位或者个人从事境外商品期货交易品种的核准工作。[①] 如果这一决定具体实施，则可能预示着中国对能源投资合同全面监管的历史有了改观。结合前几章的分析，这一措施不仅仅是中国"简政放权"的国内行政体制改革之举，从国际能源投资合同稳定性条款的层面上看，这也是促进政企分开、淡化能源投资合同行政色彩、厘清国有石油公司与政府之间关系，从而让中国国有石油公司承担独立法人责任的一大改革。

　　近几年来，我国税制政策方面也做了一系列的改革，包括征收石油暴利税、修改企业所得税法、以石油资源税取代矿区使用费等措施。

　　2006 年 3 月 25 日，国家财政部印发《石油特别收益金征收管理办法》，从 2006 年 3 月起开始对国内的石油上游开采企业销售国产原油因价格超过一定水平所获得的超额收入按比例征收"石油特别收益金"（Special Petroleum Levy），此即所谓的"暴利税"（Windfall Profits Tax）。石油特别收益金实行 5 级超额累进从价定率计征，按月计算、按季缴纳，起征点为 40 美元/桶，征收比率为 20% 至 40%。2011 年 11 月 1 日，国家首次调整了石油暴利税起征点，由 40 美元/桶上调至 55 美元/桶。不能排除近年来有再调整提高暴利税起征点之势。从征收管理办法条文来看并没有设置"过渡期"，这与能源投资合同中的稳定性条款相冲突，存在被诉至国际

---

① 《国务院关于取消和下放一批行政审批项目等事项的决定》（国发〔2013〕19 号），发文日期为 2013 年 5 月 15 日。其中附件一《国务院决定取消和下放管理层级的行政审批项目目录》第 43 项即为该条规定（http://www.gov.cn/zwgk/2013-05/15/content_ 2403676.htm）。

仲裁的可能，但至今并没有出现任何仲裁案件。[①]

　　一直以来，我国规定开采能源投资合同应确保外国合同者的资金回收的权利、勘探企业优先开采的权利、优惠税收保障的权利等。[②] 而相应的石油、天然气等资源开采项目的企业所得税，也是由国务院另行规定。对外资企业的优惠政策常被谓之"超国民待遇"。2007 年《中华人民共和国企业所得税法》修改，将内资与外资企业适用相同的所得税法。国家税务总局也针对中石油和中石化企业所得税专门下发通知，适用国税函〔2010〕623 号文件，其下属不具有法人资格的二级分支机构企业所得税的申报方式及就地预缴比例适用国税函〔2009〕573 号文件。然而，新修改的《企业所得税法》第 57 条中规定了相应的过渡措施，即"本法公布前已经批准设立的企业，依照当时的税收法律、行政法规规定，享受低税率优惠的，按照国务院规定，可以在本法施行后五年内，逐步过渡到本法规定的税率；享受定期减免税优惠的，按照国务院规定，可以在本法施行后继续享受到期满为止，但因未获利而尚未享受优惠的，优惠期限从本法施行年度起计算"。这也是我国从立法层面对税制稳定给予的回应，实行平稳的过渡办法，避免因继后立法而产生的投资争端。

　　长期以来，中国采用"混合性能源投资合同"，其中融合了产品分成合同、风险服务合同和租让制合同等合同类型的各自优势之处，同时在具体合作方式中早期受挪威能源投资合同理论的影响采用了联合经营的方式。在我国，这种合同有时也称为产品分成合同、风险合同等，但实质却是包含了其他合同元素的综合模式。但随着中国 2011 年修改了《中华人民共和国对外合作开采陆上石油

---

① Peter D. Cameron, *International Energy Investment Law*: *The Pursuit of Stability*, Oxford University Press, 2010, p. 429.

② 杨慧芳：《投资者合理期待原则研究》，《河北法学》2010 年第 4 期。

资源条例》和《中华人民共和国对外合作开采海洋石油资源条例》，在决定中规定：自本决定施行之日起，中外合作开采陆上（海洋）石油资源的企业依法缴纳资源税，不再缴纳矿区使用费。这次修改，以收取石油"资源税"取代了历史上租让制合同中典型的"矿区使用费"，1989年与1990年分别制定的海洋与陆上《石油资源缴纳矿区使用费暂行规定》完成了历史使命，同时废止。然而，本次修改为之前已生效的能源投资合同保留了过渡期，故一时间，矿区使用费在中国对外能源投资合同中还未完全销声匿迹。自2011年起，中国新签订的能源投资合同（包括近期中海油与BP签订的南海能源投资合同）不再含有租让制合同的成分，依法缴纳资源税。根据《石油资源缴纳矿区使用费暂行规定》，年度原油总产量不超过一百万吨的部分，免征矿区使用费；年度原油总产量超过100万吨至150万吨的部分，费率为4%；……递次增加。而新实行的资源税石油天然气从价计征税率为5%。但是，上述对外合作开采石油资源条例的修改决定中规定，"施行前已依法订立的中外合作开采陆上石油资源的合同，在已约定的合同有效期内，继续依照当时国家有关规定缴纳矿区使用费，不缴纳资源税；合同期满后，依法缴纳资源税"。这样的规定，也避免武断立法给在华外资石油公司造成不利影响，这是立法与能源投资合同稳定性条款衔接的有效尝试。

二　中国法律提供的稳定性保障

（一）投资条约中的保护伞条款

我国对外签订的双边或多边条约基本都包括了"保护伞条款"。例如，中国与德国BIT中第10条第2款规定"缔约任何一方应恪守其就缔约另一方投资者在其境内的投资所承担的任何其他义务"。另据政府部门审查分析，从中国吸引外资的三种主要形式看，所有的中外合资合同无一不是纯粹的商事合同，而纯粹商事合同义务无论如何不能纳入保护伞条款的范围。中外合作开发合同与 BOT 合同类似于"国家合同"，可以纳入保护伞条款的保护范围之内，当这些合同同时受有效的投资条约约束时，其争端也可能受国际法支配并可能寻求国际救济。[①] 中国与外国石油公司进行合作开发境内石油资源的合同则归于上述类似于"国家合同"，[②] 受保护伞条款覆盖，增加能源投资合同的法律稳定性保障。此外，中国对外签订的 BIT 中一般也包含了最惠国待遇，该条款也可能会将保护伞条款对外国投资的更充分保护无条件扩展并放大到所有的缔约国。

（二）　法律和条约中对征收的规定

两部对外合作开采石油资源条例的第四条均规定：国家对参加合作开采海洋（陆上）石油资源的外国企业的投资和收益不实行征收。在特殊情况下，根据社会公共利益的需要，可以对外国企业在合作开采中应得石油的一部分或者全部，依照法律程序实行征收，并给予相应的补偿。中国在规范石油作业的法律中明确表明"不实行征收"的承诺，而通常合同的适用法律必定包含中国法律，故该行政法规的规定是对合同中稳定性条款的又一重保障。同时，根据现代条约缔约实践，中国在该条中也未放弃基于公共利益对境内外资进行征收的主权，并承诺依照法律程序给予相应的补偿。

中国对外签订的双边或多边条约基本上都包含了征收条款，例如 2012 年 9 月 9 日中国与加拿大签订的 BIT 中对征收的规定在目前已签订的条约中是最为超前的。在该 BIT 第二部分第 10 条中规定"每一缔约方投资者的涵盖投资或投资收益均不得在另一缔约方的

[①]　Wenhua Shan, "Umbrella Clause and Investment Contracts under Chinese BITs: Are the Latter Covered by the Former?", *The Journal of World Investment & Trade*, Vol. 11, No. 2, April 2010, p. 167.

[②]　杜萱：《对国家契约非稳定性的探讨》，《法律科学》（西北政法大学学报）2012 年第 3 期。

领土内被征收或国有化，亦不得被采取具有相当于征收或国有化效果的措施，基于公共目的、根据国内正当法律程序、不以歧视方式并给予补偿的情况除外。此种补偿应相当于采取征收前或征收为公众所知时（以较早者为准）被征收投资的公平市场价值，并应包括直至补偿支付之时按通常商业利率计算的利息。补偿的支付应可以有效实现、自由转移，且不得迟延。根据实施征收缔约方的法律，受影响的投资者应有权根据本款规定的原则，要求该缔约方司法机构或其他独立机构审查其案件及对其投资的估值"。同时在条约中还就"间接征收"进行了明确限定。

我国法律和所签订条约中对征收问题的规定，是对能源投资合同稳定性条款的另一重保障。

（三）能源投资合同适用法律的相关规定

在两部对外合作开采石油条例中规定：在中华人民共和国境内从事中外合作开采陆上（海洋）石油资源活动，必须遵守中华人民共和国的有关法律、法规和规章，并接受中国政府有关机关的监督管理。同时，在 1999 年 3 月 15 日制定的《中华人民共和国合同法》中第 126 条规定："涉外合同的当事人可以选择处理合同争议所适用的法律，但法律另有规定的除外。涉外合同的当事人没有选择的，适用与合同有最密切联系的国家的法律。在中华人民共和国境内履行的中外合资经营企业合同、中外合作经营企业合同、中外合作勘探开发自然资源合同，适用中华人民共和国法律。"从这条规定可知，外国石油公司在中国境内履行的能源投资合同必须适用中国法律，而不允许双方当事人"意思自治"协议选择适用外国法律，这是国际私法中的法律规避行为。但这条规定并没有排除双方当事人在选择中国国内法之外，附加选择国际法作为合同的适用法律。

（四）能源投资合同争端管辖的相关规定

中国两部对外合作开采石油资源条例中规定：合作开采陆上

（海洋）石油资源合同的当事人因执行合同发生争议时，应当通过协商或者调解解决；不愿协商、调解，或者协商、调解不成的，可以根据合同中的仲裁条款或者事后达成的书面仲裁协议，提交中国仲裁机构或者其他仲裁机构仲裁。当事人未在合同中订立仲裁条款，事后又没有达成书面仲裁协议的，可以向中国人民法院起诉。我们结合《中华人民共和国民事诉讼法》的规定来看上述条例的规定。民诉法第266条规定："因在中华人民共和国履行中外合资经营企业合同、中外合作经营企业合同、中外合作勘探开发自然资源合同发生纠纷提起的诉讼，由中华人民共和国人民法院管辖。"学界通常将民诉法的规定解读为一种"专属管辖"。对外合作开采石油资源条例中的仲裁约定与作为上位法的民诉法中专属管辖的规定并不相悖。首先，仲裁约定优先于法院管辖，如果能源投资合同双方当事人在合同中约定了有效的仲裁管辖，则因合同履行争议可以提交仲裁。其次，当双方当事人没有约定仲裁管辖或约定无效时，可以向中国人民法院起诉，外国法院不能对在中国境内履行的能源投资合同行使管辖权，此即谓司法管辖中的专属管辖。

三　中国标准合同中法律稳定性条款评析

中国标准合同中第28条有关"适用法律"的规定为：合同的效力、解释及执行均适用中华人民共和国法律。如中国法律对合同的解释或执行无相关规定，则应适用为石油资源国广泛应用且为各方所接受的法律适用规则。由于颁布新的法律、法规、规章制度或中国政府对适用法律、法规、规章制度的修改，使得合同者的经济利益在合同生效后发生实质性变化，各方均应及时协商并对合同的相关规定做必要的修改和调整，以保持合同者在合同中的合理的经济利益。

首先，该条款将合同的适用法律规定为中国国内法，这与我国现有的立法是相适应的。中国法律行使属地管辖，对在中国境内履行的中外合作勘探开发石油资源项目有权管辖，这是中国的主权所要求的。同时，因为能源投资合同依中国法签订，故其效力、解释和执行理应依照中国法适用。

其次，该条款规定了合同适用法律的"国际化"条款。即当中国法律对合同解释或执行无相关规定时，则合同应依照石油资源国广泛使用的法律适用规则。这种"国际法"的合同技术在前面我们已结合案例陈述过。它赋予了国际法律规则适用于合同并在一定程度上优于国内法的效力，起码国内法不能与适用国际法律规则相冲突。此处规定体现了中国人的智慧，具体细节包括："合同的解释或执行""且为各方所接受""法律适用规则"。这里只有合同的解释或执行才可能适用国际法律规则，而合同的效力则必定适用中国国内法进行评判。在适用国际法律规则时，并不像其他国家能源投资合同中笼统规定为"石油行业的国际法律规则"，而是设置了限制。如果要证明某项国际法律规则应予适用，则须证明其为大多数石油资源国广泛采用，而且必须得双方均接受才可以。这样就为中国保留了一重裁断权和否决权，类似于在此设定了"隐性条款"。另外，此处用的是"法律适用规则"，因为法律规则相较于具体法律来说更具有相对稳定性、静态性，这样就更强化了稳定性条款的目的。

再次，标准合同中并没有完全冻结合同适用法律或合同规定，而是主要采用了经济平衡性条款的方式。当因中国在合同生效之后颁布新的法律、法规、规章等或对现有的法律、法规、规章进行修改，合同者的经济利益相比于合同签订时发生了实质性变化时，可以启动再协商条款。同时在启动再协商的程序中做了具有"中国特色"的描述，如"及时协商"（consult promptly）、"必要的修改和调整"（necessary revisions and adjustments）、"合理的经济利益"

(reasonable economic benefits) 等软约束。这样的规定一方面采用了现代稳定性条款，另一方面也为中国作为东道国留下了管理的空间。

然而，一个硬币总是有两面，标准合同中稳定性条款存在优势之处同时也会有一些不足之处。如果结合本书的全面观点来看，我们可以发现以下几点与稳定性条款最新研究趋势不太相符的地方：

第一，应与冻结条款相结合。目前较为流行也较为完善、对投资者的保护也比较充分的稳定性条款就是现代混合性条款。中国标准合同中除了经济平衡性条款和一条类似于隐性条款的规定外，并没有设计恰当的冻结条款。虽然并不要求每一种稳定性条款必定齐备，但如果将隐性条款或实践中也在实际操作的税收冻结条款等恰当规定在文本中，不一定会对中国的规制权有更大的限制，但起码给外国谈判者一种态度诚信、严谨的印象。

第二，对中国法律的位阶列举有限。这一稳定性条款中只列举了中国法律、法规、规章 (laws, decrees, rules and regulations)，并没有包括实践中常用且具有一定效力的司法解释。

第三，对再协商条款的规定缺乏可执行性。在缺乏对启动再协商的诱发事件进行规定的情况下，这条规定也没有对启动再协商的时限、协商的标准和规则等进行规定。这样可能会给外国谈判者一种不够严谨、风险预判较大的感觉。

第四，没有规定稳定性条款的例外情形。中国对外签订的能源投资合同中一般最起码都包括环境条款，而该条规定并没有排除环境保护例外。目前欧美等国不断向中国施压，要求中国承担超过其发展水平和程度的环境责任。作为一个大国，必定会不断调整本国环境立法行使环境治理权。故应将环境保护明确排除在稳定性条款之外，以免外国投资者因适用稳定性条款而带来不必要的诉争。

第二节　中国能源投资合同稳定性
条款新范本建议

基于上面的评述是以中国吸引外资的标准合同为蓝本进行分析的，下面提供的新稳定性条款的范本首先应是现有标准合同的升级版，即"防御性"范本。稳定性条款本就是一种亲投资者的合同条款，东道国为保障自己的规制权限制投资者对稳定性条款功能的扩张，常常使用"防御型"范本。其次，鉴于中国已经跻身为全球三大资本输出国之一，我国石油公司越来越多地参与海外投资活动，"中石油"和"中石化"逐渐加大实施"走出去"的战略，而我国石油公司海外投资的区域多集中在法治不很健全的欠发达国家，企业投资的法律风险较大，因而加强对外资安全性和自由化的研究是非常有必要的。故针对中国石油公司对外投资能源投资合同稳定性条款设计"进攻型"范本。作为石油投资者，为了稳定东道国的法制和财务等，极力主张在能源投资合同中订入稳定性条款，甚至要求极大地限制东道国的规制权，此时投资者提交协商谈判的稳定性条款则常常是一种"进攻型"范本。但是，上述"防御型"和"进攻型"两种范本均是基于合同地位不同而设置的，带有一定的功利主义色彩。因为近年来，随着中石油、中石化和中海油海外并购石油项目的进展，我国在国际石油投资活动中的角色已经发生变迁，不仅仅作为石油资源的东道国，同时也是其他国家石油项目的资本输出国。这样一种双重地位，使得我们刻意偏重于"防御型"范本或"进攻型"范本都可能是一种自抽嘴巴的矛盾状态。故而，如果跳出这个桎梏，从中国领导人提出的"和谐世界"理念出发，设计一个"和谐"型的稳定性条款范本可能更符合中国这样一个大国在世界上的形象。

一 "防御型"范本

范本表述：未经双方同意，任何一方不得以任何方式对本条款进行修改。合同的效力、解释及执行均适用中华人民共和国法律。如中国法律对合同的解释或执行无相关规定，则应适用为石油资源国广泛应用且为各方所接受的法律适用规则。由于颁布新的法律、法规、规章制度、司法解释或中国政府对适用法律、法规、规章制度、司法解释的修改，使得合同者的经济利益在合同生效后发生实质性变化，且（a）这些变化在合同签订之后发生或为不利一方当事人所知；（b）这些变化在合同签订之时不可能已为不利一方当事人所合理地考虑到；（c）这些变化超越不利一方当事人的控制；（d）这些变化的风险不能由不利一方当事人所承担；等等。在此情况下，合同者应及时向中方石油公司发出书面通知要求进行协商。各方应于上述通知之日起 90 日内就合同修改进行协商，以保持合同者在合同中的合理的经济利益。上述期限内双方协商未果，可以依合同约定提起仲裁。本条规定不适用于保护人类、动物或植物生命、健康，或维护地下资源保护和环境保护所必要的措施。

简析：相比于现有标准合同，这个"防御性"范本的修改主要体现在几个方面。配合国务院取消石油对外合作合同审批的规定，也是适应合同法的精神，重申合同自双方签字或盖章之日起生效。而且根据国外公司签订合同一般由负责人签字的习惯，此处明确表明"签字或盖章"两种形式同效。另根据前述分析，考虑中国司法实践中"司法解释"的"准立法性"并列在法律、法规、规章制度之后。此处对启动再协商的诱发事件、通知形式（书面）、时限、协商未果的救济等进行了明确限制。附加笼统的稳定性条款例外情形则是这一版本的主要特色之一。

二　"进攻型"范本

　　范本表述：本合同经合同双方签字或盖章后生效。未经双方同意，不得对合同条款进行修改。双方同意本合同所确定的税收体系在合同有效期内一直适用。合同的效力、解释及执行适用［某国］法律。如［某国］法律对合同的解释或执行无相关规定，则应适用为石油行业广泛接受的法律适用规则。由于出台新的法律、法规、类似措施或［某国］政府对适用法律、法规、类似措施的修改，使得合同者的经济利益在合同生效后发生重要变化时，合同者向另一方发出通知要求进行协商，双方应于上述通知之日起90日内就合同修改进行诚信协商，以保持合同者在合同中等同于合同签订之时的经济利益。上述期限内双方协商未果，可以依合同约定提起仲裁。

　　简析：相对于"防御型"范本，这个"进攻型"版本的特点在于，加入了合同税收体系的"冻结条款"的要求，这应当是投资者最期望得到的结果。同时在国际法律适用规则的规定上放松限制，可以提高中国投资者利用该条款维护自身权利的可能性。在对法律位阶的规定方面，该版本考虑到各国立法体系的不同，加入了一个"兜底条款"即"类似措施"的要求。对引起再协商的诱发事件的规定，这里只要求对中国投资者的利益发生"重要变化"，而未强调"实质性变化"，同时也放松了中国投资者的通知形式要求。用"诚信协商"来约束合作方虽无法律约束力，但这种"诚信"原则是世界范围内各国法律所共有的原则，也利于仲裁庭认定。现协商后达到的效果更为严格地限定为"等同于"合同签订之时的经济利益或经济平衡，这样可能会加重东道国或合作方的责任。同时删除了例外规定情形，给中国投资者最大化的保护程度。

三 "和谐型"范本

范本表述：本合同经合同双方签字或盖章后生效。未经双方同意，不得对合同条款进行修改。合同的效力、解释及执行均适用［某国］法律。如［某国］法律对合同的解释或执行无相关规定，则应适用于石油行业普遍认可的国际法律适用规则。由于颁布新的法律、法规、规章制度或［某国］政府对适用法律、法规、规章制度的修改和解释，使得合同者的经济利益在合同生效后发生实质性变化，合同者应及时向合作者发出书面通知要求进行协商。各方应于上述通知之日起 90 日内就合同修改进行协商，以保持合同双方在合同中经济利益平衡。上述期限内双方协商未果，可以依合同约定提起仲裁。本条规定不适用于保护人类、动物或植物生命、健康，或维护地下资源保护和环境保护所必要的措施。

简析：相比于前两个范本，和谐范本站在较为中立的立场，比较妥善平衡东道国与投资者权益从而有利于双方和谐共处、持续发展。表现在范本语言上，在法律、法规、规章制度之外又加上了"解释"这一限定条件，没有采用"防御型"范本中的"司法解释"，也没有像"进攻型"范本那样用笼统的"类似措施"。另外在发挥经济平衡性条款的作用进行再协商时，目标是要实现双方经济利益的"平衡"，这样东道国或投资者都有权在经济平衡被打破时启动再协商程序，而并非如"进攻型"范本那样将这一权利只赋予投资者。在稳定性条款的例外情形方面，还是设置尽可能全面的例外情形，而不像"进攻型"范本那样或只列环境保护例外或直接删除。

第三节　小结

2012 年，我国首次跻身世界三大对外投资国之一。[①] 当前，虽然中国已经成为全球第二大石油消费国和第三大石油进口国，但在影响石油定价的权重上却不到 0.1%。长久以来，我们大力吸引外资往往以牺牲环境利益等给予外国投资者以优惠待遇，只顾"埋头"发展自己的经济，在国际石油市场中并没有太多话语权。表现在国际能源投资合同稳定性条款的制定上，中国标准合同中多采用极具中国特色的柔化处理的话语，合同语言中极少设定明确的权利和义务。有学者认为，目前中国正在进行市场经济体制改革，建设法治社会，大力推进法治进程，而且国内很多的法律与国际接轨还有一定距离，如果我国与外国合同者签订过多的稳定条款，对此后中国的能源变革可能会产生不利的影响。[②] 这种观点仍停留在传统的稳定性条款的作用上。近年来，中国运用"请进来"与"走出去"相结合的石油发展战略，建立跨国公司，将在世界石油勘探开发等领域扮演越来越重要的角色，并将在建立国际石油政治经济新秩序中，充当游戏规则的制定者、修改者和执行者。[③] 如对一般意义上的国际能源投资合同提供稳定性条款的通用范本，不是一己之

---

① 参见商务部联合国家统计局、外汇局发布的《2012 年度中国对外直接投资统计公报》（http://www.mofcom.gov.cn/article/ae/ai/201309/20130900292811.shtml）。

② 黄进主编：《中国能源安全问题研究：法律与政策分析》，武汉大学出版社 2008 年版，第 161 页。

③ 王年平：《国际能源投资合同模式比较研究——兼论对我国石油与能源法制的借鉴》，法律出版社 2009 年版，第 2 页。

力所能为。然而通过中国在石油投资实践中的双向角色提供相应的范本，实际上也是"曲径通幽"。目前，我们除了持在吸引外资时应用新型的"防御型"范本、在对外投资石油项目时应用"进攻型"范本这种实用主义观点之外，还应积极参与到国际能源投资合同范本的制定过程中，在中国石油公司走出国门时应用我们的"和谐"范本去影响其他国家或地区的合同缔结实践。

第 十 一 章

结论与展望

国际石油投资尤其是上游领域的合作，大多为"投资长期化、资本密集型、风险较大、对政府政策有过多依赖"的项目。在国际长期能源投资合同履行过程中，投资者将可能受到来自于各方面的风险影响，如地质风险（地下储量不明）、技术风险（开采工艺等）、商业风险（原油价格波动）、财务风险（不能回收投资）等，最为重要的是海外作业的投资者常常要受到东道国的"主权"风险影响。这些风险一度让外国投资者在开发石油资源时"痛并快乐着"。痛定思痛，石油行业的高风险催生出了国际能源投资合同多次变迁的诸种合同模式以及不同的稳定性条款。国际能源投资合同中，稳定性条款是亲投资者（Pro-investor）性质的风险管理工具，一定程度上可以保护投资者免受这些"主权"风险。从东道国的角度看，稳定性条款也是鼓励和促进外资开发其境内石油资源并为投资者提供良好投资环境的一种保障方式。在能源投资合同签订之前，资源国政府急于吸引大量风险资本和先进技术，再加上对其境内石油资源的储备状况并不知晓，故而此时，外国投资者可能处于议价强势，在签订合同时会要求资源国加入一些稳定性条款。一旦投资到位，外国投资者与资源国之间的风险分配便从资本饥渴的资源国转向外国投资者，此即"实力衰竭型议价"。已探明储量的资源国便不再愿意接受限制其主权权力的稳定性条款。

外国投资者希望东道国与其一道尊重能源投资合同的神圣性，从而要求东道国在合同中加入稳定性条款。一旦在能源投资合同中做出稳定性承诺，就应当根据公平与公正待遇原则信守之，东道国有义务为外国投资者提供稳定的法律和商业环境，并保护投资者的合理期待。随着经济分配有异的各种能源投资合同模式的演进，稳定性条款不断面临这样那样的挑战。从传统意义上的冻结东道国法律到维持合同签订时双方的经济利益平衡，稳定性条款的功能和作用形态在扩展。然而现有的仲裁案例只针对传统的稳定性条款与东道国征收之间的关系，至今还没有关于现代经济平衡性条款的有关仲裁案例。有的学者便提出了稳定性条款的"无效论"。实际上，国家运用规制权干涉石油投资活动的形态已经发生重大变化，再坚守传统意义上的效力之争并没有多大意义。国际投资实践中的间接征收、保护伞条款，还有合同中的法律适用条款和再协商条款都为稳定性条款的适用提出了新的挑战。而现代国家对环境保护和劳工权利保护的关切也要求对稳定性条款适用范围进行再审视。中国也应当随着改变。

本书的创新点主要体现在以下几个方面：第一，在研究路径上，本书从理论界关于稳定性条款效力的"无效说"压倒"有效说"的争议出发提出问题，并进而分析国际能源投资合同模式的演进对稳定性条款的理论体系不完善提出了挑战，最终有必要构建稳定性条款的理论基础，并结合仲裁实践进行实证分析，提出本书的"新型效力观"。第二，在研究视域上，本书并未仅就稳定性条款而谈其效力，而是指出理论学界中"有效说"与"无效说"的争议实质是将东道国的规制权与其对投资者的稳定性承诺完全对立起来，从而结合国际能源投资合同模式的演进及背景，分析国家运用规制权干涉外资活动的形态已经发生改变。东道国的经济主权与其做出的稳定性承诺是否冲突？能源投资合同主体的变化是否对稳定性条款的效力产生影响？第三，本书提出了关于稳定性条款的"新型效力观"即"限制有效论"。在驳斥理论界"无效说"的论据和论证方法基础上，本书架构了稳定性条款的理论基础体系，即合同的神圣性、公平与公正待遇和保护投资者的合理期待。同时，对有关稳定性条款的国际仲裁典型案例进行实证分析，提炼实践中仲裁庭对稳定性条款效力的认定。在理论和实践两方面论证的基础上顺理成章地支持了"有效说"。但是随着当今国际投资实践对环境保护、劳工权利保护等问题的关切，为稳定性条款设定了"例外情形"，将传统意义上的"绝对稳定"观推向一种动态的"相对稳定"观。第四，本书并未止于仅对稳定性条款的效力进行理论研究，还为中国能源投资合同实践提供范本建议。评析中国现有标准合同中的稳定性条款多采用中国特色的柔化处理的语言，并没有明确设定相应的权利和义务，致使这一条款成了食之无肉弃之可惜的"鸡肋"。进而，本书尝试从中国吸引外资开发境内石油资源方面提出"防御型"稳定性条款范本，又针对中国近年实施"走出去"战略对外石油投资提出"进攻型"范本，它也是一种变相的全球性的东道国范本，最终又根据中国作为一个发展中大国在国际石油合作中应扮演的角色提出"和谐型"范本。

国际能源投资合同的稳定性条款经过大半个世纪的发展，其实践和理论研究经历了一波又一波的高潮—低谷—复苏—高潮的过程。这一路线的背后原因还是东道国对坚守合同中的稳定性承诺与行使规制权二者关系的处理立场。将两者关系完全对立起来，还是将两者在一定条件下结合起来。由此推动稳定性条款的发展，从强调"冻结"合同条件或法律转移到采取多种形式并通常强调通过协商达到平衡。在20世纪七八十年代因为"自然资源的永久主权"理念的深入和规制权的张扬，要为稳定性条款举行"葬礼"，在最近第三波资源国有化的浪潮①中，这种呼声又日渐高涨。尤其在一些已经探明储量的国家，它们感觉到不再需要为投资者提供稳定性条款。它们对早期的"冻结"东道国财务体系的稳定性条款不满意，往往通过立法宣称先前投资体系中授予的合同是非法的，无效的合同权利与现有新的税收和矿区使用费的收取是相悖的，进而提出一种替代性的合同结构，为投资者设定时间表重新签订，如果投资者不履行则设定惩罚措施。因而，近几年来东道国对国家规制权的过分强调，使得稳定性条款的作用受到了挑战。然而，于今天而言，东道国单方后继立法为投资带来的政治风险从来都没有减少，在一些国家还很明显。

在第三波国有化浪潮中有一个很明显的特点，那就是，这些国家设定时限或利益条件逼迫外国投资者"自愿"进行协商重新签订合同。这不能不说是经济平衡性条款的客观影响和威慑。因为经济平衡性条款要求，当东道国的继后立法打破合同签订时双方的经济利益平衡时，双方当事人须进行协商以恢复平衡。如果未进行协商或协商无果，投资者可以依合同约定提交国际仲裁管辖。而这些进行国有化的东道国"自觉"按照合同约定要求投资者进入"协商"。但合同只规定了再协商的义务，却没有规定双方必须达成一致意见的义务。为免于被诉至国际仲裁，委内瑞拉、玻利维亚和厄瓜多尔甚至先后提出了退出 ICSID 公约的申请。2009 年厄瓜多尔出台新石油法，设定服务合同作为唯一的一种合同基础，且要求合同中不得约定国际仲裁。由此看来，这些国家赋予合同一种"自系统"，更偏好于经济平衡性条款下的协商而非仲裁。实际上这也是现代稳定性条款正在起作用的表现形式。

不管怎么样，稳定性条款只是能源投资合同中的一个风险管理

---

① Peter D. Cameron 称之为"千年风波"（the Millennium Wave）。参见 Peter D. Cameron, International Energy Investment Law: The Pursuit of Stability, Appendix Ⅰ。

工具，合理且与时俱进的设计可以帮助外国投资者有效防范东道国的"主权"风险。如果要充分发挥保护投资的作用，仍有赖于与国际投资条约等内容结合起来使用才行。中国标准合同中的稳定性条款也应当相时改造。

中华人民共和国对外合作
开采陆上石油资源条例

(1993 年 10 月 7 日中华人民共和国国务院令第 131 号发布　根据 2001 年 9 月 23 日《国务院关于修改〈中华人民共和国对外合作开采陆上石油资源条例〉的决定》第一次修订　根据 2007 年 9 月 18 日《国务院关于修改〈中华人民共和国对外合作开采陆上石油资源条例〉的决定》第二次修订　根据 2011 年 9 月 30 日《国务院关于修改〈中华人民共和国对外合作开采陆上石油资源条例〉的决定》第三次修订)

第一章　总　　则

第一条　为保障石油工业的发展，促进国际经济合作和技术交流，制定本条例。

第二条　在中华人民共和国境内从事中外合作开采陆上石油资源活动，必须遵守本条例。

第三条　中华人民共和国境内的石油资源属于中华人民共和国国家所有。

第四条　中国政府依法保护参加合作开采陆上石油资源的外国企业的合作开采活动及其投资、利润和其他合法权益。

在中华人民共和国境内从事中外合作开采陆上石油资源活动，

必须遵守中华人民共和国的有关法律、法规和规章,并接受中国政府有关机关的监督管理。

第五条 国家对参加合作开采陆上石油资源的外国企业的投资和收益不实行征收。在特殊情况下,根据社会公共利益的需要,可以对外国企业在合作开采中应得石油的一部分或者全部,依照法律程序实行征收,并给予相应的补偿。

第六条 国务院指定的部门负责在国务院批准的合作区域内,划分合作区块,确定合作方式,组织制定有关规划和政策,审批对外合作油(气)田总体开发方案。

第七条 中国石油天然气集团公司、中国石油化工集团公司(以下简称中方石油公司)负责对外合作开采陆上石油资源的经营业务;负责与外国企业谈判、签订、执行合作开采陆上石油资源的合同;在国务院批准的对外合作开采陆上石油资源的区域内享有与外国企业合作进行石油勘探、开发、生产的专营权。

第八条 中方石油公司在国务院批准的对外合作开采陆上石油资源的区域内,按划分的合作区块,通过招标或者谈判,与外国企业签订合作开采陆上石油资源合同。该合同经中华人民共和国商务部批准后,方为成立。

中方石油公司也可以在国务院批准的合作开采陆上石油资源的区域内,与外国企业签订除前款规定以外的其他合作合同。该合同必须向中华人民共和国商务部备案。

第九条 对外合作区块公布后,除中方石油公司与外国企业进行合作开采陆上石油资源活动外,其他企业不得进入该区块内进行石油勘查活动,也不得与外国企业签订在该区块内进行石油开采的经济技术合作协议。

对外合作区块公布前,已进入该区块进行石油勘查(尚处于区域评价勘查阶段)的企业,在中方石油公司与外国企业签订合同后，应当撤出。该企业所取得的勘查资料，由中方石油公司负责销售，以适当补偿其投资。该区块发现有商业开采价值的油（气）田后，从该区块撤出的企业可以通过投资方式参与开发。

国务院指定的部门应当根据合同的签订和执行情况，定期对所确定的对外合作区块进行调整。

第十条　对外合作开采陆上石油资源，应当遵循兼顾中央与地方利益的原则，通过吸收油（气）田所在地的资金对有商业开采价值的油（气）田的开发进行投资等方式，适当照顾地方利益。

有关地方人民政府应当依法保护合作区域内正常的生产经营活动，并在土地使用、道路通行、生活服务等方面给予有效协助。

第十一条　对外合作开采陆上石油资源，应当依法纳税。

第十二条　为执行合同所进口的设备和材料，按照国家有关规定给予减税、免税或者给予税收方面的其他优惠。具体办法由财政部会同海关总署制定。

第二章　外国合同者的权利和义务

第十三条　中方石油公司与外国企业合作开采陆上石油资源必须订立合同，除法律、法规另有规定或者合同另有约定外，应当由签订合同的外国企业（以下简称外国合同者）单独投资进行勘探，负责勘探作业，并承担勘探风险；发现有商业开采价值的油（气）田后，由外国合同者与中方石油公司共同投资合作开发；外国合同者并应承担开发作业和生产作业，直至中方石油公司按照合同约定接替生产作业为止。

第十四条　外国合同者可以按照合同约定，从生产的石油中回收其投资和费用，并取得报酬。

第十五条　外国合同者根据国家有关规定和合同约定，可以将其应得的石油和购买的石油运往国外，也可以依法将其回收的投资、利润和其他合法收益汇往国外。

外国合同者在中华人民共和国境内销售其应得的石油，一般由中方石油公司收购，也可以采取合同双方约定的其他方式销售，但是不得违反国家有关在中华人民共和国境内销售石油产品的规定。

第十六条 外国合同者开立外汇账户和办理其他外汇事宜，应当遵守《中华人民共和国外汇管理条例》和国家有关外汇管理的其他规定。

外国合同者的投资，应当采用美元或者其他可自由兑换货币。

第十七条 外国合同者应当依法在中华人民共和国境内设立分公司、子公司或者代表机构。

前款机构的设立地点由外国合同者与中方石油公司协商确定。

第十八条 外国合同者在执行合同的过程中，应当及时地、准确地向中方石油公司报告石油作业情况，完整地、准确地取得各项石油作业的数据、记录、样品、凭证和其他原始资料，并按规定向中方石油公司提交资料和样品以及技术、经济、财会、行政方面的各种报告。

第十九条 外国合同者执行合同，除租用第三方的设备外，按照计划和预算所购置和建造的全部资产，在其投资按照合同约定得到补偿或者该油（气）田生产期期满后，所有权属于中方石油公司。在合同期内，外国合同者可以按照合同约定使用这些资产。

第三章 石油作业

第二十条 作业者必须根据国家有关开采石油资源的规定，制订油（气）田总体开发方案，并经国务院指定的部门批准后，实施开发作业和生产作业。

第二十一条 石油合同可以约定石油作业所需的人员，作业者可以优先录用中国公民。

第二十二条 作业者和承包者在实施石油作业中，应当遵守国家有关环境保护和安全作业方面的法律、法规和标准，并按照国际惯例进行作业，保护农田、水产、森林资源和其他自然资源，防止对大气、海洋、河流、湖泊、地下水和陆地其他环境的污染和损害。

第二十三条　在实施石油作业中使用土地的，应当依照《中华人民共和国土地管理法》和国家其他有关规定办理。

第二十四条　本条例第十八条规定的各项石油作业的数据、记录、样品、凭证和其他原始资料，所有权属于中方石油公司。

前款所列数据、记录、样品、凭证和其他原始资料的使用、转让、赠与、交换、出售、发表以及运出、传送到中华人民共和国境外，必须按照国家有关规定执行。

第四章　争议的解决

第二十五条　合作开采陆上石油资源合同的当事人因执行合同发生争议时，应当通过协商或者调解解决；不愿协商、调解，或者协商、调解不成的，可以根据合同中的仲裁条款或者事后达成的书面仲裁协议，提交中国仲裁机构或者其他仲裁机构仲裁。

当事人未在合同中订立仲裁条款，事后又没有达成书面仲裁协议的，可以向中国人民法院起诉。

第五章　法律责任

第二十六条　违反本条例规定，有下列行为之一的，由国务院指定的部门依据职权责令限期改正，给予警告；在限期内不改正的，可以责令其停止实施石油作业；构成犯罪的，依法追究刑事责任。

（一）违反本条例第九条第一款规定，擅自进入对外合作区块进行石油勘查活动或者与外国企业签订在对外合作区块内进行石油开采合作协议的；

（二）违反本条例第十八条规定，在执行合同的过程中，未向中方石油公司及时、准确地报告石油作业情况的，未按规定向中方石油公司提交资料和样品以及技术、经济、财会、行政方面的各种报告的；

（三）违反本条例第二十条规定，油（气）田总体开发方案未经批准，擅自实施开发作业和生产作业的；

（四）违反本条例第二十四条第二款规定，擅自使用石油作业的数据、记录、样品、凭证和其他原始资料或者将其转让、赠与、交换、出售、发表以及运出、传送到中华人民共和国境外的。

第二十七条　违反本条例第十一条、第十六条、第二十二条、第二十三条规定的，由国家有关主管部门依照有关法律、法规的规定予以处罚；构成犯罪的，依法追究刑事责任。

第六章　附　　则

第二十八条　本条例下列用语的含义：

（一）"石油"，是指蕴藏在地下的、正在采出的和已经采出的原油和天然气。

（二）"陆上石油资源"，是指蕴藏在陆地全境（包括海滩、岛屿及向外延伸至 5 米水深处的海域）的范围内的地下石油资源。

（三）"开采"，是指石油的勘探、开发、生产和销售及其有关的活动。

（四）"石油作业"，是指为执行合同而进行的勘探、开发和生产作业及其有关的活动。

（五）"勘探作业"，是指用地质、地球物理、地球化学和包括钻探井等各种方法寻找储藏石油圈闭所做的全部工作，以及在已发现石油的圈闭上为确定它有无商业价值所做的钻评价井、可行性研究和编制油（气）田的总体开发方案等全部工作。

（六）"开发作业"，是指自油（气）田总体开发方案被批准之日起，为实现石油生产所进行的设计、建造、安装、钻井工程等及其相应的研究工作，包括商业性生产开始之前的生产活动。

（七）"生产作业"，是指一个油（气）田从开始商业性生产之日起，为生产石油所进行的全部作业以及与其有关的活动。

第二十九条　本条例第四条、第十一条、第十二条、第十五条、第十六条、第十七条、第二十一条的规定，适用于外国承包者。

第三十条　对外合作开采煤层气资源由中联煤层气有限责任公司、国务院指定的其他公司实施专营，并参照本条例执行。

第三十一条　本条例自公布之日起施行。

附 录 二

中华人民共和国对外合作
开采海洋石油资源条例

（1982年1月30日国务院发布，根据2001年9月23日《国务院关于修改〈中华人民共和国对外合作开采海洋石油资源条例〉的决定》第一次修订 根据2011年1月8日《国务院关于废止和修改部分行政法规的决定》第二次修订 根据2011年9月30日《国务院关于修改〈中华人民共和国对外合作开采海洋石油资源条例〉的决定》第三次修订）

第一章 总 则

第一条 为促进国民经济的发展，扩大国际经济技术合作，在维护国家主权和经济利益的前提下允许外国企业参与合作开采中华人民共和国海洋石油资源，特制定本条例。

第二条 中华人民共和国的内海、领海、大陆架以及其他属于中华人民共和国海洋资源管辖海域的石油资源，都属于中华人民共和国国家所有。

在前款海域内，为开采石油而设置的建筑物、构筑物、作业船舶，以及相应的陆岸油（气）集输终端和基地，都受中华人民共和国管辖。

第三条 中国政府依法保护参与合作开采海洋石油资源的外国

企业的投资、应得利润和其他合法权益，依法保护外国企业的合作开采活动。

在本条例范围内，合作开采海洋石油资源的一切活动，都应当遵守中华人民共和国的法律、法令和国家的有关规定；参与实施石油作业的企业和个人，都应当受中国法律的约束，接受中国政府有关主管部门的检查、监督。

第四条　国家对参加合作开采海洋石油资源的外国企业的投资和收益不实行征收。在特殊情况下，根据社会公共利益的需要，可以对外国企业在合作开采中应得石油的一部分或者全部，依照法律程序实行征收，并给予相应的补偿。

第五条　国务院指定的部门依据国家确定的合作海区、面积，决定合作方式，划分合作区块；依据国家规定制定同外国企业合作开采海洋石油资源的规划；制定对外合作开采海洋石油资源的业务政策和审批海上油（气）田的总体开发方案。

第六条　中华人民共和国对外合作开采海洋石油资源的业务，由中国海洋石油总公司全面负责。

中国海洋石油总公司是具有法人资格的国家公司，享有在对外合作海区内进行石油勘探、开发、生产和销售的专营权。

中国海洋石油总公司根据工作需要，可以设立地区公司、专业公司、驻外代表机构，执行总公司交付的任务。

第七条　中国海洋石油总公司就对外合作开采石油的海区、面积、区块，通过组织招标，采取签订石油合同方式，同外国企业合作开采石油资源。

前款石油合同，经中华人民共和国商务部批准，即为有效。

中国海洋石油总公司采取其他方式运用外国企业的技术和资金合作开采石油资源所签订的文件，也应当经中华人民共和国商务部批准。

第二章　石油合同各方的权利和义务

第八条　中国海洋石油总公司通过订立石油合同同外国企业合作开采海洋石油资源，除法律、行政法规另有规定或者石油合同另有约定外，应当由石油合同中的外国企业一方（以下称外国合同者）投资进行勘探，负责勘探作业；并承担全部勘探风险；发现商业性油（气）田后，由外国合同者同中国海洋石油总公司双方投资合作开发，外国合同者并应负责开发作业和生产作业，直至中国海洋石油总公司按照石油合同规定在条件具备的情况下接替生产作业。外国合同者可以按照石油合同规定，从生产的石油中回收其投资和费用，并取得报酬。

第九条　外国合同者可以将其应得的石油和购买的石油运往国外，也可以依法将其回收的投资、利润和其他正当收益汇往国外。

第十条　参与合作开采海洋石油资源的中国企业、外国企业，都应当依法纳税。

第十一条　为执行石油合同所进口的设备和材料，按照国家规定给予减税、免税，或者给予税收方面的其他优惠。

第十二条　外国合同者开立外汇账户和办理其他外汇事宜，应当遵守《中华人民共和国外汇管理条例》和国家有关外汇管理的其他规定。

第十三条　石油合同可以约定石油作业所需的人员，作业者可以优先录用中国公民。

第十四条　外国合同者在执行石油合同从事开发、生产作业过程中，必须及时地、准确地向中国海洋石油总公司报告石油作业情况；完整地、准确地取得各项石油作业的数据、记录、样品、凭证和其他原始资料，并定期向中国海洋石油总公司提交必要的资料和样品以及技术、经济、财会、行政方面的各种报告。

第十五条　外国合同者为执行石油合同从事开发、生产作业，应当在中华人民共和国境内设立分支机构或者代表机构，并依法履行登记手续。

前款机构的住所地应当同中国海洋石油总公司共同商量确定。

第十六条 本条例第三条、第九条、第十条、第十一条、第十五条的规定，对向石油作业提供服务的外国承包者，类推适用。

第三章 石油作业

第十七条 作业者必须根据本条例和国家有关开采石油资源的规定，参照国际惯例，制定油（气）田总体开发方案和实施生产作业，以达到尽可能高的石油采收率。

第十八条 外国合同者为执行石油合同从事开发、生产作业，应当使用中华人民共和国境内现有的基地；如需设立新基地，必须位于中华人民共和国境内。

前款新基地的具体地点，以及在特殊情况下需要采取的其他措施，都必须经中国海洋石油总公司书面同意。

第十九条 中国海洋石油总公司有权派人参加外国作业者为执行石油合同而进行的总体设计和工程设计。

第二十条 外国合同者为执行石油合同，除租用第三方的设备外，按计划和预算所购置和建造的全部资产，当外国合同者的投资按照规定得到补偿后，其所有权属于中国海洋石油总公司，在合同期内，外国合同者仍然可以依据合同的规定使用这些资产。

第二十一条 为执行石油合同所取得的各项石油作业的数据、记录、样品、凭证和其他原始资料，其所有权属于中国海洋石油总公司。

前款数据、记录、样品、凭证和其他原始资料的使用和转让、赠与、交换、出售、公开发表以及运出、传送出中华人民共和国，都必须按照国家有关规定执行。

第二十二条 作业者和承包者在实施石油作业中，应当遵守中华人民共和国有关环境保护和安全方面的法律规定，并参照国际惯例进行作业，保护渔业资源和其他自然资源，防止对大气、海洋、河流、湖泊和陆地等环境的污染和损害。

第二十三条　石油合同区产出的石油，应当在中华人民共和国登陆，也可以在海上油（气）外输计量点运出。如需在中华人民共和国以外的地点登陆，必须经国务院指定的部门批准。

第四章　附　　则

第二十四条　在合作开采海洋石油资源活动中，外国企业和中国企业间发生的争议，应当通过友好协商解决。通过协商不能解决的，由中华人民共和国仲裁机构进行调解、仲裁，也可以由合同双方协议在其他仲裁机构仲裁。

第二十五条　作业者、承包者违反本条例规定实施石油作业的，由国务院指定的部门依据职权责令限期改正，给予警告；在限期内不改正的，可以责令其停止实施石油作业。由此造成的一切经济损失，由责任方承担。

第二十六条　本条例所用的术语，其定义如下：

（一）"石油"是指蕴藏在地下的、正在采出的和已经采出的原油和天然气。

（二）"开采"是泛指石油的勘探、开发、生产和销售及其有关的活动。

（三）"石油合同"是指中国海洋石油总公司同外国企业为合作开采中华人民共和国海洋石油资源，依法订立的包括石油勘探、开发和生产的合同。

（四）"合同区"是指在石油合同中为合作开采石油资源以地理坐标圈定的海域面积。

（五）"石油作业"是指为执行石油合同而进行的勘探、开发和生产作业及其有关的活动。

（六）"勘探作业"是指用地质、地球物理、地球化学和包括钻勘探井等各种方法寻找储藏石油的圈闭所做的全部工作，以及在已发现石油的圈闭上为确定它有无商业价值所做的钻评价井、可行性研究和编制油（气）田的总体开发方案等全部工作。

（七）"开发作业"是指从国务院指定的部门批准油（气）田的总体开发方案之日起，为实现石油生产所进行的设计、建造、安装、钻井工程等及其相应的研究工作，并包括商业性生产开始之前的生产活动。

（八）"生产作业"是指一个油（气）田从开始商业性生产之日起，为生产石油所进行的全部作业以及与其有关的活动，诸如采出、注入、增产、处理、贮运和提取等作业。

（九）"外国合同者"是指同中国海洋石油总公司签订石油合同的外国企业。外国企业可以是公司，也可以是公司集团。

（十）"作业者"是指按照石油合同的规定负责实施作业的实体。

（十一）"承包者"是指向作业者提供服务的实体。

第二十七条　本条例自公布之日起施行。

参考文献

［1］《列宁文稿》第 3 卷，人民出版社 1978 年版。

［2］陈安：《国际投资法的新发展与中国双边投资条约的新实践》，复旦大学出版社 2007 年版。

［3］陈安：《国际投资争端解决——"解决投资争端国际中心"机制研究》，复旦大学出版社 2001 年版。

［4］陈宏兵：《论"稳定条款"对投资者的保护作用》，《外交学院学报》1998 年第 2 期。

［5］陈虹睿：《论东道国法律在国际投资仲裁中的适用》，《国际经济法学刊》2010 年第 4 期。

［6］单文华：《"卡尔沃主义"死了吗?》，张生、劳志健译，《国际经济法学刊》2008 年第 2 期。

［7］单文华、诺拉·伽拉赫：《和谐世界理念和中国 BIT 范本建设——一个"和谐 BIT 范本"建议案》，陈虹睿、王朝恩译，《国际经济法学刊》2010 年第 1 期。

［8］邓婷婷：《国际投资仲裁中"投资者的期待"原则》，《湘潭大学学报》（哲学社会科学版）2010 年第 9 期。

［9］杜萱：《对国家契约非稳定性的探讨》，《法律科学》（西北政法大学学报）2012 年第 3 期。

［10］葛艾继、郭鹏、许红编著：《国际油气合作理论与实务》，石

油工业出版社 2000 年版。

[11] 韩学功、佟纪元主编：《国际石油合作》，石油工业出版社 1995 年版。

[12] 韩缨：《国际投资协定中"公平与公正待遇"之趋势——IC-SID 最新仲裁案例评析》，《社会科学家》2010 年第 9 期。

[13] 何力：《中国海外投资保护与国家契约问题》，《江西社会科学》2010 年第 6 期。

[14] 何力：《中国海外资源投资的法律问题及对策》，《上海财经大学学报》2010 年第 2 期。

[15] 何沙、秦扬主编：《国际石油合作法律基础》，石油工业出版社 2008 年版。

[16] 亨利·马瑟：《合同法与道德》，戴孟勇、贾林娟译，中国政法大学出版社 2005 年版。

[17] 黄进主编：《中国能源安全问题研究：法律与政策分析》，武汉大学出版社 2008 年版。

[18] 李程远：《伊朗回购合同成本要点浅析》，《现代商业》2011 年第 24 期。

[19]《列宁全集（中文第二版）》第 31 卷，人民出版社 1990 年版。

[20] 吕凌燕、陈静芝、施灵运：《我国石油国际合作合同的法律分析》，《武汉理工大学学报》（社会科学版）2011 年第 12 期。

[21] 聂名华、颜晓晖：《中国对东盟直接投资的政治风险及其法律防范》，《当代亚太》2007 年第 1 期。

[22] 桑本谦：《契约为何必须遵守》，《法制与社会发展》2004 年第 2 期。

[23] 沈幼伦：《合同法教程》，北京大学出版社 2008 年版。

[24] 隋平：《海外能源投资法律与实践》，法律出版社 2011 年版。

[25] 王斌：《论投资协议中的稳定条款——兼谈中国投资者的应对策略》，《政法论丛》2010 年第 6 期。

[26] 王贵国：《国际投资法》，法律出版社 2008 年版。

[27] 王辉：《公平公正待遇标准：美国经验与启示》，《长江论坛》2011 年第 6 期。

[28] 王年平：《国际能源投资合同模式比较研究》，博士学位论文，对外经济贸易大学，2007 年。

[29] 王年平：《国际能源投资合同模式比较研究——兼论对我国石油与能源法制的借鉴》，法律出版社 2009 年版。

[30] 王忠、苏文：《尼日利亚对外石油勘探开发合作模式研究》，《中国矿业》2011 年第 4 期。

[31] 魏艳茹：《ICSID 仲裁撤销制度研究》，厦门大学出版社 2007 年版。

[32] 吴绍曾：《国际石油勘探开发合作模式比较与分析》，硕士学位论文，中国石油大学，2007 年。

[33] 武钧琦：《国际油气合作合同制度研究》，硕士学位论文，中国地质大学，2011 年。

[34] 徐崇利：《"保护伞条款"的适用范围之争与我国的对策》，《华东政法大学学报》2008 年第 4 期。

[35] 徐崇利：《公平与公正待遇标准：国际投资法中的"帝王条款"？》，《现代法学》2008 年第 9 期。

[36] 徐崇利：《公平与公正待遇：真义之解读》，《法商研究》2010 年第 3 期。

[37] 杨慧芳：《投资者合理期待原则研究》，《河北法学》2010 年第 4 期。

[38] 杨慧芳：《外资公平与公正待遇标准的要素评析》，《法学评论》2009 年第 3 期。

［39］ 杨卫东、郭堃：《国家契约中稳定条款的法律效力认定及强制性法律规范建构》，《清华法学》2010 年第 5 期。

［40］ ［英］A. G. 盖斯特：《英国合同法与案例》，张文镇等译，中国大百科全书出版社 1998 年版。

［41］ 余劲松：《国际投资法》，法律出版社 2007 年版。

［42］ 余劲松、梁丹妮：《公平公正待遇的最新发展动向及我国的对策》，《法学家》2007 年第 6 期。

［43］ 余劲松：《外资的公平与公正待遇问题研究——由 NAFTA 的实践产生的几点思考》，《法商研究》2005 年第 6 期。

［44］ 曾华群：《外资征收及其补偿标准：历史的分时与现实的挑战》，《国际经济法学刊》2006 年第 1 期。

［45］ 张正怡：《论 ICSID 仲裁庭对公平公正待遇标准的发展》，载《仲裁研究》第 27 辑，法律出版社 2011 年版。

［46］ 郑远民、冷雅宜：《中国能源安全中的国际长期合同问题》，《时代法学》2008 年第 10 期。

［47］ 周林森、郑德鹏：《国际石油勘探开发合同模式及其变化趋势》，《国际石油经济》2006 年第 10 期。

［48］ A. F. Maniruzzaman, *Drafting Stabilization Clauses in International Energy Contracts: Some Pitfalls for the Unwary*, International Energy Law & Taxation Review, I. E. L. T. R. 2007, 2, 23 – 26.

［49］ A. F. Maniruzzaman, "The Pursuit of Stability in International Energy Investment Contracts: A Critical Appraisal of the Emerging Trends", *Journal of World Energy Law & Business*, Vol. 1, No. 2, 2008.

［50］ A. F. M. Maniruzzaman, *The Lexmercatoria and International Contracts: A Chanllenge for International Commercial Arbitration?*

14 Am U Int l L Rev 657, 730.

[51] A. J. Boulos, "Mutuality of Interests between Company and Government", in Section on Energy and Natural Resourses Law (SERL) of International Bar Association (IBA), *Energy Law '90: Changing Energy Markets-The Legal Consequences*, London: Graham and Trotman, 1990.

[52] Andrea Shemberg, *Stabilization Clauses and Human Rights* (a research Project Conducted for Intenational Finance Corporation and the United Nations Special Representative to the Secretary General on Business and Human Rights (11 March 2008)) .

[53] A. Timothy Martin and J. Jay Park, Q. C. , "Global Petroleum Industry Model Contracts Revisited: Higher, Faster", Stronger, *Journal of World Energy Law & Business*, Vol. 3, No. 1, 2010.

[54] A. Von Walter, *The Investor's Expectations in International Investmnet Arbitration*, in A. Peinisch & C. Knahr eds. , International Investment Law in Context, Eleven International Publishing, 2008.

[55] Bertrand Montembault, *The Stabilisation of State Contracts Using the Example of Oil Contracts: A Return of the Gods of Olympia?* RDAL/IBLJ, No. 6.

[56] B. O. N. Nwete, *To What Extent can Stabilisation Clauses Mitigate the Investor's Risks in a Production Sharing Contract?* www. gasandoil. com/ogel, Vol. 3 – issue 1, March 2005.

[57] B. O. N. Nwete, To what Extent can Stabilization Clauses Mitigate the Investor's Risks in a Production Sharing Contract? www. gasandoil. com/ogel, Vol. 3 – issue 1, March 2005.

[58] Brower, C. N. &Brueschke, J. D. (1998) *The Iran-United States Claims Tribunal*, Leiden: Martinus Nijhoff.

［59］ Christopher T. Curtis, *The Legal Security of Econmic Development Agreements*, 29 Harv. Intl L. J. 317 （1988）.

［60］ C. Scheruer, "Traveling the BIT Route: Of Waiting Periods, Umbrella Clauses and Forks in the Road", *The Journal of World Investment & Trade*, Vol. 5, 2004.

［61］ D. F. Behn, Sharing Iraq's Oil: Analyzing Production-sharing contracts under the Final Draft Petroleum Law, www. gasandoil. com/ogel, Vol. 5 – issue 4, November 2007.

［62］ E. A. Brown, Jr. , *Considerations Attending Investments in Oil and Gas Operations in Latin America*, Rocky Mt. Min. L. Fdn. Int' l Minerals Acquistiton and Operations Inst. , 1974.

［63］ E. Jimenez De Arechaga, *The Lexmercatoria and International Contracts: A Challenge for International Commercial Arbitration?* 14 （3） Am U Int l L Rev 657 – 734.

［64］ F. C. Alexander Jr. , *The Three Pillars of Security of Investment Under PSCs and Other Host Government Contracts*, chapter 7 of Institute for Energy Law of the Centre for American and International Law's Fifty-fourth Annual institute on Oil and Gas Law （Publication 640, Release 54）, LexisNexis Matthew Bender （2003）.

［65］ F. C. Alexander, *Production Sharing Contracts and Other Host Government Contract*, www. gasandoil. com/ogel/, Vol. 3 – issue 1, March 2005, § 20. 01.

［66］ Gotanda, J. , *Renegotiation and Adaptation Clauses in Investment Contracts*, Revised, *Vanderbilt Journal of Transnational Law*, 2003.

［67］ H. R. William and C. J. Meyers, ed. , *Manual of Oil and Gas Terms*, 8th ed. , New York: Matthew Bender, 1991.

［68］ International Institute for the Unification of Private Law

（UNIDROIT）, *Principles of International Commercial Contracts*, art. 6. 2 （2）（1994）, 34 ILM 1067 （1995）.

[69] J. A. C. Neto, *Risk-bearing Service Contracts in Brazil: AnOverview*, Diplomathesis, University of Dundee, May 1983.

[70] James Crawford, *Treaty and Contracts in Investment Arbitration* [R]（*The 22nd Freshfields Lecture on International Arbitration*, London, 29 November 2007）.

[71] James Otto et al. , *Mining Royalties: A Global Study of their Impact on Investors, Government, and Civil Society*, The World Bank, 2006.

[72] Jessica C. Lawrence, *Chicken Little Revisited: NAFTA Regulatory Expropriation after Methanex*, Georgia Law Review Association Inc. ; 2006. Westlaw.

[73] J. Kuusi, *The Host State and the Transnational Corporation: An Analysis of Legal Relationships*, Saxon House, 1979.

[74] John Y. Gotanda, *Renegotiation and Adaptation Clauses in Investment Contracts, Revisited*, HeinOnline – 36 Vand, J. Transnat' l L. 1461 （2003）.

[75] Joseph Nwaokoro, "Enforcing Stabilization of International Energy contracts", *Journal of World Energy Law & Business*, 2009.

[76] Katia Yannaca-Small:《国际投资法中的 "间接征收" 与 "管制权利"》, 樊林波译,《国际经济法学刊》2008 年第 2 期。

[77] Klaus Peter Berger, *Renegotiation and Adaptation of International Investment Contracts: The Role of Contract Drafters and Arbitrators*, 36 VAND, J. Transat'l L. 1347 （2003）.

[78] K. Thomson and N. Dudley, *Transnationals and oil in Amazonia*, 19 The Ecologist 333 – 23 （1989）.

[79] L. Kraar, *Oil and Nationalism Mix Beautifully in Indonesia*, Fortune, July 1973.

[80] Lorenzo Cotula, "Reconciling Regulatory Stability and Evolution of Enviromental Standards in Investment Contracts: Towards a Rethink of Stabilization Clauses", *Journal of World Energy Law & Business*, Vol. 1, No. 2, 2008.

[81] Luigi Russi, "Chronicles of a Failure: From a Renegotiation Clause to Arbitration of Transnational Contracts", *ILSU Working Paper*, No. 2008 – 11/EN. www. bocconilegalpapers. org.

[82] M. Somarajan, *The Settlement of Foreign Investment Disputes*, Kluwer Law International, 2000.

[83] OECD, *Fair and Equitable Treatment in International Investment Law: Working Paper on International Investment*, number 2004/3, September 2004.

[84] P. Bernadini, *Stabilization and Adaptation in Oil and Gas Investments*, 2008, 1 JWELB 102 – 3.

[85] Peter D. Cameron, *International Energy Investment Law: The Pursuit of Stability*, Oxford University Press, 2010.

[86] Peter D. Cameron, *Stabilisation in Investment Contracts and Changes of Rules in Host Coutries: Tools for Oil & Gas Investors*, AIPN, 5 July 2006.

[87] Prosper Weil,' 'Les Clauses de Stabilisation ou d' Intangibilité Insérées dans les Accords de Développement Économique' in Mélanges Offerts à Charles Rousseau (1974).

[88] Raymond Vernon, *Sovereignty at Bay: The Multinational Spread of U. S. Enterprises*, Basic Books (NY) 1971.

[89] R. Brown, *Choice of Law Provisions in Concession and Related*

Contracts, (1976) 39 MLR 625, 628.

[90] R. Doak Bishop, James Crawford, W. Michael Reisman, *Foreign Investment Disputes: Cases, Materials and Commentary*, Kluwer Law International, 2005.

[91] R. S. Ondrik, *Rig Leasing*, China Bus. Rev. , May-June 1983.

[92] Rudolf Dolzer and Christoph Schreuer, *Principles of International Investment Law*, Oxford University Press, 2008.

[93] Rudolf Dolzer, *Fair and Equitable Treatment: A Key Standard in investment Treaties*, Vol. 39, No. 1, Spring 2005.

[94] Sohn & Baxter, *Responsibilities of States for Injuries to the Economic Interest of Aliens*, 55 AJIL (1961) .

[95] Tengku Nathan Machmud, *The Indonesian Production Sharing Contract*, Kluwer Law International, 2000.

[96] Thomas Walde, *Investment Arbitration under Energy Charter Treaty: An Overview of Selected Key Issues Based on Recent Litigation Experiences, Arbitrating foreign Investment Disputes*, Edited by Norbert Hom, Kluwer Law International, 2004.

[97] Thomas Wälde and Abba Kolo, *Environmental Regulation, Investment Protection and "Regulatory Taking" in International Law*, 50 Intl comp L. Q. 811, 819.

[98] Thomas Wälde, *International Energy Investment*, (1996) 17 Energy L. J. 191.

[99] Thomas Wälde, "Stabilising International Investment Commitments: International Law versus Contract Interpretation", *Centre for Petroleum and Mineral Law and Policy (CPMLP) Professinal Paper* NO. PP13, 1994.

[100] Thomas W. Waelde & George Ndi, *Stabilizing International In-*

vestment Commitments: *International Law Vensus Contract Interpretation*, 31 Tex. Intl L. J. 1996.

[101] UNCTC, *Main Features and Mining Ageements*, UN Doc. ST/CTC/29, 1983.

[102] UNCTC, *Main Features and Trends in Petroleum and Mining Agreements*, UN Doc. ST/CTC/29, 1983.

[103] Wenhua Shan, *Is Calvo Dead?* 55 Am J. Comp, L. 123, 127 (2007).

[104] Wenhua Shan, "Umbrella Clause and Investment Contracts under Chinese BITs: Are the Latter Covered by the Former?" *The Journal of World Investment & Trade*, Vol. 11 No. 2, April 2010.

[105] Wolfgang Peter, *Abitration and Renegotiation of International Investment Agreements*, 2nd. ed. Kluwer Law International.

[106] Y. Omorogbe, *The Legal Framework for the Production of Petroleum in Migeria*, 5 JENRL282 (1987).

[107] Zhiguo Gao, *International Petroleum Contracts*: *Current Trends and New Directions*, GrahamTrotman/Martinus Nijhoff.

后　记

原以为本书到后记这一页，心情会很轻松。可是真的写到这里时，却一点也轻松不起来。多少个拂晓，多少个薄暮，多少次"山重水复疑无路"，又有多少次笔耕不辍寻找"柳暗花明"。楼前的香樟树香了又谢，留下满地的痕迹后，来年再香满园。这一路走来，艰辛和收获自不待言。本书是在我的博士学位论文的基础上修改完善的，是我于陕西师范大学博士后站在站研究的阶段性成果。无论如何，攻读博士学位、博士后在站研究将永远是我人生经历中无可替代的浓重一笔。然而，更多的是满满的感谢。

这一路，有获取知识的喜悦、跋涉的艰辛，更有结识同行者和追随指路人的欣慰。在此，首先感谢导师单文华教授，他沉稳内敛、绅士宽容的品质是我们的生活楷模，他严谨务实、博学多思的治学态度是我们的学习典范。感谢单老师对本书从构思、结构、措辞等全方位的字斟句酌式的付出。学生愚钝，又因无法彻底舍弃在职工作和家庭等社会责任，只能在其中协调精力和时间，致使成果乏微。感谢导师的宽容和鼓励让我坚持到现在。

忍不住要感谢师门同学们给予的无私帮助，在此感谢张生、冷帅曾不远万里从剑桥大学劳特派特国际法中心为我提供很多难得的学术资料，以推动研究。感谢王朝恩、陈虹睿为本书构思提出的极为宝贵的意见。感谢十一年同窗情的钱晓萍同学相携走过给予的点点鼓励。

　　我常常自嘲自己的文字"阴气太重"，因为总是在夜深人静孩子入睡之后才写就。所以，需要拿出来供诸大方之家的"阳光之手"予以斧正。在此感谢陕西师范大学王蓓教授（博士后合作导师）给予本书的宝贵修改建议，感谢她在我博士后在站研究期间经常鼓励我，与我进行灵魂对话，才使我得以坚持、不断向上。感谢西北工业大学肖周录教授、西北政法大学李万强教授、西安交通大学王保民教授和胡德胜教授对本书给予的修改意见。

　　再次，感谢爱人毛晓明先生，是他在我写作期间给予全力支持，否则，我可能无法顺利完成本书。儿子的小名便是因了与我的博士学业有冲突，才得名"早早"。儿子虽年弱，但也能在某一天顺口说出妈妈写的东西是"国际能源投资合同"。懂事的儿子是我的信念支撑，相信我的坚持已然传染给了儿子。拙作便如同我的另一个"孩子"，倾注了我无私的心血，而且也必将在我日后的研究中"继续成长"。

　　感谢我的父母和哥哥们，他们是我的"加油站"和倦怠时的港湾。父母虽然受教育程度有限，却教会了我很多最为朴素的道理，培养了我一些受用一生的品质。没有他们倾尽所有的付出，我决无可能完成学业走到今天。无以为报，只能将这种家族的精神传续下去。感谢明理的公婆在我写作本书期间给予的多方支持。

　　感谢中共陕西省委党校对本书出版给予的资助，同时感谢中国博士后基金、陕西省博士后基金对我的帮助。感谢中国社会科学出版社的朱华彬先生及各位编辑对本书出版给予的心血和帮助。

　　学识有限，拙笔难以生花。敬请各位方家予以批评指正。